文化和旅游领域纾困发展案例集

本书编写组 编

中国旅游出版社

策划统筹：王　丛
责任编辑：张　旭
责任印制：冯冬青
封面设计：路　平

图书在版编目（CIP）数据

文化和旅游领域纾困发展案例集 / 本书编写组编
. —— 北京：中国旅游出版社，2022.10
　ISBN 978-7-5032-7031-4

　Ⅰ．①文… Ⅱ．①本… Ⅲ．①文化产业－产业政策－
政策支持－中国②旅游业－产业政策－政策支持－中国
Ⅳ．①G124②F592.0

中国版本图书馆CIP数据核字（2022）第169809号

书　　名：文化和旅游领域纾困发展案例集

作　　者：本书编写组　编
出版发行：中国旅游出版社
　　　　　（北京静安东里6号　邮编：100028）
　　　　　http://www.cttp.net.cn　E-mail:cttp@mct.gov.cn
　　　　　营销中心电话：010-57377108，010-57377109
　　　　　读者服务部电话：010-57377151
排　　版：北京旅教文化传播有限公司
经　　销：全国各地新华书店
印　　刷：三河市灵山芝兰印刷有限公司
版　　次：2022年10月第1版　2022年10月第1次印刷
开　　本：787毫米×1092毫米　1/16
印　　张：16
字　　数：290千
定　　价：68.00元
ＩＳＢＮ　978-7-5032-7031-4

前　言

　　新冠肺炎疫情的发生，对文化和旅游行业发展带来巨大冲击。在党中央、国务院的高度重视和关心支持下，各级政府部门坚持助企纾困和促进发展并举，不断丰富政策措施，创新推出惠企举措，积极助力文化和旅游企业纾困解难，为推动文化产业和旅游业高质量发展蓄力增能。广大文化和旅游企业努力克服疫情不利影响，主动适应市场需求变化，在调整经营模式、优化产品供给、加快数字化转型和推进线上线下融合发展等方面做出积极探索和有益实践。

　　为总结推广疫情发生以来政府部门和市场主体在应对疫情影响、推动创新发展方面的经验做法，我们精选了 44 个具有代表性和典型性的案例，编辑形成这本《文化和旅游领域纾困发展案例集》。全书按照内容分为"政府篇"和"行业篇"两个部分，既包括省级和市级政府部门助企纾困、促进发展的主要举措，也涵盖了演出、旅行社、景区等文化和旅游行业不同类型企业应对风险挑战、谋求创新发展的具体做法，力求较为全面地反映疫情发生以来政府部门和市场主体的探索实践成果，希望能够为各类读者朋友提供借鉴参考和经验启示。

　　本案例集编辑出版过程中，得到了各省（区、市）文化和旅游行政部门、中国文化传媒集团、中国旅游报社的大力支持和帮助，在此表示衷心感谢。由于编者水平有限，本案例集还存在许多不足和缺憾，期望得到各位读者的批评和指正的同时，能够抛砖引玉，进一步激发各级政府部门、广大文化和旅游企业的创造性，不断探索创新出更多更好的工作方法和发展路径，形成政府部门与企业共克时艰、共谋发展的生动局面，共同推动文化产业和旅游业向高质量发展目标稳步迈进。

本书编写组

2022 年 9 月 30 日

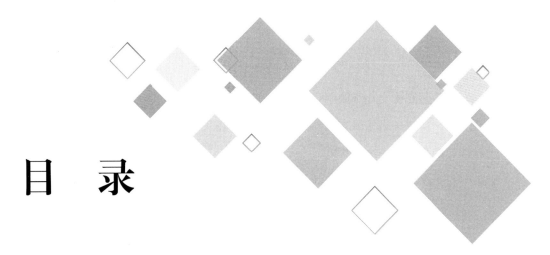

目　录

政府篇

政策"及时雨"润泽企业心

——河北省文化和旅游厅打好政策"组合拳"助企纾困促发展

一、基本情况

近年来，在文化和旅游部的指导下，河北省文化和旅游厅认真学习贯彻习近平总书记重要指示精神，坚决贯彻落实党中央、国务院和省委、省政府决策部署，扎实推进文化产业和旅游业高质量发展。2019 年实现旅游接待人数 7.83 亿人次，旅游收入 9313.35 亿元，同比分别增长 11.46% 和 21.96%，增幅均位居全国前列。2020 年、2021 年受疫情多点散发对文化和旅游企业带来的持续冲击影响，2020 年全省共接待游客人数 3.8 亿人次，实现旅游收入 3676.71 亿元，按可比口径同比分别增长 -51.5% 和 -60.5%。2021 年全省共接待游客 4.28 亿人次，实现旅游收入 4424.42 亿元，按可比口径同比分别增长 19.69% 和 20.34%。河北省文化和旅游厅坚持统筹疫情防控和文旅产业高质量发展，把助企纾困作为全厅核心工作之一，紧紧扭住"保市场主体、保就业和促进发展"牛鼻子，打出一套政策"组合拳"，稳主体，提信心，重实效，助力企业恢复发展。

二、具体做法

（一）深入调查研究，明确"焦点"

为全面掌握全省文化产业和旅游业受疫情影响现状，提高纾困政策制定的科学性和精准性，2021 年 12 月，河北省文化和旅游厅成立 6 个调研组，分赴全省 14 个市（区）进行调研。调研组实地走访 200 余家重点企业，发放 2000 余份调查问卷，客观系统地掌握了全省文化产业和旅游业发展现状、面临困难、政策诉求等一手资料，形成了《关于文化产业和旅游业纾困振兴的调研报告》。同时，扎实组织开展了"问计专家 问计企业"工作，邀请中国艺术科技研究所副所长，中国动漫集团有限公司原党委书记、董事长庹祖海，中央财经大学文化经济研究院院长魏鹏举，中国文化产业协会副会长、中国传媒大学文化发展研究院院长范周，以及西安曲江文化旅游股份有限公司董事长耿琳，腾讯云副总裁、腾讯文旅总经理方腾飞，华强方特文化科技集团股份有限公司总裁刘道强，为河北省文化产业和旅游业发展把脉支招。通过调研和问计，聚焦了全省文化和旅游企业面临的突出困难和挑战。

一是扶持政策落地性不强。一些政策缺乏延续性，如企业职工医保、社保只是阶段性减免，2021 年不再享受政策，无法解决当下企业发展难题。减免房屋租赁费、水电费等帮扶政策缺乏具体操作流程与步骤，相关责任单位与责任部门不明确，政策无法落到实处。金融纾困政策对企业诉求的针对性不够，实实在在的实惠和便利不够多、不够精准，已出台的政策难落地，企业面临贷款难、综合贷款成本高的压力甚至断贷风险。

二是企业现金流短缺。人力成本居高难下。景区长时间关闭，大部分企业坚持不裁员，人员工资和医保、社保费用成为一大重要支出。高额的财务成本。很多景区和项目背负着巨额的银行贷款和利息，多数企业还面临"还款难""续贷难"的问题。难以削减的运营成本。演艺项目排演、设备升级、新技术应用等环节的设备和技术投入带给企业的压力较大，景区和项目关停期间的设备维护费用、必要的水电费、房租、各种税费等仍持续发生，企业资金压力陡升。

三是统筹宣传推广不够。由于政策宣贯不到位，一线文化和旅游企业对扶持政策掌握不准确、不全面，对扶持政策研究不深，不了解申请扶持政策的具体要求。景区等文旅企业自主宣传效果降低，造势不足。各级政府在旅游目的地媒体宣传、联合营销方面的资金、政策支持不够，单靠景区自身宣传难以形成强大的市场吸引力。

四是旅行社受到全面冲击。生产经营困难。在出入境旅游停止，国内组团旅游受限的情况下，旅行社业务开展举步维艰，在得不到收入的同时还需处理退团退款事务，企业连年亏损，财务状况日益恶化。维持经营成本高昂。旅行社除需支付房租、物业费、人员开支外，旅行社责任险也是每年的固定支出，旅行社普遍反映现金流紧张。难以增加代理业务。由于公务接待不允许开具旅行社或旅游服务商的综合发票，将旅行社排除在了党建活动、公务接待以及研学活动等业务代理范畴之外。导游员人才流失严重。受疫情影响，大量导游人员因无团可带，为了生计，只能转行从事其他行业，人才流失现象较为严重。

（二）制定综合政策，疏通"堵点"

针对全省文化和旅游企业面临的困难，河北省文化和旅游厅党组研究成立了助企纾困工作专班，明确一名厅领导为组长，厅产业发展处为牵头处室，从"企业诉求"出发，推动开展助企纾困行动，缓解企业经营压力，助力行业恢复发展。

一是上门问计，整合各方资源。先后赴省发改委、省财政厅、省人社厅等部门，上门问计求策，召开8次省直部门座谈会、5次专家研讨会，对各部门已经出台的适用于文化产业和旅游业的政策进行摸底，对结合文化和旅游企业诉求制定新的支持措施进行探讨研究，积极推动将文化和旅游企业纳入本地区纾困惠企政策重点支持范围。

二是直面诉求，制定综合政策。制定了《关于促进文化产业和旅游业恢复发展的八条政策措施》，2022年6月1日，作为省委省政府稳定经济运行"1+20"政策体系之一印发全省。河北省文化和旅游厅从省级旅游发展专项资金中调剂安排5000万元，通过"贷款贴息""以奖代补"、旅行社责任保险保费返还、旅游演艺企业纾困等方式，支持全省重点文旅项目和旅游景区、度假区、旅行社、旅游演艺企业纾困解难。同时，还提出支持文创企业发展、支持文化和旅游企业拓展业务、发挥金融赋能作用、加强土地要素保障等方面措施，坚持减压力和增活力相结合，兼顾当前纾困和长远发展，帮助文化和旅游市场主体克服困难，提振广大从业者信心，全力稳住行业发展基本盘。

三是聚焦重点，加大扶持力度。会同省教育厅、省财政厅等9部门制定了《关于进一步支持旅行社纾困发展的措施》，提出支持旅行社扩大服务范围、推进使用保险交纳旅游服务质量保证金试点工作、加大社保支持力度，落实税收减免政策，降低房屋租金成本、降低住房公积金缴存比例或可办理缓缴、加强旅游人才培养等措施，帮助受疫情影响严重的旅行社行业克服困难、渡过难关。截至目前，共有1272家旅行社提出暂退质保金申请，现已累计完成退还资金19659.25万元。

（三）推动金融帮扶，化解"难点"

一是建立金融支持联动机制，汇聚金融合力。省文化和旅游厅会同省地方金融监管局、人行石家庄中心支行、河北银保监局、河北证监局等八部门，联合印发了《关于金融支持河北省文化产业和旅游产业高质量发展的若干措施的通知》，建立了"全省金融支持文旅产业高质量发展联动机制"，明确了4项重要任务，提出16项具体措施，积极发挥金融赋能作用，针对文旅企业加大信贷投放力度，拓宽文旅企业融资渠道，推动金融服务创新，助力全省文化产业和旅游业高质量发展。

二是对接各大金融机构，创新信贷产品。会同省工行印发《关于进一步加强金融服务文化和旅游企业的通知》，会同省建行印发《关于进一步加强金融服务支持文化和旅游企业发展的通知》，会同省农行印发《关于推动特色金融产品服务文化和旅游企业的通知》，推出善营贷、e抵快贷、旅游景区开发建设贷、县域旅游景区收益权支持贷等文旅特色金融产品，为省内文旅企业量身打造金融服务方案。协调省建行为全省文旅企业、重点项目等安排220亿元融资额度，重点支持受疫情影响较大、对文旅消费促进有重要支撑作用的文旅集团、景区、旅行社、星级酒店等重点企业。推动省信用联社划定100亿元优惠利率贷款额度，定向支持文化旅游等疫情受困重点行业企业，并根据授信额度在原贷款利率定价水平基础上给予降低50BP（基点）、100BP和最低优惠至同期LPR（贷款市场报价利率）的政策。

三是摸清融资需求，搭建金融服务平台。印发了《关于报送文化和旅游企业（项目）融资需求情况的通知》，对全省文旅企业和项目资金需求情况进行摸底，首批摸排有融资需求的文旅企业81家、重点项目60个，融资需求金额合计约195亿元，并推送至省地方金融监督管理局及各大金融机构进行对接。2022年5月31日上午，河北省文化和旅游厅与省地方金融监管局共同举办了河北省"金服文旅"政银企对接示范活动。全省各县（区）文化和旅游部门及350余家企业共计4800余人线上参加活动。与省地方金融监管局合作，在河北金融服务平台设立文旅需求专栏，引导文旅企业入驻注册，填写需求。对审核通过的融资需求，通过网络平台向全省金融机构不间断进行推送，打造不落幕的"银企对接"活动。目前，省农行为6家企业调整还款计划，较原还款计划累计调减金额65865.75万元；为4家企业进行结息周期调整，涉及贷款本金合计71979万元；为河北戍兴实业有限公司降低贷款利率，在原利率基础上降低24BP；为密苑（张家口）旅游胜地有限公司进行贷款展期，涉及贷款金额13.98亿元。省工行为经营困难的承德鼎盛文化产业投资有限公司、河北畅达旅游文化有限公司释放部分抵押物，帮助企业通过再融资方式缓解经营压力，近年来向文旅企业累计投放贷款45.56亿元。河北银行2022年以来，累计新增文旅企业贷款37家，贷款金额9581万元。

四是成立专业服务团队，优化金融服务。会同省联社在崇礼设立文旅特色支行，根据文旅产业项目资金需求的周期性特点和文旅产业运营情况，研究制定操作性强的授信管理制度及操作规程，力争实施差异化授信政策；指导河北银行成立了文旅产业敏捷团队，直线联动总分支行，围绕客户需求，全面提供授信、结算及现金管理平台、银企合作、线上票据业务等对接产品，全方位支持文旅企业高效发展及数字化转型建设。

（四）加强宣传解读，营造"热点"

一是举办专题培训。面向全省重点项目单位、文旅企业举办了 2022 年文化和旅游产业发展与项目谋划能力提升专题培训。课程设计紧紧围绕助企纾困来进行设计，邀请文化和旅游部产业发展司企业发展处处长辜科伟围绕《文旅纾困政策解读》进行授课，省税务局企业所得税处负责同志围绕减税政策进行讲解等，进一步提升文旅行业市场主体政策知晓度和满意度。

二是建立工作台账。制定了《关于促进文化产业和旅游业恢复发展的八条政策措施》政策"明白卡"，包括政策内容、适用对象、操作流程、兑现时间、职责分工 5 个部分，并明确责任人和联系电话，在河北省人民政府网站、河北省文化和旅游厅网站和部分微信公众号、新闻媒体网站向社会公布，方便企业弄懂政策、享受政策。制定了《关于促进文化产业和旅游业恢复发展的八条政策措施》落实台账和市场主体台账，明确责任领导、牵头处室、工作进展和下一步工作安排，推动助企纾困工作落地落实。

三是送政策"上门"。向全省旅游企业致题为《同舟共济克时艰 携手前行向未来》的一封信，附 35 条惠企政策，发至全省每一位规模企业家手中。下发《关于贯彻落实〈扎实稳定全省经济运行的一揽子措施及配套政策〉的通知》，系统梳理适用文化和旅游企业的 53 条政策，通过市局发放至文旅企业。编印《河北省文化和旅游"项目建设年"工作指导系列手册》，涵盖省政府"1+20"政策文件等最新措施，发放至各市文旅部门及相关企业，扩大惠企政策知晓度。提升助企纾困政策宣传覆盖面。

（五）强化政策落地，打通"断点"

一是压实领导干部包联责任。制定了《河北省文化和旅游厅 2022 年领导干部包联工作方案》，省厅主要领导牵头，组织全体中层以上干部对 154 个重点企业进行包联，将政策宣传和落实督导纳入包联任务。市、县按照省厅要求全面开展企业包联，对辖区所有文化和旅游企业做到包联全覆盖，与项目单位建立常态化联系对接机制，帮助项目单位解决实际困难。

二是扎实开展企业服务月活动。召开全省文化和旅游重点企业座谈会，邀请上市专家对省内 21 家重点文旅企业进行专题辅导，加快省内文旅企业上市步伐，促进龙头企业做大做强。实施旅游景区援助扶持专项行动，选取金山岭长城景区、广府古城景区、衡水湖景区、野三坡景区、崇礼滑雪度假区 5 家代表性景区及度假区作为试点，开展精准指导扶持。积极推动省建行投入配套资金 500 万元，支持各市发放文旅消费券。联合河北银联持续开展"百城百区"文化和旅游消费助企惠民行动计划，推广实施中国银联红火计划，推出景区门票、星级酒店、加油券等优惠活动，激发文旅消费潜力。

三是加强协调推动政策落地。协调省财政厅及时将 5000 万元纾困振兴资金下达至各地市，确保资金尽快精准落实到位，为企业注入强心剂、缓解燃眉之急。围绕社保缓缴政策，会同省人力资源和社会保障厅，在前期实行"名单入库"基础上，推行"告知承诺制"，明确办理流程，方便企业办理，截至目前，全省已有 1185 家文化艺术和旅游企业享受社保缓缴政策，为 329 家旅游企业发放一次性留工培训补助 556.8 万元。指导各地积极争取政府专向债，截至 2022 年 6 月 10 日，河北省政府前 8 期一般债券和前 55 期专项债券中，文化和旅游项目 61 个，支持资金 68.99 亿元。

三、工作启示

"艰难方显勇毅，磨砺始得玉成。"当前疫情仍在持续，各级政府和相关部门正在加大力度推进已出台的政策落地，并积极研究制定新的纾困帮扶政策措施，但关键还是需要广大旅游企业不懈坚守、勇毅前行、共克时艰、化危为机，为迎接光明的未来共同做好准备，留得青山、赢得未来。

——强化培训、练好内功。企业是旅游发展的核心主体，人才是旅游业发展的核心竞争力。充分利用疫情间歇期，加大员工培训力度，帮助员工"充电、蓄能"，全方位提升员工能力素质，通过培训提振士气、稳定队伍。做好人才储备，积极适应疫情对旅游业带来的新要求和新形势，增强发展内生动力。

——整合资源、重塑自我。疫情之下，抱团取暖、协同合作是生存之道。要摒弃狭隘思维，打开视野，以开放包容的心态加强各方资源整合。认真审视自我，注重优势互补，资产优化重组，积极引入品牌运营商、投资商，建立灵活多样的合作模式，减轻自身运营压力，探索新发展之道。

——提升业态、创新升级。疫情加剧了旅游业态重塑和迭代，游客出行选择和消费方式发生巨大变化，微旅游、微度假成为主流。要主动对接市场和需求，找准新发力点，创新产品开发，丰富业态模式，提升产品品质，拉动二次消费，满足多元化和个性化旅游需求。

——优化管理、提质增效。疫情当下，旅游景区要淡季搞建设、补短板、强弱项，旺季开门纳客抓营销、强管理、拓市场，进一步开源节流、降本增效，努力渡过难关。着眼未来，要认真剖析内部经营管理，建立健全现代企业制度，对景区发展转型、经营策略调整、商业和运营模式优化，提高自身抗风险能力。

——拥抱科技、智慧发展。疫情倒逼旅游企业数字化转型，促进数字经济与实体经济的融合发展。要充分利用大数据、云计算、物联网、人工智能、元宇宙等新技术，大力推进景区智慧化建设，开发"互联网＋旅游"新产品、新模式，打造沉浸式旅游体验新场景，加快提升景区管理、服务、营销智慧化水平。

——融合发展、拓展空间。疫情加快了旅游与其他产业融合发展的进程，也为景区发展指明了方向和路径。要深入实施"旅游＋"战略，大力推进旅游与文化、农业、工业、林业、商业、教育、体育、健康等相关产业和行业的融合，构建业态新支撑、发展新空间，延伸产业链条，弥补发展短板，增强发展后劲。

供稿单位：河北省文化和旅游厅产业发展处

干部包联旅游景区典型案例

——内蒙古自治区文化和旅游厅助企纾困案例

一、基本情况

（一）2020 年启动实施

为提升旅游景区品质、解决景区实际困难，推动旅游业实现高质量发展，经前期调研和认真研究，内蒙古自治区文化和旅游厅于 2020 年 6 月决定选派厅机关及直属事业单位副处级以上干部包联全区重点旅游景区，随后印发《关于厅机关及直属事业单位副处级以上干部包联重点旅游景区的通知》，要求各包联干部以深化资源开发、强化安全管理、加强生态保护、提升服务质量为抓手，帮助解决困扰景区发展的实际问题，指导旅游景区创新管理、提档升级。通知同时对文化和旅游系统 125 名对口对接、精准帮扶全区 138 家国家 4A 级、5A 级旅游景区的包联干部进行了责任划分和任务分工，要求包联干部每月至少去景区调研一次，详细了解企业生产、经营、用工、融资、项目落地等困难，帮助企业查找堵点根源、解决难点问题。

内蒙古进入旅游淡季后，大部分旅游景区处于停业状态，为充分利用此时间节点和空档期，内蒙古自治区文化和旅游厅下发了《关于进一步做好厅机关及直属事业单位副处级以上干部包联重点旅游景区工作的通知》，根据实际组织所包联景区的中高层管理团队对当年景区经营情况进行认真总结，查找旅游景区存在的突出问题，梳理制约旅游景区高质量发展的弱项和短板；对第二年及今后一个时期旅游景区建设和发展环境进行精准研判，提出旅游景区提档升级的方向和目标，形成了旅游景区提档升级的实施方案。

（二）2021 年创新推进

2021 年 4 月，内蒙古自治区文化和旅游厅下发了《关于做好 2021 年度领导干部包联重点地区和旅游景区的通知》，在包联景区的基础上，创新建立厅领导班子成员包联重点盟市工作机制，厅领导班子成员在负责指导和督促各盟市文化和旅游各项工作的基础上，深入包联所在盟市2个以上重点旅游景区，重点指导旅游景区提档升级工作。厅领导指导各盟市科学制定"十四五"文化和旅游发展规划，积极指导各盟市研究制定促进文化和旅游高质量发展的政策措施，督促各盟市有效建立工作推进机制，重点落实计划实施的重大文化和旅游项目，定期调度盟市工作进展情况，帮助解决发展中存在的问题和困难；组织对盟市文化和旅游工作进行专题调研，梳理和总结各地推进文化和旅游发展的成功经验，及时发现存在的问题和薄弱环节，协助盟市研究制定补短板、强弱项的实施方案和工作措施等。

8月组织召开了领导干部包联旅游景区工作会议，对年度A级旅游景区复核情况进行通报，播放了暗访视频短片，要求包联干部对照视频，举一反三，查找包联的景区是否也存在相同的问题，帮助包联的景区进行整改、提质。

（三）2022年稳步开展

2022年4月，为进一步优化重商亲商暖商服务环境，持续推动全区旅游业高质量发展，建立了干部包联旅游景区长效机制，启动百名干部进百企工程，服务旅游景区促发展工作。厅机关、文物局全体公务员及直属事业单位领导班子成员111人，对应包联140家国家4A级及以上旅游景区。通过建立"景区诉求有应、解决问题有效"的服务长效机制，重点帮助旅游景区协调解决项目、投融资、提质升级、资源配置、安全生产等方面的实际困难和突出问题，帮助旅游景区挖掘文化内涵，提升产品供给能力和服务质量水平，推动旅游景区转型升级、提质增效。要求干部按照"四不两直接"的工作方法（即不发通知、不打招呼、不听汇报、不用陪同接待，直接赴基层、直接到达检查现场），以普通游客的身份进入景区，查找问题，找准摸清景区旅游发展和服务存在的难点堵点，针对性提出合理化意见建议。包联工作开展情况和成效作为干部年度工作实绩考核的内容，机关根据工作任务清单的完成情况，对每位干部作出定量与定性相结合的工作实绩评价。

二、具体做法

（一）加强组织领导，建立包联机制

为做好包联干部的旅游管理业务辅导，组织召开包联重点旅游景区培训班，聘请

旅游业内专家从专业理论、行业规范及案例实践等多方面，指导包联干部掌握 A 级旅游景区管理要求。同时，召开全区电视电话会议，要求各盟市配合做好干部包联重点景区各项工作细则落实。建立了动态调整机制，定期对内蒙古自治区文化和旅游厅在职副处以上干部进行核对，根据晋升、退休、调走等处级干部变动情况，以及取消等级、新评定的 4A 级以上景区变动情况，重新调整处级干部包联景区一览表。2021 年，建立了厅领导班子成员包联重点盟市工作机制，除负责指导和督促各盟市文化和旅游各项工作以外，重点要包联所在盟市 2 家以上重点旅游景区，指导旅游景区提档升级工作。

（二）坚持不走过场，解决实际问题

按照"包联不包办、参与不干预、帮忙不添乱"的原则，在基于对《旅游景区质量等级的划分与评定》国家标准及相关细则、《旅游景区质量等级管理办法》的了解上，要求包联干部坚持问题导向，结合景区实际，形成问题清单，帮助景区想点子、出主意、找路径，防止走过场和搞形式。坚持严明工作纪律，要求包联干部严格按照中央八项规定精神，不得参与与调研无关的宴请和其他活动，不得干预景区正常生产经营及其他内部事务，不得在景区吃喝和报销、摊派任何费用，初次深入景区调研时可以联系当地文旅局沟通协调，后续调研中要尽量减少甚至不联系当地文旅局，不给基层造成不必要的负担。

（三）着力统筹调度，交流包联成果

每季度召开一次调研成果交流汇报会，对前一阶段包联工作进行总结，对下一步工作进行部署安排。包联景区调研活动中发现的问题，有针对性地提出工作措施和责任分工，分解到相关部门形成工作台账，督导支持政策落到实处，切实帮助景区解决问题。调研工作的综合效果坚持与从事的业务工作紧密结合、与自治区的重点工作任务紧密结合、与文化旅游志愿服务工作紧密结合，全面提升包联景区调研工作的针对性。

三、工作成效

（一）畅通沟通渠道，建立服务机制

各包联干部从业务融合和职能转变的角度，积极创新工作思路和举措，主动寻找切入点，持续跟进服务，认真做好组织实施、跟踪调度、监督指导等各项工作，推动形成了协同发力推动文旅工作发展的新格局。机关干部深入基层、深入一线，针对国家、自治区的各项文旅措施、惠企政策，能够做到及时传达、共同研究，提高了企业对政策的知晓率，帮助企业了解政策、用好政策，在助力企业破瓶颈、解难题、增信心方面发挥了重要作用。各盟市积极参照此干部包联模式，制定本地区干部包联景区方案，形成了良好的示范效应。

（二）深化对接合作，解决实际问题

包联干部对景区提档升级、优化环境等方面出谋划策、献言建策，对于能立行立改的问题，及时协调予以解决，对于需要其他部门配合完成的工作，以文旅厅名义向相关单位致函跟办。在鄂尔多斯市、呼和浩特市、呼伦贝尔市、兴安盟、满洲里市等分别召开了盟市政银企融资对接洽谈会，根据景区发展实际及融资需求，逐一协助景区与银行进行深入对接，积极推动破解文旅企业融资难问题，三年来，各类银行与多家景区累计达成 8.619 亿元合作贷款。

（三）大力纾困解难，出台多项政策

通过以奖代补、贷款贴息、直接补贴等方式支持旅游景区旅游发展专项资金，通过文化旅游商品传承创新专项资金支持旅游景区文创旅游商品实体店项目和驻场演艺项目。制定了《减免旅游景区门票开展企业贷款贴息的实施方案》《关于印发〈加强企业贷款贴息力度减免旅游景区门票的实施办法〉的通知》，申请财政落实自治区减免旅游景区门票补贴专项资金。

（四）助力校企对接，建立长效机制

连续两年举办旅游行业校企对接会暨签约仪式召开校企对接会，来自全区所有高校的旅游院系负责人和多家企事业单位负责人参加了会议。会上旅游企业就企业管理、企业文化与岗位需求进行了推介，多家院校与旅游企业进行了校企合作签约，为上千名毕业生解决了实习岗位。为校企双方搭建合作交流平台，开通了旅游院校学生实习绿色通道，解决了旅游企业旺季用工难问题。为院校开展课题研究、校企双向交流、提升院校教学质量、提升企业经营管理水平等方面提供平台。

供稿人：内蒙古自治区文化和旅游厅　杨　婷

多点发力 助文旅企业纾困谋发展

——吉林省文化和旅游厅助企纾困案例

一、基本情况

2020 年、2021 年连续两年疫情的反复，使吉林省全省文旅企业在暂停与重启之间不停切换，企业经营受到严重影响。调研了解到，109 家文旅企业中，有 48 家 2021 年呈亏损状态，占比达到 44%。从亏损额度看，从近 5000 万元到几十万元、几万元不等，长白山旅游股份有限公司亏损 4973.6 万元，珲春防川三疆国际旅游集团亏损 2772.8 万元，国信南山度假区亏损 1749 万元，通化文旅发展集团亏损 852.8 万元，长影旧址博物馆亏损 261 万元。从企业结构看，亏损企业主要集中在景区运营企业、旅行社、乡村旅游经营单位，其中景区和旅行社占比较大，总体超过亏损企业数的 75%；文化产业企业整体受疫情冲击影响较小，大型文化企业和文化园区收益稳定，吉广传媒和东北亚创意园企业入驻率均在 92% 以上，但演艺、网吧、KTV 等文化娱乐场所普遍处于亏损。从企业规模看，大型企业由于体量大、经营覆盖面广，受冲击影响主要体现在经营收入大幅下滑方面；而中小微企业自身抵御风险能力较弱，并多处于产业细分领域，受行业整体环境影响大，在接连几轮疫情冲击下，大部分已经面临生存危机，艰难挣扎。特别是 2022 年上半年，吉林省文旅行业经历了史上最严峻疫情冲击，全省文旅市场再一次进入近 3 个月的"熔断"和"静默"期。

二、具体做法

（一）打出行业稳企纾困政策组合拳

一是及时出台行业纾困政策，在充分调研摸底基础上，聚焦文旅企业最愁盼的难点、最揪心的痛点，研究制定了 18 条"支持文旅企业复工复业、促进文旅市场疫后复苏"政策措施，打好"降成本、稳主体、增效益、用杠杆、活市场"的政策组合牌，真金白银、真心实意地扶持企业。二是有效实施消费刺激拉动，研究制定《吉林省文旅消费券发放方案》，统筹省级资金 2000 万元，采取直接购买景区门票、实足抵用等方式，扩大消费券覆盖范围，涵盖景区、度假区、乡村旅游经营单位、星级饭店、旅行社、等级民宿、文化娱乐演艺场所七大类近 150 家企业 500 余款产品，提高文旅消费券发放实效。目前，已完成企业认定、产品采购等工作，首批消费券将于 7 月中旬以线上平台抢票的方式投放市场。三是惠企政策收获实效，共为 773 家旅游企业缓缴社保资金近 7000 万元；争取吉林银联 1148 万元资金用于助企惠民；暂退旅行社质保金比例提高至 100%，预计退返保证金 4000 万元；为 995 家上网服务营业场所免除疫情期间网络租赁费用。

（二）高效推进"面对面"服务纾困

一是专题调研督导，贯彻落实全国稳住经济大盘电视电话会议和全省稳经济增长大会精神，结合全省"服务企业月"活动，由厅领导班子成员分别带队、分区包片，先后组成 7 个调研组和 4 个督导组，深入各市州就文旅企业生产经营实际困难开展服务企业专题调研；就文旅企业复工复业、项目开工复建、政策落实执行等情况开展流动督查，"面对面"扶企、"点对点"沟通、"扁平化"协调、"直通车"解困。二是定期调度推进，坚持"周调度"制度，连续 4 周召开服务企业专题调度会，及时掌握机关各处室和各市州文旅部门为企业办实事、解决企业急难愁盼问题、推动企业复工复业和项目复工复建等情况。截至 6 月 8 日，为全省 3110 家文旅企业直接解决问题 307 条次，向各地和相关部门转办解决 58 条次，跟进解决 164 条次；各市州也比照省厅做法，实现服务企业全覆盖。三是重点解决落实，针对旅行社企业普遍面临的政策落实难、人才匮乏等突出问题，组织开展全省 1579 人参加的首期导游人员直播带货基础知识和实操培训；策划开展"吉刻出发·致敬红色经典"旅行社复苏行动，在全省集中筛选出一批优质旅行社，以红色主题为切入点，推动旅行社承接机关、企事业单位会务、培训以及工会活动。

（三）全力实现文旅市场复苏即高潮

一是备战谋划疫后市场，在推动产业发展、加快市场复苏上谋思路、定措施、出实招，制定《吉林文旅产业疫后振兴计划》，实施企业扶持壮大、"吉地花开"省内游复苏、"吉行天下"跨省游推广、消费提振、宣传领航、督导护航以及产品提升、产业蓄能、雪季市场引爆 9 大行动 56 项具体措施，深度谋划夏秋季，超前谋划新雪季；研究制定《"吉地花开"疫后文旅宣传推广活动方案》，利用五一假期和 5·19 中国旅游日等重要节点，集中开展了"超'吉'品味·全力以'复'吉林特色文旅商品云展"等活动，提前营造市场复苏的良好氛围。二是攻坚冲锋端午市场，全省文旅系统以端午节为重要节点，全面重启疫后文旅市场，端午节当天举办了"'粽'情吉'临'时"吉林省疫后文旅市场启动仪式，李伟副省长致辞，韩俊省长出席并宣布吉林省文旅市场全面恢复，拉开了吉林省文旅市场疫后振兴的大幕；现场举行了"国内 OTA 平台助力吉林省文旅企业集中恢复上线仪式"，面向广大游客推出千余款文旅产品，满足游客的多元化消费需求。端午假日期间，全省接待国内游客人数 344.3 万人次，按可比口径恢复至 2019 年同期的 94.98%；实现国内旅游收入 32.2 亿元，按可比口径恢复至 2019 年同期的 77.65%；恢复水平分别高于全国 8.18 个和 12.05 个百分点。

三、下一步工作安排

（一）抓好常态化疫情防控

严格落实国家第九版新冠防控方案，组织开展疫情防控、安全生产、市场监督等专题监管督查行动；科学指导景区、度假区、乡村旅游经营单位、星级饭店、等级民宿、旅行社等防控工作，严守文旅行业疫情防控底线。

（二）全面激活消夏季旅游市场

拟于 7 月中下旬开启"2022 吉林消夏避暑休闲季"，推出"精彩夜吉林"系列夜间文旅产品，举办吉林省首届"露营生活节"，联合各市州举办 300 余场节事活动，持续扩大文旅消费；编印《吉林夏（冬）游记文旅产品消费指引》，推出夏季省内精品团队游、自驾游线路及产品，丰富消夏避暑季产品供给。

（三）持续推动乡村旅游转型升级

拟于近期举办第二届全省乡村旅游发展大会和首届吉林省乡村旅游节，公布十大乡村旅游精品村，下达 2022 年度全省乡村旅游工作任务计划书，发放第一批文旅消费券，举办乡村旅游大集、乡村音乐节、"吉刻'乡'见"疫后感恩之旅等节事活动。深入推进乡村旅游"十百千万"工程，编制 10 个乡村旅游精品村发展规划，接续启动全省 100 个乡村旅游精品点和县、市精品村遴选工作，落实好万名人才培训计划，形成乡村旅游发展吉林样板。

（四）高水平打造红色旅游品牌

全力做好献礼党的二十大系列工作，深入研发红色旅游新业态、新产品，联合辽宁、黑龙江、内蒙古文旅部门策划推出东北三省一区红色旅游区域线路，打造提升省内 20 条红色旅游精品线路，推出一批红色乡村、红色工业、红色演艺等红色旅游融合示范点，丰富红色旅游产品体系。组织开展"吉刻出发·致敬红色经典"旅行社复苏行动，带动红色景区、酒店、旅行社、餐饮住宿业。举办"吉林红·点亮创意生活"——全省红色文化创设计展，孵化一批代表性红色标识。编印《吉林省红色故事会》，组织红色故事宣讲团走进校园、社区及大型文旅活动，面向社会举办红色故事讲解员大赛。

（五）积极开展市场营销宣传

抓住夏秋季吉林省旅游市场旺季时机，适应疫后周边游、短途游、自驾游等市场需求变化，以"吉地花开"省内游为主题，集中开展"吉林人游吉林"市场推广活动，联合各市州推出文旅主题促消费活动和节事活动，分批发放文旅消费券，有效拉动省内游市场。以"吉行天下"跨省游为主题，适时组织"坐着高铁游吉林"系列营销推广、"驾红旗车·游新吉林"高端定制游等主题营销和吉林"网红地图"全媒体平台宣传推广。策划推出"我的宝藏家乡"主题宣传、"吉林聚好玩"系列短视频、"寻找最IN露营地"话题互动、"向往的吉林"慢直播、"get达人一同游"等系列专题宣传，实现全网种草、全民打卡。

（六）谋划积蓄文旅产业发展动能

探索建立服务企业长效化机制，针对文旅企业融资难题，继续举办吉林省文旅投融资大会，搭建投融资对接平台。拟召开全省首届研学旅行发展大会，推动研学旅行基地建设、课程打造，发布产品线路。活用项目工作专班推进机制，加快推进长白山仙峰滑雪场、万科松花湖度假区雪场扩建、北大湖滑雪度假区整体开发、通化冰雪产业示范新城、长春国际影都、敦化渤海湖夜经济区、梅河口东北不夜城二期、龙湾群景区 5A 级提升等重点项目。建好项目"蓄水池"，谋划包装一批轻资产、创意型、沉浸式的"新旅游"项目，加快推动吉林省旅游业转型升级。充分发挥文旅专家智库作用，开展"送智下基层"活动，为文旅企业疫后快速复苏提供智力支持。

（七）大力促进文化事业发展

围绕"献礼二十大"主题，策划"喜迎二十大"主题交响音乐会、"吉林第四届书法双年"、"雪满江山·吉林省冰雪题材国画展"等活动；重点推进京剧《种粮大户》、冰雪演艺项目《粉雪传奇》创排工作，指导一批重点作品复排提升；组织举办 2022 年"精彩夜吉林"消夏演出季，开展好"送演出下基层""省级公益低票价惠民演出"等活动。完成长白山神庙遗址博物馆、考古工作站、祭祀广场等遗址配套建设项目立项和方案评审工作，确保年内开工建设；完成吉林、通化地区东北抗联遗址考古调查，持续深化抗美援朝遗迹专项调查和馆藏革命文物调查，遴选和公布第二批革命文物名录。继续开展"云端考古""云端史画"等项目，为古老的遗址增添科技"慧眼"。印发《关于推进吉林省博物馆改革发展的实施意见》，持续推进全省博物馆公共文化服务能力建设，推动数字化博物馆建设。打造吉林特色传统文化精品，举办第四届"吉林省非遗节"，建好"非遗村落"。

（八）深度谋划冰雪产业发展

抢抓国家出台"冰雪丝路"指导意见难得契机，加快出台吉林省"关于加快推进世界级冰雪大区的实施意见"，打造"冰雪丝路快车"产品体系，推进"冰雪丝路博物馆"建设，高规格举办第七届雪博会、"冰雪丝路合作发展大会"、"冰雪丝路嘉年华"和"冰雪丝路"国际论坛；超前谋划"双 11"冰雪线上大促、开板嘉年华、冰雪丝路粉雪联赛、中国滑雪场联盟年会、"吉林冰雪朋友圈"产业助力专项行动等系列活动，为迎接新雪季做好充分准备。

供稿人：吉林省文化和旅游厅产业发展处　张云伟

助企纾困出实招　精准服务稳经济

——南京市文化和旅游局助企纾困案例

一、基本情况

为落实国家、省市相关工作部署，最大限度减轻疫情对南京市文旅企业发展影响，南京市不断加大对文旅行业助企纾困力度。一方面聚焦重点领域，精准扶持传统文旅企业转型升级、文旅新业态新产品；另一方面鼓励文化银行创新专属产品和模式，对文旅企业放宽贷款限制，降低贷款利率，减少"找钱"成本，为文旅复苏"造血"。市文旅局成立促进全市文旅行业恢复发展工作专班，调研掌握文旅企业当下困难和诉求，持续推动系列助企纾困政策落地落实，协调解决政策落实中的相关问题，对旅行社、星级饭店、会奖旅游、演出经纪机构、演出场所经营单位、网吧、国家 A 级旅游景区等重点行业发放专项助企纾困资金。同时，采取以奖代补、政府购买服务等多种措施推动文旅行业快速复苏回暖。出台《关于助力稳住经济大盘，提振文旅市场的若干政策措施》，重点从稳主体稳市场加快纾困和扶持政策落实、加快行业转型发展、释放文旅消费潜力三个方面拿出 12 条具体措施，加大对文旅行业扶持力度，切实促进全市文旅行业恢复发展，更好助力全市经济稳定增长。

2021 年，面对疫情等复杂严峻形势，全市产业保持定力，规模以上文化企业全年实现营业收入 3526.80 亿元，比 2020 年同期增长 15.1%；实现营业利润 233.96 亿元，同比增幅达 16.9%。全年实现旅游业总收入 2130 亿元。全市重点文化产业园区入驻企业数同比增长 72.3%，吸纳就业人数同比增长 19.8%。数字化成为文旅产业新增长极，数字文化企业营业收入占规模以上文化企业营收超 60%，数字出版、动漫、多媒体等 16 类文化新业态的规模以上文化企业实现营业收入 1420.00 亿元，同比增长 19.3%，营业利润、利润总额和应交增值税等主要经济指标继续呈现两位数高速增长。头部文旅企业方阵发展强劲，截至 2021 年四季度，全市规模以上文化企业 1840 家，比 2021 年一季度净增 37 家。全市 10 家文化企业入选 2021 年度"江苏民营文化企业 30 强"位居全省第一，4 家文旅企业入选南京市独角兽企业，34 家入选培育独角兽、12 家入选瞪羚企业。2021 年 4 月，南京成功入选首批国家文化和旅游消费示范城市。2022 年 6 月，南京上榜国务院办公厅关于文化产业和旅游产业领域督查激励城市。

二、具体做法

（一）奖补结合，加大财政资金扶持力度

1. 以补为主，有效聚焦全市重点文旅企业和项目。为引导全市旅游重点项目建设，促进文旅融合高质量发展，完善旅游基础配套服务，提升旅游服务品质，南京市提前开展市级旅游发展专项资金申报，聚焦文化和旅游新基建、新场景、新产品，重点支持重大重点旅游项目库内项目、景区（度假区）、旅游休闲街区等智慧景区（度假区、街区）建设、红色旅游及其他旅游基础设施建设项目。市文化发展专项资金（产业发展类）加大助企纾困力度，重点扶持文化和科技融合、数字文化项目。

2. 以奖代补，充分发挥财政资金撬动作用。疫情期间，南京市文旅局与南京市财政局联合印发《关于应对疫情影响提振文旅市场促进消费的十项举措》，制定"三大行动十项措施"，实施"引客促销——行业消费竞赛季行动""融合升级——行业转型引导行动""帮扶稳企——行业纾困复苏行动"，重点通过消费季竞赛奖励扶持的手段，加大对旅行社、国家等级景区、旅游星级饭店、会奖旅游企业、演出经纪机构、演出经营场所、"绿色网吧"行业帮扶力度，充分发挥了财政资金的引导撬动作用，促进了全市文旅市场的全面复苏，引导了文旅行业的转型升级。

（二）精准扶持，搭建南京市重大重点文旅项目库

南京市一直积极推动文旅产业项目库的搭建，积极组织库内项目申报国家、省各类奖励扶持政策。一是利用部门门户网站、南京文化金融微信公众号等信息发布平台以及中小文化和旅游企业服务月等活动契机广泛宣传国家、省市针对文旅企业各项扶持政策，扩大政策知晓度和覆盖面，运用好各级政策精准服务企业。二是组织文旅企业积极申报省级文化旅游产业专项资金和省级广播电视发展专项资金，2021 年，11 个项目获得省级文化旅游产业专项资金支持，累计扶持金额 1070 万元，17 个项目获得省级广播电视发展专项资金支持，累计扶持金额 1738 万元；2022 年，推荐 15 个项目

申报省级文化旅游产业专项资金，推荐 25 个项目申报省级广播电视发展专项资金，其中："南京钟山风景名胜区旅游服务中心"等 13 个项目获得省级文化和旅游发展专项资金（产业类）支持，累计扶持金额 910 万元；"5G-Live 智媒双向融播平台"等 11 个项目获得省级广播电视发展专项资金支持，累计扶持金额 1801 万元。三是梳理重点文旅项目，组织并遴选"南京熙南里历史文化休闲街区四期"等 11 个项目申报 2022 年江苏省重点文旅产业项目；组织并推荐"水木秦淮艺术公园二期及配套工程"等 20 个项目申报 2021 年度江苏省旅游产业发展基金项目，15 个项目获得基金贷款扶持，金额累计 1.745 亿元；组织并推荐 15 个项目申报 2022 年度江苏省旅游产业发展基金贴息项目，组织并推荐 29 个项目申报 2022 年度江苏省旅游产业发展基金项目，指导企业用好用足各类奖励扶持政策。四是针对南京处于疫情防控关键时期的特殊情况，采取延长政府补贴演出剧目有效期限，加大政府补贴演出剧目的评审频次，适度增加政府补贴演出剧目比例，优化绩效奖励政策，加快文旅消费政府补贴资金拨付等措施，支持演出企业复工复产，助力文旅企业抗击疫情。五是组织开展 2022 年度市级重大重点文旅项目报送和遴选工作，紧密结合长三角区域一体化发展、长江文化保护传承弘扬、大运河文化带建设等重大国家战略和省、市十四五时期文化旅游发展规划要求，对能够发挥带动和集聚效应，体现文旅融合发展、文化科技赋能、文旅消费升级等项目进行项目管理，优先进行项目扶持和培育。

案例：南京健宝生态农业有限公司在溧水区白马镇上洋村投资 2000 万元建设南京健宝生态农场，向南京市民提供有机食品和乡村旅游产品，吸引了大批游客光顾，也带动了当地观光农业经济发展。此后，他们进一步扩大投资，继续建设占地 2000 余平方米的综合服务中心，为游客提供住宿和餐饮服务。然而，疫情造成的旅游业停摆让他们深感经营压力，所建设的综合服务中心未能完工，因原材料成本上涨，尚缺口 200 余万元。"2020 年以来，公司经营压力很大，多亏政府的纾困措施与文旅主管部门的指导帮助，才让我们渡过难关。"该公司总经理张小平说，南京市文旅局两次来公司调研，并帮助农场对接南京农业大学、南京林业大学等高校，开展产学研合作；还指导企业申请江苏省旅游产业发展基金，获批贴息贷款 200 万元。"这笔贷款的利率是 3.85%，远远低于一般商业贷款的利率。"张小平说，"虽然疫情对企业影响很大，但也让我们切实感受到政府是真的把我们放在心上，尽全力帮助企业纾困。疫情终究会过去，我们将努力修炼好内功，继续为南京乡村旅游的发展贡献自己的力量。"

（三）多方合作，完善普惠金融政策

南京市设立总额 10 亿元的风险代偿资金池，建立 80%~90% 风险代偿机制以及 1% 的贷款增量补贴政策，多方合作完善普惠金融政策，有效地帮助全市文旅企业抗疫情渡难关。2022 年 4 月，市财政局联合相关部门对文旅行业小微企业发放经营贷款贴息，对向银行申请并取得的新增流动资金贷款，按年化 1% 给予 3 个月贷款贴息。2021 年 1~12 月，全市 10 家文化银行及文化小贷公司共对文旅企业发放贷款 567 批次，金额 17.71 亿元。2022 年 1~6 月，10 家文化银行及文化小贷公司共对南京市文化企业发放贷款 246 批次，金额 7.73 亿元，基准利率贷款 5.21 亿元，占比 67.40%；信用贷款 1.92 亿元，占比 24.84%。其中：初创期、成长期文化企业发放贷款 191 批次，金额 5.4 亿元，占比 69.86%。

（四）提升效能，充分发挥平台作用

1. 组织实施文化金融"三送三进"系列品牌服务。为持续优化营商环境，服务企业办实事，南京市依托市文化金融服务中心平台，组织实施文化金融"三送三进"系列活动，2021 年全年共举办了 12 场"三送三进"品牌服务活动，邀请金融机构 30 余批次，覆盖了多个园区超 400 家企业，将政策、产品、服务送到行业、园区和企业，活动受到了主管部门和企业的好评。服务过程中，创新金融产品三项，创新服务模式两项，创新融资渠道一项；首次开展了线上对接会和线上讲座云直播，在线峰值人数达到 2207 人；编制《南京文化金融服务手册》，完成了文化金融门户与新的融资系统建设；主动电话服务企业超 2300 余家，推送融资需求企业过百家；活动在南京市政府网站进行了报道，得到媒体和互联网报道 18 次，点击率过万次。2022 年，在"三送三进"品牌服务中策划开展"援企纾困系列直播专题讲座"，从税务、资金、金融三个角度助力中小微文化企业平稳应对疫情影响，快速恢复健康发展。4 月成功举办了《文旅企业如何享受税收优惠》直播专题讲座，市税务局政策法规处从税务专业角度解读近期出台的助企纾困政策，6 月成功举办《疫情下，文化企业如何享受资金政策》直播专题讲座，市文旅局产业发展处为企业重点解读文旅行业纾困惠企相关资金政策，着重分析具体操作，两场直播获得了广大文旅企业的广泛好评，覆盖企业超 2000 家。7 月成功举办"文旅产业专场金融对接会活动"，邀请银行、小贷等金融机构与文旅企业面对面，采用了线上＋线下结合的方式，向企业更加直观、更加零距离地进行融资对接辅导和金融政策宣传，现场初步达成意向性授信金额约 1.5 亿元。

2. 推动文化银行出台专属金融产品。南京市还在指导市文化金融服务中心缩短

审贷时间、提高文化金融贷款审贷效率的同时，积极推动文化银行对接文旅细分行业，不断创新专属产品和模式。市文旅局与中国银行南京分行签订战略合作协议，"十四五"期间中国银行将为南京文旅产业项目提供200亿元意向性授信额度，双方整合各自资源，在融资服务、建立文化和旅游优选库、支持产业国际交流合作、消费金融服务等方面展开全方位合作。紫金农商行根据旅游行业特点出台了"旅游快贷"，面向旅游、休闲农业等经营主体投放不少于10亿元的信贷资金支持，单户最高额度可达5000万元，最长可贷5年。南京文化金融服务中心与南京联合产权（科技）交易所联合推出针对南京市文旅企业的股权质押贷款产品；指导重大文旅项目用好开发性金融等新型政策性金融工具，推荐"南京熙南里历史文化休闲街区"项目申报国家开发性金融支持文化和旅游领域重点项目。目前，10家文化银行已有文旅企业专属产品近20个。

供稿单位：南京市文化和旅游局产业发展处

真情真金真干　助力文旅复苏

——湖州市文化广电旅游局助企纾困案例

一、基本情况

面对新冠肺炎疫情的反复冲击，湖州市文化广电旅游局坚持政企同心、共克时艰，主动顺应文旅消费新趋势，全力以赴稳市场、助企业、促发展。当前，湖州旅游市场正在复苏，特别是2022年6月全市各项消费促进政策出台、疗休养市场和暑期学生市场全面启动后，湖州等级民宿、精品酒店再现"一房难求""连续满房"良好态势。

二、具体做法

（一）以"真情服务"解决企业"燃眉之急"

1. 抓服务，明需求

全市文化和旅游系统靠前谋划、充分动员，于2022年元旦率先启动了全系统"暖企促发展　拼出'开门红'"服务季行动，落实"十个一"服务举措，该做法成为典型经验被浙江省文化和旅游厅推广。截至目前，累计出动服务小组130次，走访企业353家次，梳理企业需求与问题496项。前期，摸清72家企业（项目）共计51.446亿元的融资。梳理已发旅游专项债10个，筹资12.47亿元，拟发债5个，计划筹资30.82亿元。

2. 抓问题，明方向

坚持问题导向，主动问需于企业、问计于企业。通过前期走访服务，整理企业"游客少用工少""融资难还贷难"等"两少两难"共性问题，联合有关职能部门开展专项研究，共同探讨破解举措，形成《湖州市文旅行业目前发展存在困难和下步举措》等调研报告，获市委市政府主要领导批示指示，为出台突破性政策支持旅游业纾困发展创造条件，营造了全市上下助力文旅企业的良好氛围。

3.抓机制，明举措

实施"三聚三保三落实"稳进提质助企纾困文旅专项行动，成立以市委宣传部部长、副市长任双组长的行动工作专班，设立6个专项工作小组，围绕12项重点任务建立包干机制，打造"三聚三保三落实""亲清直通车·政企恳谈会"等服务平台，落实专项服务机制，全面打好降、退、缓、奖、补政策组合拳，推动服务走深走实、政策直达快享，助力文旅市场强势回升、加速恢复，为全年向上向好夯实基础。

（二）以"真金白银"换取主体"盎然生机"

1.确保政策直达快享

上级政策直达快享。第一时间执行旅行社质保金暂退政策。截至目前，暂退137家旅行社质保金2487.5万元，执行率100%。横向政策全力争取。联合出台《湖州市关于促进服务业领域困难行业恢复发展的三十条政策意见》，其中旅游业专项政策11条，普惠性政策17条，横向对比全省第一。本级政策加快推广。出台《湖州市"三聚三保三落实"稳进提质助企纾困文旅专项行动方案》12条政策意见，制定出台具体操作细则，确保实施过程高效、公开、普惠。

2.提供金融供给效能

联合市金融办制定"文旅＋金融"稳进提质助企纾困服务包，推出"建立重点文旅企业白名单制度、强化政府性融资担保增信作用"等6项举措，不断完善对文化和旅游企业的信贷供给体系，为文化和旅游企业提供差异化金融服务。安吉县产投集团与农商银行签订"扶持企业发展资金"担保业务合作协议，由产投集团为借款人提供连带责任保证。截至6月底，全市银行机构为名单内文旅企业累计授信104.65亿元，发放贷款88.02亿元。

3.强化资金支持力度

专门设立旅游企业一季度"开门稳"奖励资金100万元，20%用于奖励旅游新业态项目、新业务模式。提前兑现旅游专项资金，目前已兑付482万元，完成79%以上，预计8月底全部完成。联合湖州市人社局启动文旅企业申请一次性留工补助工作。争取获得农业银行5年250亿元整体授信，推出"村游富农"系列信贷产品。推出2500万元"组客来湖"增长奖、"宿在湖州"增长奖、旅游企业"升规"（上限）奖，引导企业主攻"过夜游"、做大产业规模。

（三）以"真干务实"促进市场"万象更新"

1. 持续促进文旅消费

举办 2022"盲盒过年·欢乐湖州"新春消费季、"春暖花开·喜迎亚运"诗画浙江文旅消费季启动仪式等活动，2022 年以来，累计发放消费券 1.76 亿元，带动消费超 5 亿元。5 月 5 日起，联合湖州银行共同发起"相约亚运 畅游湖州"夜间文旅消费"满 100 元减 25"活动，已经连续发放 10 周。推出 800 万元文旅场所"满减""随机减"活动，联合七大银行叠加"数字人民币"优惠活动，提升活动优惠效力。6 月 16 日，举办湖州市度假产业发展大会，湖州市委书记与市长现场联名发出《给游客的一封信》邀请，各区县主要领导及知名人士发布"来湖州度假吧"视频邀约，启动"夏一站湖州"文旅消费季。

2. 持续加热暑期市场

举办"江南文化探源"研学旅行启航仪式，推出"山水清远""经世湖学"等"江南文化探源"长三角亲子研学中心推荐线路 12 条，激活暑期亲子旅游市场。6 月 22 日，举办首届长三角露营大会，实施《湖州市露营营地景区化管理办法》，打响长三角最佳露营地品牌。截至目前，湖州已建设露营点 212 个，超越北、上、广、深等一线城市，位居全国第二，半年拉动旅游消费超 2 亿元。安吉县、德清县等区县开展玩水节、采摘节、露营节等活动，主动赴上海、杭州等地开展旅游推介，第一时间邀请了网红在莫干山郡安里进行首场户外直播，抢先一步炒热湖州旅游市场。

3. 持续扩大文旅投资

举办度假产业资本相亲会，促进项目和资本深入对接。出台《关于推进文旅高峰重大项目攻坚行动 建设湖光山色度假之州实施方案》，制定《湖州市文化和旅游项目投资导引（试行）》，实现文旅项目"招引—落地—建设—运营"闭环推进，2022 年 1 至 5 月，全市在建文旅项目总投资突破 2100 亿元，实际完成投资达 164 亿元，在全省文化和旅游投资排名居前列，所有区县进入全省第一方阵。争取到 2022 年年底，全市完成实际投资 300 亿元，其中亿元以上重大项目投资占全部项目投资比重达到 80% 以上。

供稿人：陈　植

多措并举　精准施策

——衢州市政企联动助推企业复工复产大提速

一、基本情况

2022 年以来，全国各地疫情持续暴发，衢州经历了"3·6"和"3·13"疫情，两次按下"暂停键"，文旅产业面临了巨大的困难和压力。面对这一不利形势，在浙江省文化和旅游厅的支持指导下，衢州市深入贯彻落实中央和浙江省委省政府关于促进服务业领域困难行业恢复发展工作要求，在政府力度和激发市场活力上做加法，多措并举，精准施策，有效助推文旅企业在疫情挑战下突破重围，焕发生机。

受疫情影响，衢州旅游行业遭到了重大冲击，据不完全统计，全市旅行社 1~5 月累计接待人数 52633 人次，同比下降 82.59%；全市星级酒店虽然绝大部分被征用作为疫情隔离场所，但 1~5 月累计接待总人数 291224 人次，同比仍下降 4.44%，营业收入 1.96 亿元，同比下降 4.82%；衢州全球免费游 1~6 月累计接待人数 145362 人次，同比下降 84.62%。

二、具体做法

（一）激活协同机制，打通政策兑现最后"一公里"

在疫情常态化管控特殊时期，旅游业尚属复苏阶段，落实纾困政策既是文旅产业恢复发展的基本要求，也是打好"金融风险攻坚战"的重要内驱动力。如何以打通政策落实堵点、提升政务服务效益成为衢州市文旅系统的急迫任务。衢州市文化广电旅游局加强与市财政、营商办等市级部门的协调，运用数字化手段实行"免申即享""即申即享""承诺制""兑过纠错"等机制，全力促进纾困惠企政策直通直达，简化申报流程，压缩办理时间，加班加点，将原来需要一个月办理的工作压缩到了三天完成，有效打破流程繁琐冗长带来的困局，切实打通政策落实的"最后一公里"，全力赋能文旅产业振兴。截至7月底，全市文旅系统政府奖励（补助）资金共13466.9万元，已经兑现13289.2万元，兑现率达到98.68%，实现了应兑尽兑、能兑尽兑。

（二）深研惠企举措，创新文旅质保金缴纳方式

在文旅行业亟须谋求发展新节点之际，创新旅行社质保金政策支持也为文旅业重塑生机注入一针强心剂，是衢州市政府打好"惠企"组合拳的关键部分。为缓解部分文旅企业当前的资金压力与经营困境，衢州市继续加大实施旅行社暂退旅游服务质量保证金扶持政策力度，尽可能降低企业经营成本，提振企业的发展信心，推动文旅企业经营状况的有效恢复，为其高质量发展做好前期铺垫。同时，衢州市研究推动开展保险替代现金或银行保函交纳旅游服务质量保证金试行工作，以此为切入口合力创新旅游质保金交纳方式，减轻相关文旅企业及旅行社资金压力，为现实赋能，顺势推动文旅帮扶的有效进行。截至7月底，全市148家旅行社实现全部退缴缓缴，金额达3440万元，为旅行社提供了发展动力。

（三）深耕内部扩需，让消费成为复工复产的"主引擎"

消费是保持经济平稳运行的"压舱石"。衢州市文化广电旅游局围绕疫后休闲游、生态游、自然游的出游方向以及周边短途游将会率先复苏的市场趋势，联合当地旅行社提前谋划，整合全市114个美丽乡村、37家旅游景区、38个乡村非遗民俗文化、65家特色民宿、78种地方特色美食和特色农副产品，推出103条乡村旅游精品线路，包括"观光观景、寻味寻根、养生养性、探源探幽、清廉衢州"五大板块，同步推出以"阙里人家"民宿、"南孔宴"餐饮文化品牌为核心吸引物的消费产品，为进一步恢复衢州旅游市场提供了丰富的产品供给和服务保障。此外，衢州市还依托数字化手段建立精准送达模型，引导游客自觉自为进行乡村旅游与消费；以乡村旅游景区与旅行社签订合作协议的方式，建立文旅企业间"共享联盟"，实现游客导入最大化，有效撬动周边区域和本地消费市场。2022年一季度，衢州市游客人均花费达1233.8元，较往年提高231元。

（四）深耕市场开拓，构建"大文旅"发展平台

努力改变以往文旅企业单打独斗的局面，依托衢黄南饶"联盟花园"区域协作平台，构建四市的产业合作联盟。一方面，联合四市旅行社、饭店、民宿等市场主体组建四市行业联盟，加强四市同行业间的合作交流，促进资源共享、产品共拓、客源互送。另一方面，引导四市文旅企业跳出行业，跳出传统，抱团发展，形成产业联盟。

7月15日成功举办"2022年文旅产品采购大会暨首届衢州露营节启动仪式"，在文旅行业中产生重大影响，并吸引了全国30余家头部媒体的关注。采购大会上衢州共富实践得到了推广。常山县金源村"政府＋协会＋公司""整村联包、整村合作"的旅游根据地模式得以复制延伸，三家旅行社和乡镇、街道签订委托运营、管理协议，旅游根据地二号（衢江区盈川村）、三号（常山县渣濑湾村）项目于9月试运营。现场旅行社同业之间、长三角自驾协会与衢州旅行社协会之间签订了68万名游客的客源输送协议。通过民宿协会与民宿集聚村结对帮扶、民宿与村经济合作社结对帮扶、饭店业协会与特色食材供应基地结对合作等方式，实现业内结盟、行业同盟、跨业联盟。推进民生实事项目建设与城市高雅艺术发展，促进群众精神富裕。15分钟品质文化生活圈、南孔书屋、文化驿站、乡村博物馆四个项目实施进度全省第一，与浙江交响乐团、浙江美术馆签约，达成长期合作协议。

在疫情防控常态化背景下，衢州文旅产品采购大会已经不单单是旅游业内也是跨业发展的盛会，已经不单单是旅游类也是文旅融合推进共同富裕的盛会，已经不单单是衢州一个地市也是"衢黄南饶"联盟花园、"长三角"城市群、杭州都市圈合作共赢的盛会。采购大会既有效扩展衢州市旅游市场，更引导四市及周边文旅企业抱团发力、合作共赢。

（五）深耕造血功能，有效激活企业内生动力

文旅企业发展，既要输血，也要造血。一方面，以减轻企业资金压力、持续优化营商环境为要，出台文旅企业贷款贴息政策，按照同期贷款基础利率的100%为文旅企业复工复产期间（2022年3月1日至12月31日）恢复产能新增贷款予以贴息，贴息时间不超过6个月，单家企业享受贴息的贷款额度最高100万元，直至贴息资金支付完毕，以此来扩大文旅主体受益面，极为有效地降低了企业的金融风险，解决了最为紧迫的现金流缺口问题，是文旅行业产业链保稳增效的根基所在。另一方面，衢州市文化广电旅游局持续引导文旅企业转型升级。在深化"政府＋协会＋企业"的发展模式基础上，通过组建"联合旅业"的形式，打造个性化管家式旅游服务产品，实现旅行社从"代销商"向"服务商"的行业变革。

三、工作启示

文旅产业复苏不是一朝一夕可以立杆见影的，复苏的过程，也是文旅产业自我净化、自我转型、自我发展的过程。

由于新冠肺炎疫情，衢州的各行各业都了遭受重大冲击，尤其是文旅产业，成为服务业的"重灾区"。一是文旅行业全面复苏需要过程。疫情发生后，人员聚集性活动暂停，人员密集型工作不能开展，且人员流动滞缓，文旅行业从二级响应开始全面进入"停摆"。疫情趋缓后，虽然景区、旅行社、民宿和公共文化场所、网吧、娱乐场所相继开放开工，但由于前期系列活动全面取消或延期，给文旅企业立即复苏产生了影响，甚至导游、星级饭店工作人员等人员流失问题也逐渐暴露出来。根据衢州导游行业来看，全市持有导游证的总共 1383 人，真正从事旅游行业的 363 人。2022 年衢州疫情结束后，从事旅游行业的导游仅剩 251 人，所以，文旅人才的流失势必会影响旅游的发展。二是文旅产品同质化严重。旅游追求的本身就是不同于平时生活和他人的目的，但是文旅企业为了追求快速吸引游客，又不想做精细化的规划导致了在产品上同质化。来的客户一次游之后便不会来第二次，让文旅产品成了"一次性"产品，违背了文旅项目的初衷，最终入不敷出。从目前衢州的文旅产品来看，无论是旅行社、酒店、民宿产品，还是露营产品或者是乡村旅游产品，多数文旅产品缺少属于自己的特色。长此以往，各产品不能进行很好的发展，势必会造成文旅企业发展受损。三是文旅企业缺少创新意识。疫情将加速淘汰一批落后文旅企业，传统文旅企业想要生存下来就必须学会创新发展。根据衢州目前的文旅企业来看还是比较传统的经营模式，虽然小部分文旅企业意识到这点，但还处于摸索阶段，一时难以立足发展扎实推进。面对新发展格局，在社会经济增速放缓、区域经济再平衡、公共服务水平持续提升等背景下，我国的文旅市场创新也将围绕国内文旅市场消费分层、文化 IP 场景化、消费市场下沉、传统产品数字化等方面转型、创新，这就需要提高文旅企业的创新意识。四是文旅项目资金投入单一。文化旅游业以文化为底蕴，以历史文物景观及文化活动的浏览观光服务为核心，涉及各个方面，它是一个产业集群，因此它的发展需要大量的资金投入。而衢州市目前文化旅游主要资金主要来自政府投入，民营资本介入很少，其他像金融行业也没有发挥作用，融资渠道单一，而政府所能提供的毕竟是有限。近些年来，衢州尽管有一些民营文旅企业资金的投入，一般来说规模较小，市场化运作程度比较低，在一定程度上也制约了衢州文化旅游业的长远发展。

助企纾困只能扶产业一阵子，如何让产业得到提升，还应当从产业化思维抓产业发展。政府与市场要各司其职，政府不能过多插手市场，市场主体应当尽快觉醒，成为产业中的中坚力量。

政府和市场的努力能否让旅游业撑过漫长的"寒冬"，迎来"春暖花开"的时刻，应采取怎样的举措进一步推动旅游业复苏和发展？主要有以下几方面：一是政府层面要主动作为，加强政策指导和扶持。应对疫情，政府层面上的政策指导和支持一定是首位的。尽快复工复产既是恢复经济秩序的途径也是目的，但还要保证有一个过渡期，让各行各业都能够得到缓冲。在此基础上，对于受疫情影响较大的文旅行业，政府要在财政、货币、税务以及社会政策等方面给予一定的政策倾斜。当下最重要的是通过全国首创的"全球免费游衢州"活动，外加游客组织奖励政策撬动市场尽快复苏。二是企业层面要反思探索，提升优势积极应对。应该看到，当下既是一个低迷期，同样也是一个反思探索、孕育生长的时期，作为文旅产业的经营主体，企业自身更需要积极主动应对。这就需要企业树立IP意识、创新意识、市场意识、发展意识等多个意识，也要提高无中生有、借鸡生蛋、点石成金、借题发挥等多个能力，来应对当下文旅行业发展面临的困境。三是针对市场需求，及时调整业务模式。疫情的冲击加速了旅游业供给端转型升级的步伐，体验式、沉浸式旅游代替了观光游，个性化、多元化趋势日渐清晰，更多旅游从业者开始关注亲子游、研学游、乡村游以及微旅行等新需求。因此针对市场的需求，文旅企业要打造多层次、满足用户需求的产品服务体系，为消费者推荐优质旅游资源，提供高性价比的出行解决方案。四是构建人才建设机制，培养文旅融合人才。全国文旅产业都应着力于建立文旅人才建设机制，一方面，应建立和完善人才引进制度，通过政府政策、员工持股激励等方式引进各类文旅人才，另一方面，可利用省内自身的教育资源，通过联合培养、社会机构培训等方式培养各层次所需的文旅人才，为文旅产业的发展提供充足的人才保障。

供稿单位：衢州市文化广电旅游局

"四全之策"促进文旅产业复苏

——安徽省芜湖市文化和旅游局助企纾困案例

一、基本情况

新冠肺炎疫情发生以来，文旅行业发展遭遇"寒冬"，市场主体纷纷面临严峻考验，特别是空间集聚型、人员密集型的文旅项目更是首当其冲。2022年上半年，芜湖市实现国内旅游人数2300.98万人次，同比增长-19.84%；国内旅游收入275.27亿元，同比增长-21.36%。面对疫情，芜湖市文化和旅游局坚持"两手抓、两手硬"，以落实之效彰显担当作为，坚决打赢疫情防控"阻击战"和文旅发展"主动仗"。7~8月份，芜湖市接待国内游客人数940万人次，同比增长34%，恢复至2019年同期的85%；国内旅游收入120亿元，同比增长37%，恢复至2019年同期的80%。2022年暑假，芜湖方特水上乐园、东方神画、松鼠小镇、大白鲸海洋公园等主题乐园游客爆满，民宿、餐饮、景区等行业相继回暖，露营游、骑行游、自驾游、研学游等新业态快速发展。2022年的中秋小长假，全市接待客人数和旅游收入顺利实现"双增长"。

二、具体做法

（一）全力保主体，巧化"疫情之危"

面对党中央、安徽省下发的纾困解难、支持恢复发展的若干政策措施，芜湖市坚决贯彻落实，切实推动各项政策落地见效。一是加强政策制定。芜湖市第一时间出台了《关于应对新冠肺炎疫情稳定七大行业发展的意见》及其实施细则，对受疫情冲击较大的旅游企业、密闭场所文化企业加大扶持力度，在贷款、融资、减税降费、稳岗补助等方面予以扶持，惠及市场主体上千家。芜湖市文化和旅游局率先出台《芜湖市文化旅游业扶持政策（2022—2023）》，提出支持文化（数字）创意产业园区建设、支持文化与旅游融合项目、扶持旅游企业创强创牌、培育龙头企业等 21 条具体措施。其中，对于国家级、省级文化产业示范园区（基地）可分别给予 50 万元、30 万元一次性补贴；对于获得国家级、省级夜间文旅消费品牌的，给予 30 万元、15 万元一次性奖励；对符合标准的新进规上（限上）文旅企业，给予每个企业 4 万元的一次性补贴。二是加快政策兑现。出台《芜湖市惠企政策网上超市运行管理办法》，"让政策兑现像网购一样方便"，通过免申即享、即申即享、限时即享三种模式，让奖补资金"一键直达""精准到账"。有关经验做法在国务院《政府职能转变和"放管服"改革简报》上刊登，反响较好。上半年全市累计兑付文化旅游、数字创意产业扶持奖补资金 5500 万元。支持困难行业恢复发展，按照《关于进一步提高保证金暂退比例帮助旅行社应对经营困难的通知》（皖文旅秘〔2022〕78 号）文件要求，帮助指导 52 家旅行社申请 100% 暂退质保金，累计退款 340 万元。三是加大金融支持。把"柔性服务"变成"硬核实招"，搭建政银企合作交流平台，建立中小微旅游企业融资需求库，组织各县市区、开发区梳理摸排企业名单，共上报有融资需求企业 30 家，融资需求总额 4.3 亿元。针对文旅企业资产轻、规模小、融资难、融资贵等问题，建立重点企业融资需求"白名单"，首期已审核通过文旅企业 18 家。

（二）全面促消费，抢抓"复苏之机"

一是万"券"齐发，引爆消费。开展 2022 年"皖美消费·欢乐芜湖"文旅惠民消费活动，芜湖市文化和旅游局发放 300 万元文旅惠民消费券，全市超 300 家文旅商户企业参与，拉动消费 350.13 万元。开展"皖美消费·芜优乐购"数字消费活动，自 2022 年 6 月至 2023 年 1 月分八轮启动，预计投入财政资金 1.1 亿元，首轮发放 1000 万元、30.4 万张消费券，涵盖"芜优美宿""芜优美食""百货热购""欢乐芜湖·畅游江城"多项行动。县区同步发力，"乐游湾沚"民宿消费券、"乐享镜湖"惠民消费券、"乐享鸠江"数字消费券相继投放，总额达千万元。二是好戏连台，助力消费。举办 2022 年文化和自然遗产日芜湖主场活动，77 项非遗展示和体验，611 份非遗大礼包精彩派送，两天活动带动消费百万元。筹划"跟着博物馆去旅行""鸠宝漫游记"等主题推介活动，深入开展"皖美好味道·芜优名小吃"活动，以美食名店名宴、特色美食线路等为切入口，推进芜湖名小吃进景区、进饭店、进商超、进院校、进机关食堂、进重大活动。开展芜湖紫云英人才城市体验活动，5 月下旬面向国内高校（中职、技工院校）在校生发放 3000 万元住宿、餐饮、旅游等城市体验券，刺激芜湖文化旅游业快速复苏。三是企业让利，刺激消费。五一期间，马仁奇峰景区对医护工作者及其家属、志愿者实行免票优惠；大白鲸海洋公园 1.4 米以下儿童可免费入园，还有多重好礼抽奖券；松鼠小镇推出 99 元特惠畅玩票，助力游客畅意游玩。调查显示，从消费结构看，餐饮费占比 28.37%，对比上年提升约 7 个百分点；购物费占比 17.03%，三只松鼠、傻子瓜子、荻港香菜、新港茶干等特色旅游商品深受游客青睐。

（三）全心为企业，共谋"转型之路"

一是顶格推项目。发挥"芜湖畅聊早餐会"乘数效应，邀请国广传媒、流彩动画、网易科技、哈特三维、三七互娱、四维时代等数字文旅创意企业家参加畅聊早餐会，市委、市政府主要负责同志顶格接待、顶格倾听、顶格推进涉企事项 10 余项，并通过"大江资讯"公众号等媒体公开反馈企业诉求，接受社会监督。二是聚力谋产业。召开芜湖铁画保护、传承、发展座谈会，"让铁画从墙上走下来"，推动铁画产业化，加大对非遗产业的扶持力度。围绕电竞产业、露营地产业快速发展，开展"企业家沙龙"，推动微旅游、露营游等新业态、新模式加速发展。推动成立芜湖市数字创意产业协会、非遗协会、美食文化协会，切实发挥行业协会引领作用，让企业家找到"归属感"。三是一心促发展。结合芜湖文旅产业短板和发展目标，制定《芜湖市第三产业发展壮大三年行动计划（2022—2024 年）》。加快实施商贸规模提升、物流网络建设、文旅体精品创建、金融服务创新、商务服务拓展、数字产业攻坚、科技服务升级、民生服务提升八大行动，着力推动第三产业高质量发展。

（四）全速引项目，夯实"发展之道"

坚定不移将"双招双引"作为推动行业复苏和产业发展的第一引擎，把"大胆设想"变为"千亩百亿"。一是招商引资"马不停蹄"。紧盯世界五百强、国内五百强、上市公司、独角兽、单打冠军、隐形冠军等企业，围绕数字文旅创意产业链上下游，开展外出招商、以商招商、委托招商、基金招商等。上半年，市县专班拜访或接待客商 300 余批次；全市签约、开工、投产数字文旅创意项目 139 个、总投资 633.35 亿元，两项指标位列全省第一。二是招才引智"不遗余力"。精心策划"紫云英花开　芜湖等您来"芜湖市 2022 年全国百所高校大宣讲——紫云英人才云上双选会活动。5 月 6 日，紫云英人才云上双选会（数字创意产业）开场，芜湖市委常委、宣传部部长作市情宣介；芜湖市文化和旅游局局长做人才政策宣介；招才大使罗振宇、引才嘉宾韩金龙作视频代言。33 家用人单位现场提供就业岗位 1638 个，累计在线接收简历 422 份。5 月 20 日，由芜湖市委市政府主办的 2022 芜湖市首届紫云英人才日活动拉开帷幕，以"百

年云约会 一起向未来"为主题，芜湖市委书记现场发布"紫云英"人才之约。三是项目建设"可圈可点"。坚持"部门围着企业转，要素跟着项目走"，全力以赴推进项目建设。芜湖古城一期、途居马仁山露营地、城市书房等项目陆续建成开放；数字经济产业园长江渔文化博物馆、网易联合创新中心、京广传媒南方总部等项目相继开工建设；华强方特爱国主义教育基地、数字经济产业园、市文化艺术中心等项目完成规划设计，即将启动。

三、下一步工作思路

越是面临困难挑战，越要保持战略定力。下一步，芜湖市文化和旅游局将持续发力，担当作为，大力促进文旅业复苏振兴。一方面，要毫不放松抓好行业疫情防控工作，动态调整和优化防控措施，提升科学精准防控水平，不断夯实旅游安全发展基础；另一方面，要丰富优质旅游产品供给，增加旅游惠民利民措施，把握疫情带来的转型发展契机，持续探索文旅发展新模式新路径，进一步提振行业信心、缓解市场压力、促进消费回暖。

供稿单位：芜湖市文化和旅游局产业发展科

福建推出政策"组合拳" 答好文旅"复苏卷"

——福建省文化和旅游厅助企纾困经验做法

新冠肺炎疫情发生以来，福建省文化和旅游系统坚决贯彻执行党中央、国务院决策部署和福建省委、省政府工作要求，全面落实福建省第十一次党代会精神，统筹疫情防控和经济社会发展，做好"六稳"工作，落实"六保"任务，做大做强做优文旅经济，加快推进福建文化和旅游业复苏和有序健康发展。

一、基本情况

2021年，全省实现旅游总收入4894.04亿元，比上年增长2.8%；接待国内旅游人数4.07亿人次，比上年增长15.6%；国内旅游收入4862.34亿元，比上年增长5.3%。2022年，元旦、春节两个重要的假日旅游市场实现正增长，接待游客人数分别为941万人次和1665万人次，同比增长7.5%和3.3%，基本实现旅游经济"开门红、开门稳"的发展目标；上半年，全省国内旅游市场在波动中复苏，累计接待国内旅游人数1.95亿人次，同比下降18.6%，恢复到2019年同期的91.8%，实现国内旅游收入2112.03亿元，同比下降27.6%，恢复到2019年同期的73.7%。

二、主要做法和成效

（一）普惠和专项扶持政策相结合，有的放矢持续推出政策"组合拳"稳增长

一是叠加政策帮扶企业纾困。2022年4月，福建省人民政府印发《福建省积极应对疫情影响进一步帮助市场主体纾困解难的若干措施》，提出实施普惠性扶持措施、加大服务业纾困力度、帮助企业稳定用工等五个方面33条措施，包括扶持文旅业纾困发展的专项措施。2022年5月，经福建省政府同意，福建省文旅厅、发改委、财政厅出台《关于支持文旅行业恢复发展的纾困帮扶措施》，从强化普惠性政策宣贯和落实、实施重点领域纾困扶持、促进旅游市场恢复发展、落实惠企信贷融资和支持各地出台纾困政策五个方面制定了9项政策措施，支持文旅企业加快恢复发展。将旅行社旅游服务质量保证金暂退比例由80%提高至100%，新成立的旅行社暂缓交纳保证金。全省暂退旅游服务质量保证金约2.5亿元，涉及旅行社企业1203家，做到应退尽退。安排省级财政资金3500万元对重点领域企业实施以奖代补，根据近两年的业务经营情况，诚信经营等指标进行综合考评，分别对100家旅行社，50家景区、度假区实行纾困补助；安排省级财政资金1500万元对吸引外省游客入闽过夜的旅行社进行奖励，每人每晚20元，每人次最多60元，每家旅行社全年总额不超过100万元。允许旅行社承接各级机关、企事业单位、社会团体符合规定的活动，在相关规定标准和限额内，凭旅行社发票报销等。二是支持企业开源增产增效。福建省人民政府办公厅印发《关于促进民宿发展若干措施的通知》，从放宽民宿市场准入、支持利用农村闲置资源发展民宿、加强扶持性金融产品开发、鼓励选择民宿开展培训和疗休养等十个方面，促进民宿持续健康发展。福建省文旅厅、省教育厅、总工会等部门下发《关于做好2022年暑期有关工作促进师生度过安全健康有意义假期的通知》《关于进一步深化职工疗休养工作的意见》，推动暑期、周末等文化和旅游市场多层次、多元化发展。

（二）加大金融支持力度，助力文化和旅游企业融资帮扶降成本

一是健全政银企对接机制，建立文旅企业"白名单"制度。按照"是文旅、在经营、信用好、有需要"原则，突出中小微企业，涵盖文化产业和旅游产业全要素、全链条，持续向人民银行福州中心支行等金融机构和"福建金服云"信贷融资平台推送文旅企业"白名单"，支持文旅企业信贷融资和增产增效。其中2021年推送"白名单"文旅企业95家，落实15家文旅企业授信额度9.03亿元，实际发放贷款5.37亿元；2022年再次推送230家文旅企业。二是加大文化和旅游领域政府专项债支持力度。2022年全省新增政府专项债总规模1175亿元，其中申报文化和旅游领域73个项目，合计41.79亿元，涵盖文化场馆、文化街区、文化园区、乡村振兴、业态培育、红色旅游以及基础设施7类项目。项目安排总体向山区、老区倾斜，其中，南平市24个项目，安排专项债总额度13.38亿元；宁德市17个项目，总额度9.7亿元。

（三）省市县联动，各方参与，激发文化和旅游消费市场增活力

一是举办"全闽乐购·全福游"文化和旅游惠民促消费活动。福建省商务厅、福建省文旅厅联合印发《福建省商旅促消费活动工作方案》，2022年5~10月，全省发放总额4亿元以上消费券，其中文化和旅游消费券超8000万元，主要用于旅行社、旅游景区、旅游住宿、温泉康养、文化演出等文化和旅游消费领域。活动启动以来，全省各地纷纷举办各类文旅促消费活动，掀起文化和旅游消费热潮。截至7月中旬，全省各渠道发放文旅消费券总计7436万元。其中，各级财政资金发放消费券4434万元，核销额3384万元，直接拉动消费1.18亿元，直接杠杆率3.48，间接拉动消费超10亿元。在投入财政资金发放消费券的同时，发动全省各金融机构、文化和旅游企业共同助力文化和旅游消费，福建银联及各商业银行、福州"同程"、厦门"飞猪"旅游、"一机游龙岩"等平台累计发放文旅消费券3002万元。平潭综合实验区6月底推出第一期数字人民币文旅消费券200万元，用于住宿、餐饮、文娱消费场所、文创商店、体育健身场馆、酒店、影院、书店等文旅消费场景使用。二是组织实施"百城百区"助企惠民行动，联合福建银联推动文化和旅游小微企业（商户）纳入中国银联"红火计划"，减免企业手续费。活动开展以来，累计纳入商户60393家，手续费减免金额约100万元。推进企业（商户）支付便利化改造，全省已有80家景区、街区参与银联支付便利化改造，覆盖商户6013家，主要消费类型为景区门票，景区及周边二次消费、文创商店等。三是抓龙头树标杆，积极创建国家级文化和旅游消费品牌。福建现有5个国家文化和旅游消费试点城市和5个国家级夜间文化和旅游消费集聚区。2021年，福建省政府出台《福建省人民政府关于促进旅游业高质量发展的意见》，提出促进新型旅游消费，大力发展夜间经济，举办夜间主题文旅活动，打造城市特色夜游品牌，对荣获国家级夜间文化旅游消费集聚区的，每个给予100万元奖补。

（四）坚持创新驱动，丰富文旅产品有效供给提质量

一是将培育文化和旅游新业态、推进标志性文化和旅游项目建设作为"两稳一保一防"重要举措。大力培育数字文旅产业，培育音乐、文创、演艺、康养等新型产业，加快推动文化和旅游与相关产业多元融合发展。各地持续举办富有地域文化特色的音乐季、民俗节庆、旅游演艺和文创市集活动，已成为文旅市场消费新热点，文旅经济增长新动能。二是做大暑期和周末游市场。量身打造了"4个100"特色文旅产品，包括推出198个网红打卡地、开展113场周末微度假文旅活动、策划182条"微游"线路、出台100余项文旅惠民措施。2022年，福建省委宣传部、省文旅厅等联合举办"福文化"创意设计大赛，4000多件优秀文创产品脱颖而出。此外，组织闽茶、闽菜、闽瓷等进景区、进街区、进园区。三是打造G228滨海风景道。福建省交通厅编制《福建省国道 G228 线滨海风景道规划建设实施方案》，联合省文旅厅推进国道 G228 线滨海风景道建设，打造重要节点，推进重大文化和旅游项目建设，培育自驾旅游、户外健身、科考研学、艺术创作、影视拍摄等业态，大力发展路衍经济，持续创新推动全省文化和旅游产品更有创意、更加实惠、更多热点，不断满足人民群众美好生活需要。

三、下一步重点工作

（一）出台新政策，全方位助企纾困推进增产增效

一是制定面向创新性、成长型文化和旅游企业助企纾困、增产增效促进政策，福建省文旅厅、省财政厅、省金融监管局以及人行福州中心支行、福建银保监局研究出台《福建省文旅专项贷实施暂行办法》。组织金融机构依托福建省金融服务云平台，借助省级政策性优惠贷款风险分担资金池提供贷款风险补偿作为增信手段，通过"快服贷"产品为福建省文旅经济领域的各类成长型、创新型中小微文旅企业提供用于经营周转的流动性融资服务信贷产品。主要内容包括文旅专项贷适用范围、企业池管理、贷款合作模式、贷款额度和优惠利率、风险补偿机制、具体操作流程等相关内容。二是进一步规范向金融机构推送文化和旅游企业"白名单"制度，按照稳增长、稳市场主体、保就业工作要求，加强和政策性银行合作，提高企业融资信贷便捷性和有效性。三是加快推进开发性金融支持福建文化和旅游领域重点项目建设，争取国家开发银行加大重点项目融资信贷支持力度，重点推进落实南靖土楼景区提升工程 16 亿元融资额度。

（二）突出暑期和周末，持续做热文化和旅游新型消费市场

不断优化文化和旅游消费券发放办法，提高消费券核销率和群众消费便利度。引导各地把发放文化和旅游消费券的重点转到周末和夜间的文化和旅游消费领域，突出周末旅游住宿消费、夜间文化和旅游消费的满减折扣，适时延伸至自驾游领域。鼓励发放旅游民宿消费券，鼓励各级政府出台政策促进民宿业繁荣发展。发挥福州、厦门、平潭数字人民币试点城市作用，推进数字人民币在景区等文化和旅游场景支付应用落地。

（三）探索建立文化产业特派员制度，推动乡村文化产业转型升级

借鉴福建科特派制度成功经验，高位嫁接、平台共用、重心下移，聚焦创意设计、演出产业、音乐产业、美术产业、手工艺、数字文化、研学旅游、康养度假、庭院经

济等文旅经济重点领域，推动城乡之间人才要素等双向流动，共建人文乡村，共创乡村高质量发展之路。拟在全省选取试点县，选派文旅经济领域专业人才和团队深入乡村、扎根乡村、服务乡村，在组织区域示范、营造人才生态、培育乡村创新品牌等方面先行先试，推动乡村特色文化及关联产业创造性转化和创新性发展，建设一批文化兴产业旺乡村振兴示范村镇。

（四）福建省委办公厅、省政府办公厅印发实施《福建省推进文旅经济高质量发展行动计划（2022—2025年）》

提出福建文化标识体系构建行动、重点文化产业升级行动、文化艺术点亮行动、文旅深度融合行动、旅游景区创新提升行动、"+文旅"新业态培育行动、消费潜力激发行动、市场主体壮大行动、"311"重大项目带动行动、文旅数字赋能行动等十大行动。突出文旅融合。立足大文旅产业视角，将广播影视、出版传媒、工艺美术、动漫游戏、音乐演艺等融入文旅经济发展范畴，推动重点文化产业升级和文旅深度融合，着力构建福建文化标识体系。突出资源整合，加强系统谋划，注重跨区域整合资源，加快推动G228滨海风景道、武夷山国家森林步道、长征国家文化公园等一批重大项目建设。培育一批龙头企业。突出创新驱动，强化文旅数字赋能，推动文旅行业"上云用数赋智"，大力发展沉浸式数字文旅新产品、新内容。促进"+文旅"，加快发展海洋旅游、康养旅游、研学旅游等新业态。

供稿单位：福建省文化和旅游厅

九条措施助企纾困解难　多措并举发展文旅经济

——福州市文化和旅游局立足本地特点，支持市场主体复苏振兴

2022 年以来，百年变局交织世纪疫情，中国经济面临的"三重压力"更加突出，福州市文化和旅游业受到的冲击也陡然增加。面对复杂严峻的形势和艰巨繁重的任务，福州市全面贯彻"疫情要防住、经济要稳住、发展要安全"的要求，深入文旅企业摸排实际困难，针对性出台《福州市积极应对疫情影响促进旅游业复苏九条措施》，并结合本地特点，开展系列促消费举措，全力做好"两稳一保一防一控"工作，帮助文旅企业降低疫情影响、恢复提振发展，有力推动了文旅市场主体复苏。

一、基本情况

受 2022 年第一季度新冠肺炎疫情影响，福州市 A 级旅游景区、星级酒店、旅行社等文旅企业受到严重冲击。据初步统计，2022 年 3 月，全市旅行社共取消团队 500 多个共 2.5 万人，延迟团队 130 个共 3.1 万人，直接经济损失 1700 多万元。尽管新春文化旅游月旅游数据表现亮眼，但疫情造成主要指标一季度后期环比大幅下滑，2022 年一季度旅游总人数同比下降 11.5%，旅游总收入同比下降 12.7%。全市文化旅游市场面临星级酒店、景区等客源、业务持续减少，信心受挫，游客出行意愿持续下降的情况。为推动文化旅游市场尽快复苏振兴，福州市文化和旅游局深入排查、调研各文旅企业情况，根据企业诉求针对性的制定《福州市积极应对疫情影响促进旅游业复苏九条措施》，帮助企业纾困解难。同时，结合相关工作部署，促进消费挖潜，激发文旅企业能动性，多措并举推动文旅市场复苏振兴。

通过一系列有力有效的举措，目前福州市文旅经济呈现良好态势。2022 上半年福州旅游总人数 4055.46 万人次，恢复到 2019 年的 86.7%；旅游总收入 307.33 亿元，恢

复到 2019 年的 68.2%。

二、具体做法

（一）开展"千名干部进千企"活动，深入一线为企业把脉开方

2021 年以来，为持续优化营商环境，帮助企业解决痛点难点堵点问题，福州市大力开展"千名干部进千企"专项行动，福州市文化和旅游局全体干部按照责任清单要求，定期走访对应文旅企业，与企业业主建立一对一挂钩帮扶机制。2022 年上半年疫情发生以来，福州市立即行动，1 天之内厘清全市文旅企业经营状况，特别是对温泉类、主题公园类景区、重点旅行社等受疫情影响较大的文旅企业，由领导干部带队深入一线、上门服务，通过现场办公会、座谈会等形式，向企业问计问需。在"千名干部进千企"活动带动下，进一步拉近了行业管理部门与经营业主间的距离，有效缓解了企业在经营"空窗期"的焦虑情绪，增强了企业业主抵御疫情影响的信心，形成了群策群力的工作氛围。

（二）出台专项扶持奖励政策，以"真金白银"带动企业"补血造血"

为进一步帮助市场主体纾困解难，最大力度支持市场主体恢复发展，福州市文化和旅游局结合本地实际，在国家、省、市相关政策基础上对旅游业相关纾困措施进行了深化、细化，于 2022 年 5 月 9 日印发实施《福州市积极应对疫情影响促进旅游业复苏九条措施》。包含暂退旅行社质保金、支持旅行社拓展业务、加大政府采购支持中小企业力度、鼓励旅行社引客入榕、鼓励开展乡村旅游活动、发放旅游企业贷款贴息、支持 A 级旅游景区提升服务设施、开展文旅消费季活动、鼓励加大宣传营销力度九项内容，涵盖了对旅行社、A 级旅游景区、星级饭店等旅游行业主体的精准帮扶。

文件的印发实施，不仅为企业解了燃眉之急，也释放福州坚持高质量发展旅游业，推动市场主体快速复苏的明确信号。截至 2022 年 7 月 30 日，已为 98 家旅行社暂退质量保证金 873.4 万元；新增市内外旅游团队 791 个，预计惠及游客 31242 人；为旅游企业申报贴息贷款 1323 万元；收到 13 家旅游景区服务设施提升补助申报材料；启动"有福之州，游福同享"2022 福州文化和旅游消费季活动，依托银联"云闪付 App"平台已累计发放五期共计 29.38 万文旅消费现金券，累计发放消费券面额 813.8 万元，覆盖全市商家 4000 余家，直接带动文旅消费 1386.8 万元，有力推动旅游市场复苏振兴。

（三）发挥行业协会组织作用，有序推动文旅企业增强市场信心

疫情期间，福州市文化和旅游局积极指导福州市旅游协会，以"依托政府、服务企业"为宗旨，积极发挥行业组织作用，围绕重点工作任务，组织文旅企业协助做好各类文旅行业活动。加强文旅企业在旅游"空窗期"自身建设，针对文旅行业的困难，联合"先之教育"开展"先行者"公益助学计划，组织 5 期的送教大讲堂，帮助企业赋能战"疫"，练好内功，据统计，观看直播课程的企业人数超过 1 万人次。积极营销暖企助企氛围，充分利用行业专家库资源，以企业交流协作方式，将好的经营思路及方向向企业传递。加大导游队伍扶持力度，采取了稳岗培训、免收导游会费等一系列措施。同时，市旅游协会积极充当桥梁纽带角色，深入排查行业情况，收集福州市星级酒店、景区、旅行社等会员单位的实际困难与诉求，供参阅决策。此外，在推进文明旅游、协助发布扶持政策、旅游品牌的评定与复核等工作中都能看到旅游协会的身影，有效增强企业复工复产信心。

（四）深挖市场主体发展潜力，立足产业助推文旅高质量发展

为进一步推进福州市旅游业高质量发展，加强对旅游业发展的高位推动和综合协调，福州市成立了以市政府主要领导担任组长的福州市旅游产业发展领导小组，福州市文化和旅游局作为领导小组办公室，围绕全域提升、精品打造、招强培优、消费挖潜、精准营销、快通畅游 6 个专项行动全面推进产业发展提升。特别是在培优助企方面，一是培育龙头企业。整合资源组建古厝集团，加快打造全省综合性文化旅游龙头企业，高效汇聚金融产业资源和要素，推动聚春园等新型市属国有企业加快资产梳理，培育上市主体。鼓励本地优质文旅企业在多层次资本市场上市挂牌融资，目前易达旅游等企业已被列入 2021 年度省、市重点上市后备企业。推动政府性融资担保机构为文旅企业提供金融支持，福州市 5 家政府性担保机构共为民营文旅企业提供 13 笔共计2158 万元贷款担保。二是延伸旅游消费链条。做好"茶文化"文章，制定《关于支持福州茉莉花茶产业发展九条措施》，支持创建福州茉莉花茶相关主题的国家 3A 级及以上旅游景区，全市已有 10 家 4A 级及以上旅游景区运营大众茶馆。擦亮"闽都美食"名片，推进闽菜进景区（街区），三坊七巷已引入品云轩、单福楼等七家闽菜餐饮。打响"福州好礼"品牌，在朱紫坊、梁厝等一批景区街区的游客服务中心、在长乐、仓山等旅游集散服务中心，陆续开设特色商品超市。三是加大扶持力度。组织文旅企业积极申报国家、省市各级纾困资金，目前已有 46 家文旅企业通过金服云平台获得纾困资金专项贷款，合计获得授信金额 1.46 亿元，为文旅企业节省利息支出超 100 万元，有力支持文旅行业复苏。

（五）策划系列主题营销活动，为企业快速恢复提供优质平台

以服务企业为导向，积极构建"全媒体、全覆盖、全方位"宣传机制，发挥"遇见福州"新媒体矩阵作用，积极为文旅企业发布各类宣传资讯，加大"有福之州"城市品牌宣传营销力度。一是以全市一盘棋、各地一特色，构建市县联动的品牌营销矩阵。持续打造"永泰自然来"、晋安"乡约北峰"、福清"好梦开始的地方"、罗源"畲风海韵"、闽清"梅好闽清，礼乐天下"等县域旅游品牌。指导各文旅企业找准品牌核心定位，形成"以点到面"的品牌营销合力。二是在落实常态化疫情防控前提下，紧抓元旦、春节、五一、端午等重要假日节点，举办新春文化旅游月、海峡两岸民俗文化节、"两江四岸"音乐旅游节、乡村旅游季、中国旅游日活动、文化和旅游消费季等文旅活动，形成"月月有活动，一年都精彩"的良好氛围。整合文旅企业资源，大力发展假日文旅经济，优化推出活动聚合页，帮助企业招徕游客。三是加强与携程、同程、今日头条等平台合作，在产品策划、客源市场推广等方面为福州文旅企业提供服务，提升网络关注度和曝光度，近两年，通过同程平台引入的外市游客达 732.98 万人次。积极开拓宣传营销模式，全省首条超高清裸眼 3D 文旅宣传片《金鱼贺岁》亮相福州东街口电信大楼 8K 高清大屏，策划推出文旅创意视频《福虎兄弟》《福派青年》等，微信观看量均超 10 万；联手星球研究所发布微信推文《为什么是福州》，单篇总阅读量达 55.8 万，积极打响"有福之州"品牌，加速文旅市场回暖。

三、主要成效

2022 年五一期间以"有福之州，畅享五一"为主题，推出系列文旅惠民"大礼包"，鼓励旅游景区开展免费游、半价游等活动，深挖旅游文创消费潜力，累计接待游客人数 287.53 万人次，实现旅游总收入 17.39 亿元，较好完成了文旅市场快速复苏的预期目标。2022 年端午假期，联合同程集团开展"有福之州'约'惠端午"福州文旅网络消费活动，累计发放文旅产品红包抵用券 160 万元，惠及消费者人数 10.29 万人次，带动消费金额 1998 万元，假日旅游市场作用逐渐凸显，成为旅游市场复苏的重要力量。2022 年暑假期间，依托第五届数字中国建设峰会在榕召开契机，集中推出系列文旅活动，福州文旅经济复苏明显，鼓山、鼓岭、闽江游等游客大幅增长，尤其是闽江游项目，连续多日超 2021 年国庆假期游客日均接待量，暑期旅游消费市场成为福州文旅经济重要引擎。

四、工作启示及发展思路

福州文旅经济能够快速复苏，把好疫情防控关口是基础，坚持文旅产业高质量发展是龙头，大力发展假日文旅经济是重要抓手，增强市场主体抗风险能力是重要保障。

接下来，福州市将围绕建设"文化强市"和"世界知名旅游目的地"的战略目标，坚持以文塑旅、以旅彰文，做大做强做优文旅经济，继续加快推动文旅工作高质量发展。

一是抓融合，促消费。争创国家文化和旅游消费示范城市，加快推进中国船政文化城、三宝城等重大文旅项目建设，打造一批国家级文化旅游消费集聚区和旅游休闲街区。

二是抓创建，促品质。做大做强闽都文化、温泉康养、清新生态、滨江滨海四大品牌，推动鼓山旅游景区等创建国家 5A 级旅游景区，将福州打造成世界知名旅游目的地。

三是抓龙头，促发展。以强链补链延链为文旅产业链招商重点，以国内一线城市、长三角、珠三角为主要目标区域，坚持"请进来　走出去"，吸引大型国企央企、500强企业来榕投资。

四是抓营销，促品牌。强化"有福之州"品牌打造，持续打造"乐游福州"文旅节庆品牌。精心筹办第八届海丝国际旅游节。持续做强"遇见福州"微博、微信、抖音、头条号，打造具有全国影响力的政务新媒体矩阵。打响"有福之州"品牌。

供稿单位：福州市文化和旅游局

用好"三股水" 助力文旅企业纾困
——厦门市文化和旅游局助企纾困案例

一、基本情况

旅游业是厦门市的支柱产业。面对新冠肺炎疫情对文化和旅游行业的反复冲击，厦门市坚持稳中求进工作总基调，积极适应文化和旅游产业发展新形势，主动把握文化和旅游消费新需求，找准推进文化和旅游产业发展新着力点和增长点，全面破解文化和旅游企业生存发展困境，助力文旅市场稳步复苏、文旅企业转型升级、文旅产业加快发展。2021 年全市限额以上住宿业营收 63.4 亿元，达到 2019 年 63.46 亿元水平。2022 年五一假期，大帽山境酒店、日月谷温泉度假村酒店等特色酒店基本处于满房状态；途家民宿、小猪民宿、木鸟民宿等多家 OTA 平台数据显示，厦门市民宿订单量位居全国前十。2022 年暑假期间，厦门市核心景区日均接待游客数同比增长 160%，鼓浪屿家庭旅馆一房难求，全市餐饮、购物恢复至疫前水平。

二、主要做法及成效

（一）灌注"养鱼肥水"，破解文旅企业生存之困

一是运用好"＋"和"－"。坚持加大奖补与减税降费相结合，着力缓解传统文旅企业现金流压力大等问题。一方面，坚决贯彻落实文化和旅游部等部委印发的《关于促进服务业领域困难行业恢复发展的若干措施》，积极推动《厦门市应对新冠肺炎疫情影响进一步帮助市场主体纾困解难若干措施》落实落地，从减免"六税两费"、房租、保险等方面入手，减轻企业负担。另一方面，坚持"一难一策""一企一策"，采取以奖代补等形式，先后出台涉及文化和旅游产业扶持政策 20 余项，从鼓励招徕游客、支

持扩大经营等方面，发放各类奖补资金 2 亿多元，切实让主要文化和旅游企业"活"下来。

二是统筹好"0"和"1"。针对文旅企业"要市长更要市场"的实际，坚持统筹疫情防控和产业发展，严格落实"四个精准""三个不得"精准防疫要求，同时突出文化和旅游部 5 次旅游热点防疫预报要求，牢固树立安全发展理念，牢牢把握市场安全这个"1"，将各级疫情防控指示要求细化、具体化、流程化，指导文化和旅游企业严格落实"错峰、预约、限流"措施以及"两码核验"要求，做好常态化疫情精准防控，持续做好从业人员健康监测和管理，认真开展风险点排查防范，大力开展高频次、全覆盖督查指导，切实把市场安全管住、把安全市场放开。

三是撬动好"C"和"F"。针对文旅企业资产轻、规模小，融资难、融资贵等问题，加大金融（F）支持力度，举办文旅企业金融产品线上宣讲会，为 932 家中小微文旅企业提供对接洽谈平台，共获金融机构融资贷款近 2 亿元；召开银企对接会，按照政府搭台、增信支持、银企对接、市场运作原则，达成融资意向 6390 万元。充分发挥资本（C）杠杆作用，坚持政府主导，设立文化和旅游消费领域产业子基金，积极引导社会资本投入文旅经济，参股 9 只子基金合计 209 亿元，市财政出资 27 亿元，区财政出资 17 亿元，撬动社会资本 165 亿元，杠杆倍数近 4 倍。

（二）激活"一池春水"，破解文旅企业转型之困

一是在政策引领上求突破。着眼推动文旅产业高质量发展和文旅企业转型升级，研究出台《厦门市关于促进旅游业高质量发展的实施意见》，成立由市长挂帅的厦门市旅游产业发展领导小组，提出升级产业结构、丰富产品供给、做强市场主体、激发消费潜力、推进数字赋能以及强化要素保障 6 个方面 27 条具体措施。其中，对首发上市且当年度完成股改的重点上市后备企业，给予一次性奖励 50 万元；对境内外企业在厦门新投资额达到标准的，给予每个 300 万元奖励；对境内外知名旅游企业来厦门设立全资分支机构或控股企业的，给予每个 30 万元开办费奖励；对荣获国家级夜间文化和旅游消费集聚区或国家级文化产业和旅游产业融合发展示范区的，给予每个 100 万元奖励；对主营业务为旅游的企业，年营业收入首次超过 20 亿元、30 亿元的，每个分别给予 100 万元、300 万元奖励。

二是在精准帮扶上下功夫。对"高技术、高成长、高附加值"型文旅企业，建立政企挂钩帮扶制度，设立"三高"企业"政企直通车"平台，全面推行"六必访"，定期召开挂钩企业问题专题会，主动靠前服务、精准解决问题，推动"三高"文旅企业做大做强。聚焦省委大抓文旅经济的要求，市委市政府主要领导和分管领导密集走访调研文旅企业，实地掌握企业经营情况，加力帮扶企业破解难点、痛点和堵点问题，并召开专题会议，现场研究解决文旅企业面临的突出问题，为文旅企业发展营造优异营商环境。利用转型升级窗口期，指导企业苦练内功，建立"首席质量官""标杆服务员"制度，做优线上"厦门旅游网络教育平台""旅游饭店云课堂"，做实线下专题培训，做活"导游服务技能竞赛""旅游饭店服务技能竞赛"，共培训文旅从业人员人数30万余人次，着力提升整体服务品质。针对疫情防控常态化转型发展面临的实际问题，召开专题宣传会，开展"一对一"服务，实现帮扶企业全天候响应，提供业务咨询人数15735人次。比如，建发国旅集团推出"旅爽生活家"线上商城，线上销售福建名优产品和企业员工疗休养专属服务产品，注册会员20余万人，很快走出困境。

三是在盘活资源上做文章。针对迅速火爆的精致露营市场，全市划定11块约20万平方米的绿地沙滩，全面布局上下游产业链，鼓励文化和旅游企业转换动力源、研发新产品，拉动文化和旅游消费，促进文化和旅游企业转型发展。针对当前导游人员转型不转行的实际需求，鼓励导游人员考取网络视听主播资格证书或互联网营销师资格证书，并对厦门市导游人员以主播身份利用网络媒体宣传推广厦门市旅游资源和旅游产品，予以一次性奖励，着力盘活人力资源，提升导游员整体素质。针对闲置空间载体多和市场需求大的矛盾，推动出台《厦门市商业办公项目变更为酒店项目暂行规定》，鼓励将已出让的商业、办公土地变更为酒店用途，盘活库存用房，着力打造多元化、立体式住宿产品体系。为优化产业结构，促进城市更新和文创产业发展，推动实施《厦门市工业（仓储）用地改造管理暂行办法》，支持符合条件的工业老厂房腾笼引凤，改造建设文创基地，不断壮大厦门市文创产业。

（三）引来"源头活水"，破解文旅企业发展之困

一是拓展新的目标群。针对周边游、亲子游、露营游火热市场，以"年轻族""再来族"为主要客群，以本市、周边、中程旅游以主要客源市场，以"厦门潮旅生活"为年度主题，包装文化、新潮、沉浸、夜游、研学、爱潮等主题游产品，赴闽西南四地举办"闽西南e家人·来厦门住酒店"巡回宣传活动，联动闽西南各地企业1596家，推出产品5653款，销售活动现场及线上成交额达1.35亿元；设立厦门市文化和旅游局融媒体中心，整合宣传资源，升级宣传模式，构建宣传矩阵，通过设置话题制造流量、打造入口收割流量的形式，着力打造"海上花园、诗意厦门"品牌超级符号，形成强有力品牌记忆点，实现对主要客源市场广告全覆盖，提高产品推介精准度和转换率，有效凝聚厦门旅游人气。

二是构建新的生态圈。着眼强链补链延链，构建新型文化和旅游产业生态圈，推动优质资源进一步聚集，做大做强做优文旅经济，坚持把招商引资作为第一抓手，注重抓好招商和推动落地双管齐下、拓展增量和激活存量双轮驱动，建立完善产业链链长制和支撑服务机制、议事协调机制、考核督查机制和决策咨询机制，紧盯世界500强、央企、民企龙头企业，特别是全球知名文旅IP巨头、全国旅游集团20强和文化集团30强等建立目标企业库，市区联动开展大招商、招大商、大员招商，加快构建现代旅游产业体系。2021年，文旅新增落地项目584个，实现投资总额397.27亿元，为构建现代文化和旅游产业体系夯实基础。

三是培育新的增长点。针对大众旅游和国民休闲的基本需求没有变，疫情倒逼消费需求、消费模式不断迭代的实际，联合飞猪平台、口碑平台等发放文旅消费优惠折扣券3500万元，累计拉动消费近5亿元。办好第十七届海峡旅游博览会和第七届中国（厦门）国际休闲旅游博览会，实现交易额近1亿元；办好第十七届海峡两岸图书交易会和第五届东南亚中国图书巡回展，实现图书征订交易额5830万元。联合举办"光大魅力厦门旅游节"，针对光大信用卡用户推出系列优惠服务，引导500多家企业推出各种打折活动，撬动信用卡消费56.74亿元。各区文旅局局长带头现身直播带货，先后举办各类直播带货280余场次，撬动消费超过80亿元。组织联动侠侣网、旅盟君、住店圈等OTA平台，在"8·18""9·19""10·18"等时间节点，举办大型让利促销活动，打造厦门文旅每年"双十一"促销日。借力《开端》《对手》等在厦取景拍摄的网络热剧，精选35个点位作为"人在剧中游"新春旅游打卡点，推出10条特色鲜明、概念性、引导性的厦门影视游线路，很快成为网红产品。联合中国银联厦门分公司，融入"全闽乐购　全福游"文旅惠民促销活动，大力开展文化和旅游消费助企惠民活动。

三、经验启示

（一）助力文旅企业纾困要强化一个"统"字

一要注重统揽全局。厦门市坚持以习近平新时代中国特色社会主义思想为指导，坚决贯彻落实党中央、国务院决策部署，扎实做好"六稳"工作，全面落实"六保"任务，不断强化助企纾困工作的政治性、人民性和社会性。二要强化政策统领。一方面，厦门市坚决贯彻落实国家部委出台的行业扶持政策，及时将党中央、国务院的关心关注传导下去，切实让市场主体减负增收；另一方面，厦门市结合本地实际，紧盯行业困难，按照"一难一策""一事一策"原则，及时出台精准扶持政策，助力企业渡过难关。三要全面统筹资源。针对旅游业涉及面广、关联度高、渗透性强的特点，厦门市发挥旅游产业发展领导小组作用，联动涉旅各个部门，强化纾困举措的系统性，全面打通市场循环堵点。

（二）助力文旅企业纾困要围绕一个"实"字

一要察实情。厦门市积极践行群众路线，主动走进文旅企业，真正走近市场主体，深入了解行业面临的难点、痛点、堵点问题，深挖问题根源，找准问题症结，精准掌握发展态势。二要出实招。一方面，厦门市紧盯企业面临的紧迫难题，坚持精准施策，注重靶向发力，不断提升市场主体获得感，切实稳住市场主体。另一方面，厦门市积极顺应未来行业发展方向，坚持政策引领，推进转型升级，引导文旅企业着眼未来、持续发展。三要求实效。厦门市坚持问题导向、目标导向和结果导向，把提升行业向心力、竞争力、生产力作为助力纾困的检验标准，用真心实意、真金白银帮助解决市场主体面临的实际困难，着力提升纾困举措的针对性和实效性。

（三）助力文旅企业纾困要注重一个"新"字

"新"既是文旅行业重要的内在基因，也是疫情倒逼产业转型的必由之路。一要顺应新需求。厦门市着眼在危机中育先机、于变局中开新局，准确识变、科学应变、主动求变，针对疫情对文旅行业的冲击进行深度研判，积极寻求新的突破口，找到新的结合点，努力实现文旅经济稳中有进、行稳致远。二要引领新需求。疫情发生以来，厦门市坚持扭住供给侧结构性改革，同时注重需求侧管理，积极探索新模式、丰富新场景、研发新产品、匹配新需求、开拓新市场，点燃适应疫情特点的文旅消费新引擎。三要创造新需求。厦门市着眼形成需求牵引供给、供给创造需求的高水平动态平衡，突出"Z世代"人群消费特点，深化融合发展，拓宽产业边界，深耕细分市场，积极打造沉浸式、体验式、互动式、产品体系。

供稿单位：厦门市文化和旅游局

金融赋能文化和旅游企业纾困发展

——山东省文化和旅游厅助企纾困案例

一、基本情况

近年来，山东省文化和旅游系统认真贯彻中央以及省委省政府关于统筹疫情防控和经济社会发展的决策部署，聚焦落实黄河流域生态保护和高质量发展重大国家战略，严格落实防疫要求，强化文化旅游安全管理，丰富文旅产品供给，不断推动文化和旅游产业恢复发展。2020年，受新冠肺炎疫情影响，全省共1200余家旅游景区、502家星级饭店暂停运营，2600多家旅行社暂停经营团队旅游及"酒店＋机票"旅游产品，100多家剧院、剧场停止演出活动，2094家娱乐场所停止营业，5724家网吧停业，全省各市共接待游客人数5.77亿人次，旅游总收入6019.7亿元，为2019年同期的61.5%和54.3%。2021年，全省各市接待国内游客人数7.3亿人次、旅游收入8278.6亿元，分别恢复到2019年的78.3%和75.8%。新冠肺炎疫情期间，文旅企业损失惨重，普遍面临营收骤减、亏损严重、资金链断裂。部分企业由于缺乏抵押物等原因难以获得贷款，融资成本高、直接融资规模小等融资难、融资贵问题仍然存在。山东省文化和旅游厅不断强化与金融部门联动，汇聚金融合力，支持文旅企业纾困解难，助推文旅产业恢复发展，取得阶段性成效。据统计，2022年上半年文旅贷款余额1983.98亿元，比年初增加162.24亿元，同比增长50.67亿元。

二、主要做法

（一）加强部门协作，建立联动工作机制

疫情发生后，山东省文化和旅游厅联合中国人民银行济南分行、山东省财政厅、

山东省地方金融监管局、山东银保监局、山东证监局及各金融机构建立金融支持文旅产业高质量发展联动机制，在首贷培植、金融辅导、普惠金融、融资担保、专项债券、消费升级等方面支持文旅企业纾困发展。明确提出建立重点文旅企业项目融资需求库和中小微文旅企业融资需求库，引导金融机构加大对全省文旅企业和文旅项目的金融支持，促进融资增量扩面。鼓励金融机构积极拓展文化和旅游信贷业务，创新开发和推广金融产品，提高市场主体融资的便利性。

（二）强化政策引领，推出金融助力政策包

山东省文化和旅游厅联合发展改革委、财政厅及金融部门先后制定印发《关于金融促进文化和旅游产业发展的实施意见》《加强金融支持文化和旅游产业高质量发展的若干措施》《山东省促进服务业领域困难行业恢复发展的实施方案》，从加大信贷支持、推动金融服务创新、健全银企对接机制等方面，形成"11+13+5"金融助力文旅企业政策包，印发解读手册，开展媒体宣传、专家解读。山东各级文旅部门下沉一线，进行政策宣讲和执行情况调研评估，及时帮助解决问题，推动政策落地。2021年，全年累计对1113户文旅企业和项目新投放316.17亿元信贷支持，其中信用贷款50亿元。2022年上半年，又累计对770户文旅企业和项目新投放194.69亿元，其中信用贷款37.58亿元。

（三）激发消费潜力，开展文旅消费惠民活动

精心组织第六届山东文化和旅游惠民消费季活动。6月2日，消费季在济南市印象济南·泉世界举行启动仪式，全省16市同步启动。自启动仪式以来，截至6月底，省市县三级财政累计发放文旅惠民消费券10907.58万元，使用3742.87万元，直接拉动消费16287.12万元，共有93万人次参与领券。征集文旅企业5000余家，涵盖景区门票、旅游线路、星级酒店（民宿）、演艺演出、数字文化、文创衍生等多个领域。构建"4+7+10"活动框架，开展丰富多彩的文旅惠民主题活动，充分满足了市民个性化、多样化、品质化的文旅需求，为广大消费者带来了实实在在的实惠，实现了社会效益和经济效益的双赢。联合中国银联山东分公司开展助企惠民文化和旅游消费促进活动，银联出资300万元用于银联支付方式文旅类消费的优惠折扣和活动宣传。

（四）用好财政支持政策，支持文旅项目建设

2019年、2020年连续两年对全省重点文旅项目给予财政贴息支持，共支持项目43个，扶持资金4564万元，德州齐河黄河博物馆群、临沂压油沟景区等一批优质文化旅游项目进展顺利，有效地促进了社会资本投资文旅产业的积极性，推动了文旅产业高质量发展。采用财政资金投资入股形式支持"好客山东 云游齐鲁"智慧文旅平台、山东德云综合演艺中心、临朐冶源杏山旅游区项目、彩虹文化运动休闲特色小镇、惠民鑫诚田园旅游休闲项目 5 个项目共 2000 万元。2022 年 3 月，山东省文化和旅游厅印发《关于用好地方政府专项债券推进文化和旅游领域项目建设的通知》，将地方政府专项债券作为支持文旅产业发展的重要政策工具，明确六大类支持方向，指导各级文化和旅游部门主动对接，积极争取更多专项债券用于文化和旅游领域项目建设，并做好专项债券项目储备、申报、发行工作。截至目前，山东省地方政府专项债支持文化旅游类项目 82 个，累计发债金额 74.7 亿元。

（五）开展专项行动，解决文旅企业融资难

山东省文化和旅游厅联合各金融部门开展"金融诊疗助企专项行动""债券发行双百攻坚行动"等活动，惠及全省 713 家文化和旅游企业，发放贷款 65.2 亿元，支持文旅企业发行债券融资 38 亿元。联合人民银行济南分行将文旅业"无贷户"纳入"民营和小微企业首贷培植行动"，成功培植文旅企业首贷户数 12416 户，发放贷款 101 亿元；共同推进普惠小微企业信用贷款支持计划在文化和旅游领域落实，累计为全省 9734 家文旅市场主体发放信用贷款 24.3 亿元。深入开展金融辅导制度，持续推动金融辅导扩容，健全省市县三级金融辅导体系，完善金融辅导评价表彰、分层管理、线上对接等工作机制，着力打通金融服务"最后一公里"。截至 6 月末，将 116 家文化旅游相关企业纳入金融辅导，累计为 34 家企业解决融资需求 67.42 亿元。2022 年 6 月，山东省文化和旅游厅联合人民银行济南分行、地方金融监管局、山东银保监局启动"百亿惠千企"金融支持文化和旅游产业发展专项行动，突出国家文化公园地标性项目、景区提质升级、高端海洋旅游等文旅八大重点支持领域，用好单列的 50 亿元再贷款，专项用于引导银行业金融机构加大对全省文旅企业和文旅项目的金融支持，年内全省文化和旅游产业新增贷款 100 亿元以上，惠及市场主体 1000 户以上。

（六）深化政银合作，加大金融支持力度

2020 年 4 月，山东省文化和旅游厅与中国银行山东省分行联合印发《关于共同为文旅企业平稳健康发展提供实效性金融服务的通知》，重点支持受疫情影响较大的旅行社、A 级景区、精品住宿、优质餐饮、文创等各类文旅企业，力争 2020 年为文旅企业提供贷款支持金额不低于 20 亿元。2020 年 5 月，山东省文化和旅游厅与中国工商银行山东省分行签署《助力文旅企业纾困 推动产业高质量发展战略合作协议》，3 年内为文化和旅游行业提供 100 亿元新增授信额度。双方将推动完善文化和旅游与金融合作政策体系，帮助文化和旅游企业纾难解困，促进重点项目落地实施，大力提升文化产业和旅游产业的金融服务质量，助力文化和旅游企业应对疫情影响，促进企业提高复工复产的整体效益和水平。2022年5月，山东省文化和旅游厅与农行山东省分行签订金融服务文化和旅游发展战略合作协议，并共同发布"文旅振兴贷"产品，3年内为文化和旅游行业提供50亿元新增贷款额度，双方将在旅游景区提质升级、国家文化公园、乡村旅游、数字文化产业等领域开展全方位合作，实现资源共享、优势互补，助力山东省文化和旅游产业高质量发展。

（七）创新金融产品，精准服务文旅企业

2022年5月，山东省文化和旅游厅联合农业银行山东省分行推出"文旅振兴贷"产品，包括文旅融贷、文旅易贷两类产品，能够同时满足大中型企业及旅行社、民宿等小微企业不同的融资需求，贷款期限最长可达20年，小微企业贷款额度最高可达1000万元，贷款利率最低可至同期同档次LPR（货款市场报价利率）。截至7月15日，"文旅振兴贷"实现投放8.86亿元，支持企业76家，个人经营户784户。联合中国银行山东省分行推出"文旅春天贷"产品，累计为文旅企业提供贷款支持12.3亿元。联合北京银行济南分行推出"文化创意贷""山东手造贷"，为全省文创行业经营主体提供小额信用、抵押担保、第三方增信等多种方式贷款服务，累计发放贷款5.28亿元。

（八）丰富文化和旅游保险产品供给

鼓励辖区财险公司不断加大产品创新力度，加快发展旅游相关保险业务，持续提升文旅产业保险服务专业化供给水平，督促保险公司根据旅行社实际经营情况，优化承保理赔流程，简化理赔手续，提高理赔效率。2022年上半年，辖区旅游服务质量保证金保险提供风险保障110万元，旅行社责任险提供风险保障44.5亿元，旅游景区安全生产责任保险提供风险保障2.1亿元。2022年辖区上半年泰山财险新备案旅行社旅游服务质量保证保险（2022版）可用于替代旅游服务质量保证金，为旅行社服务质量提供风险保障。

（九）坚持因势利导，推出差异化金融服务

山东省文化和旅游厅积极引导各市因地制宜推出不类型的金融支持产品。青岛市着力打造"文旅金声"服务品牌，探索政府债券、产业基金等多途径融资渠道，采用贷款贴息等方式支持文旅企业纾困发展，累计安排贴息资金710万元，降低50余家文旅企业100余笔贷款利率1个百分点以上。主动对接金融管理部门，增加文旅行业有效信贷供给。潍坊市协调农商银行针对非遗类文旅企业推出"非遗传承贷"，贷款额度最高 500 万元，贷款年限 3 年，贷款利率低，且由政府部门提供担保，累计授信 706 万元，用信 665.55 万元。泰安市每年单列不少于 5 亿元再贷款额度，专项用于引导金融机构加大对文旅企业和文旅项目的金融支持。同时，整合全市 21 家单位及金融机构 41 款金融产品推出"泰安文旅六保贷"，重点支持餐饮、住宿、旅游交通、景区、旅行服务、购物商超、文化娱乐、乡村旅游等领域。日照市与农商行、中国邮政储蓄银行等银行机构开展深度合作，为 A 级景区、品质旅行社、精品酒店、乡村民宿、精品旅游小镇、文创企业等中小微企业量身打造"文旅富市贷""旅游景区门票收费权质押贷"等特色定制信贷产品，累计为全市 1200 余家文旅企业提供贷款支持 5 亿余元。临沂市沂水县联合当地农商行推出"助旅贷"产品，利率可低至 4.55%，累计用信 607 户，金额 9173 万元。

三、经验启示

金融是现代经济的核心，也是助力文旅产业高质量发展的重要因素。近年来，在金融系统的大力支持下，山东省文化和旅游厅坚持全局观念和系统思维，着力推进金融赋能文旅产业发展，积极探索促进文旅产业与金融深度合作的新路径。

（一）齐抓共管，形成部门工作合力

文旅企业纾困发展，离不开金融力量的支持。各部门要结合自身职能，形成工作合力，发挥好金融支持文旅产业高质量发展联动机制作用，促进部门间相互支持、优势互补、合作共赢，形成齐抓共管的良好局面，汇聚金融合力促进文旅企业恢复发展。

（二）整合资源，畅通信息共享渠道

文旅部门和金融部门职能不同、资源不同，往往存在信息不匹配、交流不畅通的问题。扎实开展企业纾困工作，就要完善沟通渠道，加强部门间交流对接和信息共享，文旅部门要整合文旅企业金融需求，及时与各项金融帮扶政策匹配，不断深化政银企合作，多方联合开展专项行动，支持文旅企业纾困。

（三）创新产品，靶向帮扶企业纾困

文旅行业企业种类多、涉及领域广、经营状况各有不同，在融资过程中也面临不同的问题。政府部门要做好分类总结，协调金融机构有针对性地创新金融产品，靶向解决企业融资问题。

（四）练好内功，培育自身新增长点

打铁还需自身硬，企业纾困发展，不仅需要外部力量帮扶，还需要实现自我突破。受疫情影响的企业要主动拥抱市场，把握市场需求的结构性变化，及时捕捉市场机遇，坚持科技赋能、文创赋能，努力拓展线上渠道，培育新的增长点。

（五）搭建平台，激发企业自身活力

搭建文旅企业与银行对接的信息交流平台，发挥企业主观能动性，引导企业自主填报融资与金融服务需求，主动对接银行机构，寻求融资支持。

供稿单位：山东省文化和旅游厅

助在难处 落在实处

——河南省文化和旅游厅积极助推文化和旅游企业复产复苏

一、基本情况

近两年，受灾情疫情叠加影响，河南省文化和旅游业遭受重创。文化和旅游厅认真贯彻落实文化和旅游部纾困助企政策措施，坚决落实"疫情要防住、经济要稳住、发展要安全"重要要求，统一思想、坚定信心、担当作为、真抓实干，积极应对疫情防控和文化旅游发展各项挑战，全力攻坚克难，扎实开展"万人助万企"活动，特别是近期河南省连续出台河南省文化和旅游厅《关于抓好促进旅游业恢复发展纾困扶持政策贯彻落实工作的通知》（豫文旅产业〔2022〕2号）、河南省发展改革委、河南省文化和旅游厅等14部门《贯彻落实〈关于促进服务业领域困难行业恢复发展的若干政策工作方案〉的通知》（豫发改财金〔2022〕392号）、河南省文化和旅游厅、河南省地方金融监督管理局《关于做好文化和旅游企业（项目）金融服务的通知》（豫文旅产业〔2022〕3号）等一系列纾困扶持政策，组织开展了"河南人游河南·河南人爱河南"2022河南文旅大型惠民消费季活动、文化和旅游消费助企惠民行动等一系列帮扶活动，"帮"在关键点，"助"在要害处，统筹抓好疫情防控和文化旅游发展各项工作，有力有效帮助文旅企业渡过难关。

二、具体做法

（一）面向当下"助"在急处，指导企业开展生产自救

疫情点状频发对旅行社、旅游景区等文化和旅游企业经营造成严重影响，特别是2021年"7·20"暴雨洪涝灾害双灾叠加，造成全省321家A级旅游景区受损、损失

金额 40.6 亿元，各类文化产业园区、旅游演艺、动漫文创企业等均有不同程度损失。一是加快灾后恢复重建。河南省文化和旅游厅、财政厅印发了《关于下达文化旅游灾后恢复重建项目资金的通知》（豫财文〔2022〕3 号），河南省文化和旅游厅时组织第三方灾情核查评估小组，对文旅企业受灾情况进行全面细致的灾情核查评估。实施"大整修、大排查、大培训、大练兵"行动，发动受灾文旅企业不等不靠，积极开展生产自救。2022 年计划投资 52 亿元重点推进只有河南·戏剧幻城、林州红旗渠景区、武陟县嘉应观景区等 2291 个文旅项目。二是加快推动纾困助企政策落实落地。河南省文化和旅游厅成立了工作专班，出台了一系列纾困扶持政策，研究制定帮扶文旅企业九条措施，建立领导包联、专班服务、督促督办、考核奖惩"四个机制"，主动做好 29 家重点文旅企业"1+1"助企服务工作，优先解决受灾企业复工难、融资难等燃眉之急。梳理出 10 大类 112 项具体纾困助企政策，遴选省市县级白名单企业 730 家，建立白名单企业服务保障机制和干部包保机制，推动政策直达、诉求直达。落实第三次暂退旅游服务质量保证金工作，截至 6 月 20 日，申请暂退保证金旅行社 522 家，暂退保证金 3831 万元。

（二）面向基层"助"在难处，帮助企业解决发展难题

一是加大财政补贴力度。2021 年，河南省文化和旅游厅积极争取省财政资金 6.3 亿元，其中 5 亿元重点用于文旅企业灾后恢复重建；1 亿元对全省参与免门票活动的 433 家 A 级旅游景区，按照实际免收门票金额的 50% 给予奖补；3000 万元为专项复工复产贷款贴息。2022 年，河南省文化和旅游厅将投入 3000 万元重点对研学旅行营地（基地）和课程进行奖补，投入 7000 万元补贴文化和旅游企业、重点做好线上宣传推广，投入 3000 万元用于补贴省级非物质文化遗产代表性项目和代表性传承人传承发展。河南省文化和旅游厅、河南省乡村振兴局将推出 100~150 个 A 级乡村旅游示范村，每个村安排使用财政衔接推进乡村振兴补助资金 500 万 ~1000 万元。二是推动形成金融合力。用足用好国家、河南省金融支持文化旅游发展政策措施，加大金融支持文旅文创产业发展，省文化和旅游厅、河南省地方金融监管局联合印发了《关于做好文化和旅游企业（项目）金融服务的通知》，公布了征集梳理的 183 个文化和旅游企业（项目）融资需求清单，向全省文化旅游行业提供不低于 200 亿元的专项授信额度，推动对文化旅游重点企业、重大项目的融资支持。河南省文化和旅游厅、河南省财政厅、金融监管局、人民银行、银保监局将联合建立文化和旅游信贷风险补偿机制，推动解决融资难、融资贵问题。两年来，河南省文化和旅游厅召开多次金融帮扶文旅企业座谈会、政银签约对接会，与 12 家银行签订战略合作协议、授信额度 1680 亿元，314 家文旅企业获得贷款近 103 亿元。联合国开行河南分行推荐国家开发性金融支持文旅领域重点项目，推进河南省文化旅游融合发展基金设立及运营管理，出台《河南省文化旅游融合发展基金管理办法》，成立基金投资决策委员会，设立 3 支子基金。协调发改、财政部门，78 个项目进入河南省拟发债项目名单，发债金额近 39 亿元。

（三）面向市场"助"在实处，支持企业提高经济效益

一是深化"河南人游河南"促消费惠民活动。2022 年 2 月中旬到 3 月中旬，河南省文化和旅游厅组织开展了"豫见春天·惠游老家"活动，全省 226 家 3A 级以上景区对游客减免门票，省市县三级财政对减免门票的 A 级旅游景区、重点文旅企业，按实际免收门票金额给予 50% 的财政补贴。河南省文化和旅游厅、中国银联河南分公司联合印发了《关于开展文化和旅游消费助企惠民行动的通知》，着力推动小微企业减费纾困，文化和旅游消费惠民活动、支付便利化等工作开展。统筹指导各地因地制宜推出各具特色的文旅促销费举措。郑州市在发放全市 2000 万元文化旅游消费券基础上，又启动了"河南省露营嘉年华系列活动暨 2022 年郑州文旅消费第三季"，发布了全市首批 22 家户外露营地；洛阳市开展了 2022 洛阳"畅游一夏"文旅消费季活动，在暑期推出面对全市中小学生和在洛大中专院校学生的"年票进校园"活动，采取政府补贴形式为全市 133 万名学生免费发放"年票学生卡"，面向广大市民推出"年票优惠购"活动，政府补贴 30 元；新乡市细化暑期学生游政策措施，以学生游为牵引，推动跨市旅游，重点发展周边游、近郊游、乡村游、城市休闲游；三门峡市实施全行业促消费优惠措施，实行 A 级旅游景区门票优惠、星级酒店和精品民宿房价优惠政策，推出所有正常经营的 4A 级景区首道门票半价至八折、18 家三星级以上酒店和精品民宿门市价八折、游客同时叠加享受政府发放的电子消费券等不同程度的优惠；焦作市启动"巨惠夏季·火热焦作"促消费活动，投入 1000 万元，在市民游客购买焦作旅游年票、旅游景区门票、"两山两拳"四大景区旅游套票和焦作特色文旅消费等方面给予补贴；许昌市启动 2022"烟火人间·清凉一夏"文旅暑期消费季暨玉兰花星空露营音乐节，围绕夜游、夜娱、夜宴、夜读四大板块，组织开展"my radio"音乐节、首届"草地音乐节""玉兰花星空露营音乐节"等 20 项文旅消费活动，举办"全国博物馆文创大会""名师出高徒河南唐宋名窑大赛"等 10 项精彩赛事，打造一批露营地、瓜果采摘地，推出三国文化穿越游、文明起源探秘游等九大主题精品文化旅游路线；商丘市启动了 2022 年商丘露营音乐美食暑期文旅欢乐季，发布了首批户外露营地和"环商丘古城骑行线路"等 14 条最美骑行线路,通过开展音乐灯光秀、商丘十大名吃品鉴、非遗 DIY 体验、烧烤啤酒 Party 等形式多样、丰富多彩的活动,巩固文旅市场稳健发展的良好势头。二是积极组织迎战暑期消费市场。打造消费新场景,推出近百个露营主题产品,白云山、嵩山、嵖岈山等景区还推出了星空露营节、音乐帐篷节等活动;统筹指导各地推出针对学生群体的暑期研游优惠政策,175 家 4A 级以上景区推出针对学生免门票活动。云台山景区自 6 月 29 日至 7 月 31 日面向全国游客免门票 33 天,推出欢乐戏水节、帐篷音乐节两大活动 30 余种体验项目;洛阳白云山景区通过景区整体提质升级,推出郑州、洛阳、许昌、南阳等周边地市和应届中高考学生免门票政策,向全国发出避暑邀请函,打造免门票骑行、自驾"白云天路"等新 IP 活动,加强新媒体矩阵宣传,实现上半年接待中高端游客人数 10.5 万人次,旅游综合收入 6456 万元,同比 2019 年上半年增长约 18%,多次荣登抖音等平台洛阳景区热销榜首。三是推进消费示范试点和对外贸易。评选 25 家河南省夜间文旅消费集聚区,联合河南省发展改革委、河南省财政厅公布 32 个文化和旅游消费试点县(市、区)创建名单。组织重点文旅企业参加国内产业博览交易会,加强对外贸易工作。紧盯国庆前后旅游黄金季,加大宣传营销力度,提前预热旅游市场,最大限度为企业争取"真金白银"。

（四）面向未来"助"在远处,引导企业拓展发展路径

一是完善全链条文创产业。2022 年,河南省文化和旅游厅成立了文物保护利用、文旅融合项目、数字化展示、研学旅游等专家委员会等 31 个优质团队,将与重点文化和旅游项目企业所在市(县、区)进行对接,切实提升其建设和展示水平,引导企业以文化创意＋科技创新为主攻方向,加快发展文化创意、精品演艺、研学旅游、动漫游戏等新业态,发展壮大特色鲜明、系统完整的全链条文创产业。加快建设"行走河南·读懂中国"研学课程体系,与河务局签订"黄河文化千里研学之旅"项目战略合作框架协议,引进优质团队打造"黄河少年"研学品牌,协调世界研学旅游组织中国代表处落户河南,全面启动 2022 年第三届世界研学旅游大会筹备工作,安排 3000 万专项资金全力支持各地研学旅行课程和特色研学品牌建设。全力打造"游学中国"品牌,发布 49 条游研学线路产品,建立"游学中国"新媒体传播矩阵,为内地与港澳业界和机构加强合作搭建平台。推动省文投、中豫文旅分别设立了 1.5 亿元、1 亿元的研学旅行基金,协调河南省文投研学旅行基金投资 4000 万元支持红旗渠精神营地发展、投资 3 亿元支持黄河生态文旅研学和焦裕禄精神研学发展、投资 7500 万元支持西峡县研学发展。河南约克动漫影视股份有限公司制作的庆祝建党百年主题动画片《延安童谣》、河南小樱桃动漫集团有限公司制作的《焦裕禄》动画片在央视播出。收集整理有关助企惠企政策措施，对研学旅游、旅游推广、智慧文旅等政策进行线上解读，并制作分发政策告知明白卡 1000 份。二是推动项目建设增动能。建立 2022 年文化旅游项目库，全省 138 个省级重点文化旅游项目总投资 4223.36 亿元。灾后恢复重建取得阶段性成效，在河南省灾后重建考核中取得较好名次。截至 6 月中旬，全省公共文化重建项目，开工 1087 个，竣工 890 个，累计投资 2.6 亿元；全省旅游景区重建项目，开工 67 个，竣工 28 个，累计投资 17.93 亿元；全省文物保护项目开工并完成 69 项，累计投资 1.4 亿元。省文化和旅游厅、河南省文物局整合近 2 亿元，对"行走河南·读懂中国"百大标识项目数字化展示进行奖补。两年来，举办了"老家河南　黄河之礼"国际文旅创意设计季、"三彩杯"（国际）创意设计大赛，引导文创企业发展。《只有河南·戏剧幻城》《电影小镇一路有戏》项目创新表达传统文化，迅速成为"爆款"。

两年来，河南省文化和旅游厅在支持服务全省文旅企业上取得了扎实成效，为刺激消费、促进循环、推动经济社会高质量发展作出新的贡献。目前，全省共有 19 家省级文化产业示范园区、163 个文化产业示范基地，截至 2021 年年底，省级文化产业示范园区内集聚了文化和旅游企业 5196 家，从业人员 43.83 万人，2021 年营业收入 320.95 亿元。全省 A 级旅游景区 519 家，星级酒店 406 家，旅行社 1165 家。2020 年，全省文化产业实现增加值 2202.99 亿元，占全省 GDP 比重为 4.06%。2021 年全省游客接待人数达 7.9 亿人次，恢复到 2019 年的 88%；实现旅游综合收入 6079 亿元，恢复到 2019 年的 63%。

供稿单位：河南省文化和旅游厅产业发展处

精准发力纾困解难 促进文旅产业恢复发展
——郑州市文化广电和旅游局纾困发展案例

一、基本情况

2020 年以来，郑州经过 7.20 特大暴雨灾害和多轮疫情，文旅行业波及面广、影响深、损失大，面临巨大的发展困境，郑州市文化广电和旅游局按照习近平总书记"疫情要防住、经济要稳住、发展要安全"的重要指示精神，高效统筹疫情防控和经济社会发展，把促复苏与增后劲结合起来，通过制定政策、创新举措、主动服务，开展活动、多措并举、精准发力为文旅企业纾困解难，增强企业发展信心，稳住行业发展基本盘，促进文旅行业恢复发展。制定《郑州市文化和旅游业疫情防控工作指南和白名单企业保障办法》，确定"白名单"文旅企业 86 家，为"白名单"企业明确了包保干部，及时了解文旅企业困难，帮助及时解决困难和问题，更好地服务保障"四保"企业在疫情防控条件下正常生产经营。

2021 年 A 级旅游景区总接待人数为 2749.1 万人次，同比增长 24.56%。2021 年国庆假期，全市共接待游客 1234.8 万人次，旅游总收入 54.4 亿元，按可比口径恢复至 2019 年同期的 90%，端午小长假期间，郑州冲进全国端午热门城市第四位。2022 年郑州入围第一季度地级市旅游热度 TOP10，排名第 8 位。2020 年以来，成功创建国家级夜间文化和旅游消费集聚区 1 个（郑州国际文化创意产业园区）；首批国家旅游休闲街区 1 个（二七区德化步行街）；全国乡村旅游重点镇 1 个；全国乡村旅游重点村 5 个；全国乡村文化和旅游能人 2 个；全国乡村旅游创客示范基地 1 个；国家级文化产业示范基地 3 个。2020 年郑州市文化及相关产业（以下简称文化产业）增加值为 438.76 亿元，比上年增长 2.47%，占 GDP 的比重为 3.70%。全市新型文化业态企业有 17350 家，占全市文化企业总数的 28%。

二、主要做法

（一）做好普惠性政策落地服务

梳理减税降费、融资续贷、降低成本等各项普惠性纾困扶持政策的适用范围、申请条件、办理流程等，重新梳理 2022 年国家和省、市出台的惠及文旅企业纾困政策，形成了新版"政策工具包"，通过局网站、微信公众号、郑政钉工作群进行广泛宣传，并为企业对接税务、银行等部门，帮助各类文旅企业用足用好政策，破解企业经营困难，减轻企业负担，努力把疫情影响降至最低，更大力度激发市场主体活力，不断开创文化和旅游高质量发展新局面。

（二）强化政策支持为文旅企业纾困解难

出台《郑州市文化旅游融合发展资金暂行管理办法》《郑州市建设文化旅游强市支持文化旅游融合发展实施细则（试行）》《郑州市建设文化旅游强市支持文化产业发展实施细则（试行）》，设立 2.5 亿"文化旅游融合发展"专项资金，扶持国家级、省级文化旅游品牌创建、乡村文化旅游发展、文化旅游新业态发展、参加国家级、省级赛事活动、非遗文化传承等企业，为文旅企业纾困，激发文化旅游市场主体活力，促进文旅企业创品牌，做大做强。对以上政策进行培训、宣传，以便企业熟悉政策、用好用足政策。2020 年以来，累计奖补旅行社、A 级旅游景区、旅游厕所、非遗项目和传承等促进文旅融合资金 1 亿多元。

（三）积极开展旅行社质保金暂退工作

根据《河南省文化和旅游厅转发文化和旅游部办公厅关于用好旅游服务质量保证金政策进一步支持旅行社恢复发展的通知》要求，郑州市文化广电和旅游局积极行动，迅速下发通知、对接银行、摸底统计、明确办理流程，市、县联动，积极开展旅游服务质量保证金的暂退工作，缓解了旅行社资金紧张问题。截至目前，共有 311 家旅行社申请，暂退质保金 3329.25 万元。

（四）为企业提供融资途径

组织有融资需求和承担重点项目建设的文旅企业近百家，参加河南省金融服务共享平台开展的文化旅游专场线上银企对接活动，及时让文旅企业了解金融支持区域内文旅实体发展、赋能文旅产业发展、助力乡村旅游产业发展的政策、举措和产品，帮助有融资需求的企业积极和金融机构对接，为企业解决融资难问题。充分调研征集有融资需求的文旅项目 13 个，向省文化和旅游厅推荐，列入省地方金融监督管理局向各金融机构重点推荐项目库，为企业融资提供途径。

（五）开展文旅消费助企惠民活动

为进一步激发文旅消费潜力、提振文旅消费信心、释放文旅消费活力，举办了系列文旅消费惠民活动：以丰富文化旅游产品，提升服务质量水平，落实文化旅游助企惠民为宗旨，每个季度都举办文化旅游惠民消费季活动，2020 年以来已连续举办 9 次消费季活动；发放文旅电子消费券 3000 万元；联合郑州市商务局举办了二届"醉美 夜郑州"消费季系列活；推出若干惠民措施；举办"郑州市文化旅游惠民消费第四季暨郑州市首届'黄河杯'小剧场艺术节""小剧场演出月"活动；2021 年，组织 24 家 A 级旅游景区（旅游度假区）参加全省"豫见春天·惠游老家"免门票促消费活动，省、市财政配套资金给予景区门票 50% 补贴，开展惠民促销活动；开展郑州非遗购物节；联合中国银联河南分公司开展文旅消费助企惠民活动，组织文旅企业参加中国银联的"红火计划"，同时开展随机立减、专属营销、支付便利化等活动。通过开展活动，进一步激发文化和旅游消费潜力，加快推动文旅企业转型升级，着力满足人民群众日益增长的美好生活需要。

（六）稳步推进灾后重建工作

郑州市文化广电和旅游局制定印发《郑州市特大暴雨灾后文化和旅游业恢复重建专项实施方案》，进一步细化落实恢复重建工作目标和重要任务，帮助企业尽快完成重建工作。认真排查，建立台账，全市 50 家 A 级旅游景区均遭受不同程度的财产损失，直接经济损失达 18 亿元；全市共有 312 个公共文化服务设施受损，直接经济损失达 1.29 亿元，向省文旅厅推荐旅游景区贷款贴息项目 4 个，获得贴息贷款金额 682 万元；向省文旅厅推荐国家财政补助资金扶持文化旅游景区灾后恢复重建项目 16 个，获得补助资金 5832 万元。截至目前，全市 A 级旅游景区灾后重建项目已完成 12 家，公共文化服务设施场馆灾后修复项目已完成 26 项。

三、经验启示

（一）加强领导，成立工作专班

把助企纾困工作和"万人助万企"工作相结合，加强组织领导，成立了以局长为组织、各副局长为副组长的活动工作专班。工作专班下设办公室，办公室设在产业促进处，由分管产业促进处的魏志雄副局长负责统筹推进工作专班日常工作。办公室下设三个专项工作组：A级景区专项工作组、星级酒店、旅行社专项工作组、文化企业专项工作组，以便相关处室根据职责分工、管理服务的企业类型，及时了解企业问题，及时解决。

（二）分工联动、注重工作实效

开展助企纾困和"万人助万企"活动实行局党组成员分包开发区、县（市）区工作机制，从各位局领导分管处室抽调人员组成专项工作组，指导督导分包开发区、县（市）区的"万人助万企"活动；各开发区、县（市）区文旅部门班子领导牵头组成专项工作组分包乡（镇）办和辖区文旅企业。牢固树立"想企业所想、急企业所急、帮企业所需"的服务意识，做到下沉一些、认真调研、解决问题，努力增强企业的发展信心。

（三）举办重大活动，提升郑州美誉度和知名度

4月13日—5月8日，首届中国（郑州）黄河文化月成功举办，开幕式、拜祖大典、国际旅游城市市长论坛、"三座城三百里三千年"系列文旅活动、沿黄九省文物珍宝展、黄河流域精品演出季、黄河文化主题艺术沙龙、中国（郑州）黄河合唱周、首发大会等九大活动76项子活动高潮迭起、精彩不断，引起了国内外的广泛关注，全网累计点击量超过50亿。受节会效应影响，2021年五一期间，郑州市共接待游客1023万人次、旅游总收入57.6亿元，按可比口径分别较2019年分别增长16.5%、21.3%；端午小长假期间，郑州冲进全国端午热门城市第四位。

（四）加强文旅区域交流合作，为企业发展提供更大空间

全面推进"郑开同城"工作，与开封签署《"郑开同城"文旅融合联合宣传推广合作协议》，两地协议中明确提出相互开放媒体平台、联合开展重大文旅活动、鼓励两地市民互访互游并共享同城待遇等。积极联系沟通，与新乡、许昌、焦作等地市也签订了联合宣传推广协议，形成了1+N集聚宣传推广格局，积极做好青岛、连云港、日照、西宁、湖州、海口、赤峰、临沂、廊坊、开封、武当山、文山州、中卫等10余家城市来郑推介对接的和联动工作，提升郑州文旅品牌的影响力，消费的吸引力。《只有河南·戏剧幻城》直抵中原文化、黄河文明的内核，开业45天，接待观众16万人次，演出2800余场（3大主剧＋18个小剧）。有近三分之一的游客来自省外，另近三分之一的游客，因为观剧而留宿郑州。

（五）持续优化营商环境，为企业发展保驾护航

持续优化营商环境，以便民服务为宗旨，继续深化"放管服"改革开展。创新实施智慧信息化执法，"互联网＋监管"数据覆盖面达 77.78%，运用新技术、新手段，积极构建新型监管体系，为全体执法人员配备 PC 端、移动终端、执法记录仪、便携式打印机等一体性执法装备，真正实现智慧移动执法办案；建立文旅市场时实大数据库，全市范围内经营网点清晰、动态可查，有力地维护文旅市场安全。市本级执法单位实行"文化片区"制度，制定巡查责任区位图，开展服务型行政执法。

下一步，郑州市文化广电和旅游局结合文旅文创融合发展战略工作安排部署，继续实施局领导分包联系区县（市）文旅企业制度，深化"助企纾困"举措，以全体党员干部能力提升、作风转变带动文旅产业加快恢复发展。

供稿单位：郑州市文化广电和旅游局

拓市场惠金融优服务　助企纾困解难题

——重庆市文化和旅游发展委员会助企纾困案例

一、基本情况

2020 年以来，面对突如其来的新冠肺炎疫情肆虐，重庆文化和旅游产业遭受沉重打击。面对发展困境，重庆市文化和旅游发展委员会立足本地文旅资源优势和发展特点，着力从拓展文旅市场、惠及金融服务、帮助企业纾困解难等方面推出一系列举措，切实实施精准服务，帮助企业走出疫情"困境"，持续推动文化和旅游行业复苏和高质量发展。2020 年，全市文化产业实现增加值 969.37 亿元，增速为 0.3%；旅游产业实现增加值 979.18 亿元，同比恢复 95% 以上；《2020 年全国旅游城市游客满意度评价结果》显示，重庆游客满意度排名全国第一。2021 年，全市实现文化产业增加值 1057.11 亿元、同比增长 8.9%，旅游产业增加值 1076.09 亿元、同比增长 9.9%；全市接待境内外游客人数 4.9 亿人次，实现旅游总收入 4590.34 亿元，同比分别增长 11.16% 和 14.55%，实现了"十四五"良好开局。2021 年 12 月，文化和旅游部对重庆市推进纾困政策落实与企业创新发展工作进行通报表扬。

二、具体做法

（一）灵活宣讲方式，延伸政策覆盖触角

为深入开展"我为群众办实事"实践活动，重庆市于 2021 年 7 月至 8 月，以"送政策、解难题、办实事"为主题，在全市范围组织开展中小文化和旅游企业服务月活动，先后组建三个政策宣讲小分队，深入全市 34 个市级文化产业示范园区、92 个市级文化产业示范基地，专题宣讲文化和旅游部等部委《关于进一步加强政策宣传落实　支

持文化和旅游企业发展的通知》等政策，以及有关部门2021年以来延续实施的减税降费、金融支持等政策，432家企业、1026人参加宣讲活动。同时，各区县推出惠企政策包，分别派出宣讲小组，开展政策宣讲和咨询服务，共组织召开惠企政策宣讲会40场，发放政策汇编手册8000本，提供"一对一"政策咨询服务300余次，扩大了政策覆盖面和知晓度。同时，组织10余家商业银行深入园区、企业宣讲金融支持政策，召开银企对接专题座谈会5场，举办企业融资政策宣讲会20余场。

2022年7月1~31日，重庆市又以"助企纾困促发展"为主题，开展2022年文化和旅游企业服务月活动，聚焦纾困扶持政策贯彻落实、优化助企惠企服务，组织各区县集中推出一批形式多样、有针对性、能见实效的服务活动和惠企举措。一是开展政策宣传解读。充分发挥市级及各区县新闻媒体、行业组织作用，用好各类新媒体渠道，持续宣传《扎实稳住经济一揽子政策措施》、中央有关部门及重庆市出台的各项纾困扶持政策。在重庆市文化和旅游发展委员会门户网站及各区县相关政务信息平台设立纾困扶持政策专栏，及时发布国家和重庆市出台的各项可适用于文化和旅游企业的纾困扶持政策。组织召开重庆市文化旅游行业企业座谈会和长江三峡游轮旅游发展调研座谈会，听取行业协会、星级酒店、旅行社、娱乐场所、游轮等企业发展存在的困难，宣讲纾困政策，细化完善下一步帮扶举措。二是推进政策落地落实。加强与重庆市发改委、重庆市住房城乡建委、重庆市税务局等部门的沟通协调，针对不同细分行业、规模的文化和旅游企业，明确各项政策的适用范围、申请条件、办理方式、受理部门等，为文旅企业对接有关部门、申请政策帮扶提供必要支持，推动各项纾困扶持政策在文化和旅游行业落地落实。各区县深入属地文化和旅游企业、产业园区、行业组织等，调研了解政策实施情况和企业意见，积极协调推动解决企业在获知政策信息、申请政策帮扶过程中遇到的困难问题和难点堵点，确保符合支持条件的文化和旅游企业对相关政策应知尽知、应享尽享。三是开展"个案问诊"行动。按照企业自愿、统筹选择、定期调整的原则，重庆市文化和旅游发展委员会、各区县文化和旅游委员会分别选取10家不同规模、不同细分行业的代表性文旅企业开展"个案问诊"行动，帮助企业协调解决实际问题，并通过"个案问诊"及时了解掌握行业发展情况、面临的困难问题及意见建议，为提高政策制定实施的针对性、优化助企惠企服务水平提供参考。

（二）拓宽文旅客源，激活市场发展潜力

为帮助企业应对疫情持续影响，鼓励企业树立信心，通过一系列措施，拓宽文旅市场，进一步激活发展潜力。一是拓宽工会会员市场。联合重庆市财政局、市机关事务管理局、人民银行重庆营管部、市总工会等部门印发《支持文旅企业复工复产和生产经营的政策措施》，明确提出基层工会可根据相关规定，为会员办理 200 元 / 年以内（含）的市内非 5A 级景区通卡或收费公园门（年）票和组织会员到重庆市辖区开展职工春秋游及文体艺活动。截至目前，全市各级基层工会已按规定为会员职工办理 200 元 / 年以内（含）的市内非 5A 级景区通卡 18 万张，带动市内 21 万人出游，拉动文旅消费上亿元。二是拓宽旅游景区市场。2022 年 4 月启动"重庆人游重庆"景区惠民活动，全市 37 个区县、111 个景区推出不同程度门票优惠活动。在这一活动刺激下，2022 年五一假期，重庆市 A 级旅游景区共接待游客人数 848.5 万人次，有效提振了重庆文化和旅游市场信心。开展第十三届中国长江三峡国际旅游节暨"高铁带你游三峡"活动，推介精品旅游线路和优惠政策，推动三峡游复苏。2022 年 6 月川渝两省市联合开展"川渝一家亲——景区惠民游"活动，川渝两省市 A 级旅游景区同时开展"百万门票免费送"和"门票买一送一"优惠活动，并鼓励各旅游景区推出索道、观光车、餐饮、住宿等配套优惠政策，活动将持续至 2022 年 12 月 31 日。三是拓宽文旅消费市场。2022 年 4 月启动开展第七届重庆文化旅游惠民消费季（春夏）活动，策划推出都市特色演艺、非遗中医体验、工业文化旅游、农耕文旅休闲、乡村露营体验等 14 个主题惠民活动，组委会为每家参展文旅企业提供免费展位和给予 1000 元补贴，端午节期间面向市民、游客发放 300 余万元文化旅游惠民消费券。鼓励市级专业文艺院团在做好疫情防控的前提下，全面恢复各类常态化演出，端午节期间，开展各类演出活动 58 场，吸引观众 1 万余名。鼓励社会主体整合资源拓展开发演艺新空间，启动重庆市演艺新空间申报命名工作，授予美利亚酒店大剧场等 22 个首批重庆市演艺新空间，并在品牌建设、宣传推广、票房运营等方面配套一定扶持政策。重庆市文化和旅游委员会还与高德地图合作推出全国首家市级演艺地图，目前已上线全市演艺场所达 100 家。6 月 11 日至 12 日，举办第七届重庆非物质文化遗产暨老字号博览会，组织 104 家非遗工坊、302 家非遗店铺参加线上线下活动，现场展示展销非遗和老字号产品 2000 余种。同时，组织市内 50 余家旅行社，召开重庆 1949 大型红色舞台剧营销推广工作会，为文旅企业搭建营销推广平台，助力企业纾困解难。

（三）强化金融支持，助力文旅产业复苏

为进一步强化金融与文化产业和旅游产业融合发展，充分发挥金融机构对文化产业和旅游产业的支持作用，推动文化产业和旅游产业高质量发展，重庆市切实强化文旅金融支持工作，推动文旅金融创新赋能，取得了较好的工作成效。2021 年 6 月，重庆市文化和旅游委员会与人民银行重庆营业管理部联合出台《重庆市银行业金融机构支持文化产业和旅游产业高质量发展政策措施》，推动文旅金融深度融合。《中国文化报》以"重庆创新金融服务，为文旅复苏造血"为题，对重庆市创新金融服务的做法进行了肯定性报道。一是实施名单对接制。市区两级实行重点文旅企业（项目）名单对接制，2021年向人民银行重庆营管部推荐重点文旅项目82个、融资需求565亿元，相关银行已累计为推荐名单中的企业发放贷款69户（次）、涉及金额82亿元。向文化和旅游部推荐项目4个、总投资119.76亿元、融资需求67.8亿元，正争取纳入全国重点项目大盘，尽力获取政策资金支持。组织开展2022年第一批市级文旅领域重点项目融资需求遴选，共遴选项目23个、总投资达496亿元。二是搭建文旅融资对接平台。举办2021重庆文化产业和旅游产业金融专场对接会，10家银行为10家文旅企业放款14亿元、授信29亿元、提供债券承销支持23亿元。组织工商银行、中国银行等8家银行赴市级文化产业示范园区召开银企对接专题座谈会，了解园区企业融资需求，宣传文旅金融特色产品，打通文旅融资"最后一公里"。在2022中国武陵文旅峰会上举办银企对接集中放款授信仪式，在人民银行重庆营管部的支持下，各大商业银行积极履行社会责任，中国农业银行、中国农业发展银行、重庆三峡银行、重庆银行、重庆农村商业银行、交通银行等13家银行为武陵山区71家文旅企业集中放款、授信77亿元。三是推动金融创新赋能。2020年1月，重庆市首家文旅特色支行——重庆银行文旅特色支行正式揭牌，重庆银行文旅特色支行将在五年内向全市文化旅游产业重点领域提供200亿元以上意向性融资支持。2022年3月，重庆市文化和旅游发展委员会与渝中区政府、重庆银行达成战略合作意向，拟在渝中区推动实施"重庆文旅金融创新赋能计划"，力争在2~3年内创建"国家文化与金融合作示范区"。目前，渝中区政府与重庆银行共同组建"风险资金池"，推出"文旅贷"金融产品，支持文旅企业信用贷款，渝中已向重庆银行推荐11家企业共计2150万元贷款信息，重庆银行已向3家企业发放贷款资金共计650万元。四是完善金融保障体系。重庆市文化和旅游发展委员会与人行重庆营管部、市金融监管局及相关商业银行加强沟通合作，建立定期协商机制，完善优化政策，发挥政策合力。积极争取市财政局支持，争取风险补偿、贴息、债券发行奖励等政策，引导金融资本文旅产业投放。充分利用传统媒体和新媒体，以电视、报纸、广播、网站、微信、微博、抖音等为载体，加大对文旅企业金融支持政策的宣传力度，提升文旅专属金融产品及服务知晓度。

（四）帮扶企业纾困，夯实产业发展基础

为积极应对疫情对全市文化旅游行业的严重影响，重庆市文化和旅游发展委员会联合有关部门和单位，先后研究制定出台《支持服务业等困难行业纾困恢复十条措施》《重庆市贯彻〈关于促进服务业领域困难行业恢复发展的若干政策〉的措施》等一系列纾困解难的政策措施，持续化解疫情对文旅企业的影响。一是落实旅行社保证金暂退政策。疫情发生以来，积极落实文化和旅游部关于旅行社质量保证金暂退政策，截至2022年6月底，全市已有644家旅行社享受暂退（缓缴）政策，暂退（缓缴）质量保证金1.57亿元。目前，正积极推进保险代替保证金试点工作。二是协调处理旅行社欠款问题。2021年以来，多次组织协调解决旅行社之间欠款问题，目前已实现首批兑现，后续欠款将在2022年年底还清。针对14个区县的景区或国有平台公司未及时兑付旅行社营销奖励经费问题，反复协调区县和景区，部分奖励资金得以兑付。三是实施文旅企业贷款贴息。2022年，市区两级财政联合对受疫情影响严重、经营暂时困难的文旅企业实施贷款贴息。2022年3月，重庆市文化和旅游发展委员会、重庆市财政局联合下发《关于做好受疫情影响严重经营困难的文化旅游企业贷款贴息申报工作的通知》，对申报范围、申报条件、申报流程进行了具体明确。目前，重庆市文化和旅游发展委员会对各区县文化旅游和财政部门审核后提交的95家企业、1437.38万元贷款贴息额度的申报材料进行了审核，并与市财政局进行了沟通，拟对重庆爱莉丝庄园文化创意有限公司等59家企业予以贷款贴息补贴，补贴金额共计952.36万元，待提交市财政局审核后由重庆市财政直接拨付给相关文旅企业。四是指导区县文旅市场复苏。渝中区创新举办"全球不眠之夜"文化旅游消费品牌活动，支持文化和旅游消费4000余万元，其中用于直接补贴消费者620万元。九龙坡区开展"我为企业找订单"文旅暖企行动，邀请区内20余家文旅企业向区内30余个机关部门单位推介适合工会春秋游、党建等活动的产品和服务，助力企业脱困增收。北碚区出台《"缙云民宿"品牌评定扶持办法（试行）》《重点文旅项目招商引资入驻商户融资贴息专项政策》《文旅企业文旅价值信用贷款试点方案》等政策，及时兑现政策，支持文旅企业发展。

三、下一步工作思路

下一步，重庆市将切实加大助企纾困力度，多措并举推动文旅产业恢复发展。一是加大纾困政策落实力度。严格执行《扎实稳住经济一揽子政策措施》（国发〔2022〕

12 号），会同国家和全市已出台的各项文旅扶持政策，切实加大政策宣传解读力度。用好"政策包"，疏通社保、金融、税费等纾困政策执行堵点；加大对文化企业的贷款贴息力度和覆盖面；对规范发展的线下消费型文旅企业实施稳岗、能源、通信、防控消杀等多项补贴措施，稳住全市文旅发展基本盘。二是推进文化产业转型升级。重点是培育壮大现代文化产业体系、大力发展数字文化产业新业态。2025 年年底力争国家级、市级文化产业示范园区分别达到 2 个、40 个，国家级、市级文化产业示范基地分别达到 15 个、120 个。三是拓展文旅市场有效供给。推进国家文化和旅游消费试点城市建设，力争年内新创 1~2 个示范城市。在落实好疫情防控措施基础上，优化营业性演出、特色民宿、剧本娱乐等审批，引进优质文化内容和品牌。运用"元宇宙"等现代高科技手段，推动文旅融合发展。做强假日和夜间文旅消费经济，支持打造假日和各类夜间驻场演出，支持有条件的景区打造夜间游览场景，支持举办夜间文创集市等。推进国家级、市级夜间文旅消费集聚区、重庆市演艺新空间建设，两年内力争分别达 10 个、40 个、30 个。四是激发文旅市场消费潜力。持续举办第七届"重庆文化旅游惠民消费季（春夏）"，在各区县举办消费季分会场，加大投入开展惠民消费补贴。举办 2022 重庆都市艺术节、第十三届中国长江三峡国际旅游节、第三届山水重庆夜景文化节，营造浓厚消费氛围。针对渝东北区域旅游协作、渝东南文旅融合发展、武陵山文旅发展联盟、对口支援昌都和渝鲁协作乡村振兴实施旅行社组团带客专项奖励。探索常态化举办非遗购物节，开展非遗工坊与产品推介，拉动文旅消费。五是激发文旅项目投资热情。鼓励各区县"策划新建一批、改造升级一批、闲置盘活一批、在建加速一批"重大文旅项目，拉动新一轮文旅项目投资。根据文化和旅游部统一部署，继续做好全市旅游领域存量项目摸排和盘活工作。

供稿人：重庆市文化和旅游发展委员会　殷　强

构建"五位一体"支持体系
全力推动文旅企业恢复发展

——四川省文化和旅游厅助企纾困案例

新冠肺炎疫情暴发以来，四川省文化和旅游厅深入贯彻党中央、国务院方针决策，按照文化和旅游部与四川省委、省政府安排部署，紧紧围绕"六稳""六保"工作，统筹企业当前纾困和长远发展，聚焦政策、财金、项目、消费、服务，构建"五位一体"文化和旅游企业纾困发展支持体系，全力推动文化产业和旅游业恢复发展。

一、基本情况

近年来，四川文旅经济发展迅速。全省文化及相关产业增加值从 2016 年 1323.8 亿元增加到 2020 年 2037.13 亿元，年均增长 11.4%；GDP 年均增速，占 GDP 比重由 2016 年的 4.02% 提高到 2020 年的 4.2%；2018 年四川旅游总收入突破万亿元，2019 年达到 1.16 万亿元，居全国第四位。疫情发生后，四川文化和旅游行业受到严重冲击、市场主体遇到巨大困难。景点景区、酒店、旅行社、演艺、娱乐等文旅行业遭受重创，文旅市场和文旅消费极速"冰冻"。特别是 2022 年以来，受疫情、经济下行带来持续、渐进影响，导致文旅消费规模、结构、行为出现萎缩和变化，"近出行、浅需求、低消费、短时长"成为趋势，总体形势更加严峻，主要表现在以下几个方面。一是文旅消费信心不足。在疫情常态化的影响下，居民就业和收入改善低于预期，谨慎性消费行为成为主流，文旅消费恢复的不确定性增加，很大程度上制约了全省文旅市场进一步复苏。二是文旅企业生存困难。全省景区、旅行社、文艺演出团体等文旅企业面临客流订单锐减及固定成本增高等困难，导致企业现金流缺口增大，中小微文旅企业更是面临资金链断裂和倒闭的风险。截至目前，全省 A 级旅游景区共计闭园 81 家，占全部 A 级旅游景区的 9.9%；文艺表演团体 2021 年有 610 余家，2022 年能正常运营的不足 200 家。三是文旅投资进程放缓。受疫情影响，社会资本对旅游及相关产业投入的收益预期降低，文旅企业投资更加谨慎，短期投资放缓，出现原有投资计划后延或搁置现象。2022 年全省在建文旅重点项目年度计划投资 939.48 亿元，同比下降 10.52%。

二、具体做法

（一）强化政策供给，缓解企业压力

2020 年以来，四川省文化和旅游厅单独或联合相关部门先后出台了《关于支持文旅企业做好疫情防控有序复工复产的十条措施》《关于进一步调整暂退旅游服务质量保证金相关政策》《关于应对疫情促进文化和旅游产业稳步发展的措施》《关于进一步支持旅行社纾困发展的措施》《四川省贯彻落实促进服务业领域困难行业恢复发展若干政策的实施方案》《关于进一步支持文化旅游企业纾困的若干政策》等政策措施，切实帮助文旅企业渡过难关。直接补助文旅企业纾困资金超 6500 万元，2022 年计划再安排近 4000 万元对文旅企业进行纾困补助。积极推进旅行社暂退质保金工作，将符合条件旅行社的旅游服务质量保证金暂退比例在全国率先由 80% 提高到 100%。截至 6 月 30 日，共为 1227 家旅行社办理暂退质保金 3.58 亿元，有效缓解旅行社的现金压力。6 月，四川省文化和旅游厅制定发布"五不准"要求，通过分类实施精准防控，坚决防止简单化、一刀切和层层加码现象，高效助力文旅市场恢复发展。全省一季度规上文化企业就业人数 29.79 万人，新增 1182 人，同比增长 0.4%。

（二）狠抓项目建设，促进投资增长

坚持项目化推进，四川建立文化和旅游重点项目协调调度、运行分析、动态调整、投融资促进、定点联系服务和督查考核"六大机制"，狠抓项目谋划招引、动态管理和要素保障，推动项目尽快形成工作实物量。四川省文化和旅游厅先后协调自然资源厅"点对点"解决 13 个市（州）34 个重点项目用地指标缺口等堵点，争取全省 1693 个文化和旅游项目 54670.24 公顷用地需求纳入全省"十四五"国土空间规划，对纳入全省重点文化和旅游项目库的项目，在土地报征方面给予重点支持。按照国家"十四五"规划《纲要》102 项重大工程申报要求，指导市（州）成功申报省级 105 项重大工程项目 47 个，计划总投资 2520.54 亿元，其中 5 个项目纳入国家 102 项目重大工程项

目。抢抓成渝地区双城经济圈建设战略机遇，指导各地针对性策划川渝石窟寺保护传承与科技创新项目等 7 个引领性共建巴蜀文化旅游走廊项目，估算总投资 405.39 亿元，2022 年计划投资 39.58 亿元。会同财政厅、省发改委指导市（州）做好文化和旅游领域新增专项债券项目工作。2019 年以来全省 297 个文旅项目成功发行专项债券，发行规模 410.3 亿元，居全国第一。2022 年上半年，全省 234 个文旅项目成功发行 226.65 亿元专项债券，发行数量、规模同比增长 84.25%、46.24%。2022 年全省在建文化和旅游重点项目 460 个，年度计划投资 925.68 亿元，上半年，实际完成投资 597.75 亿元，投资完成率 63.36%，75 个项目竣工投运，42 个项目实现新开工，高于年度预期进度。

（三）加强财金支持，推动产业发展

四川省文化和旅游厅积极建立与金融机构、金融监管部门的合作机制，促进中小微文化和旅游企业融资增量、扩面、降价。按照市（州）政府申办制，联动四川省地方金融监督管理局办好每季度的全省金融服务与文旅企业恳谈对接会，通过推介最新金融纾困帮扶政策，发布"两张"融资清单，切实帮助文化和旅游企业解决融资问题。2020 年以来，分别在遂宁等地举办 7 次金融恳谈对接会，发布 9 批次文化和旅游企业"融资白名单"和"项目融资清单"，现场签订银企贷款协议 232.3 亿元。2022 年 6 月举办的 2022 全省金融服务与文旅企业恳谈对接会上，推出服务文旅企业信贷产品 114 个、保险新产品 36 个；发布文旅企业融资白名单和文旅项目融资清单，涉及 42 个文旅企业、95 个文旅项目，融资需求分别为 172.54 亿元、386.76 亿元；签署合作协议 4 项，授信协议或意向融资协议 80 项，累计支持金额 685.95 亿元。聚焦旅游景区、文化产业园区和天府旅游名县，推动四川农信、工商银行等银行先后设立 30 家文化和旅游特色支行。全省 4 家"文化和旅游金融服务中心"和"川南渝西文化和旅游投融资服务平台"，促成 1173 余家文旅企业成功融资 191.2 亿元。截至 6 月末，全省文旅行业贷款余额 1.4 万亿元，同比增长 17.8%，高于各项贷款增速 3.1 个百分点。

（四）着力消费升级，激发市场活力

四川省建立健全部、省、市、县四级协作的消费工作推进机制，通过品牌创建、供给创新、监测分析等举措，持续拓展企业新的增长空间。以消费品牌创建为抓手，引导、鼓励各地创新体制机制、完善政策措施，成功创建 1 个国家文化和旅游消费示范城市、5 个试点城市和 6 个首批国家级夜间文化和旅游消费集聚区（与北京、上海等省市并列全国第一）。大力实施全省文化和旅游消费促进行动，2022 年 7 月，启动2022 四川省文化和旅游消费季，推出"不夜四川""乐动天府""惠游天府"等 8 大主题 270 余项系列活动，全省各地发放文旅消费券 2.27 亿元，联动百余家金融机构出资 2 亿元文旅消费权益资金，30 万余家文旅企业推出景区、文艺、出行、购物等"十大消费权益"，全力营造全省联动、全体参与、全民乐享的文旅消费氛围，全面提振文旅消费市场。开展为期半年的"川渝一家亲—景区惠民游"活动，两地 284 家旅游景区携手开展"百万门票免费送""门票买一送一"等优惠活动。联合举办"远亲不如近邻""巴蜀文旅走廊自由行""雕饰山河——巴蜀地区石窟与摩崖造像艺术展""成渝双城记·非遗云聚会"等双城互动营销活动，有力拉动文旅消费。作为全国唯一试点省，积极推动全省文化和旅游消费数据监测分析体系工作，实现对全省文化和旅游消费重点区域、重点项目、重点场景的动态监测与管理，从消费活跃度、支撑度、满意度三个维度开展数据监测分析，为全省文化和旅游消费健康发展提供决策参考。

（五）提升服务能力，优化营商环境

积极营建支持文化和旅游企业恢复发展的良好氛围，提高服务企业的精准度、有效性，释放文化和旅游企业发展新动能。推动文化和旅游政务服务业务整合和流程再造，在解决"办事繁""办事慢""反复跑"上下功夫，将跨部门、跨层级政务服务事项向服务企业群众"一件事"转变。推出 9 个文化和旅游主题服务事项、10 个现场办结事项，取消 19 个审批申请材料，精减办事材料 10 类，审批时限比法定时限压减 60% 以上，实现"网络文化经营许可证"等审批事项"省内通办""川渝通办"。2022 年携手人民银行、四川银行等金融部门，启动实施金融助力全省文化和旅游企业梯度培育计划，支持文化和旅游小微企业"转企升规"、规上企业"专精特新"、龙头企业"做大做强"，加快培育一批优质文化和旅游企业。

三、下一步工作思路

（一）持续推动助企纾困政策落实落细

将各类纾困措施统筹起来，分门别类梳理形成政策工具包，组织媒体、专家、行业组织等各方力量，精准开展政策宣贯、培训辅导和答疑解惑。尤其注重引导文旅企业坚定信心、创新发展，稳住行业发展基本盘。组织骨干旅行社、民营文艺表演团体、民营旅游景区和天府旅游名宿等市场主体积极申报纾困补助，尽快兑现补助资金。同时将协调推动金融机构加快兑现金融帮扶文旅企业政策。

（二）加快文旅融合优化产品供给

围绕四川省十二次党代会提出的基本建成世界重要旅游目的地的决策部署，加快产品供给和产业转型升级。以三星堆—金沙、九寨沟—黄龙、大熊猫基地、都江堰—青城山、峨眉山—乐山大佛等为重点，建设一批彰显巴蜀文化特色的世界级旅游景区和度假区，打造一批具有幸福安逸气质的国家级旅游休闲城市和街区。突出比较优势，大力发展山地旅游、冰雪旅游、阳光旅游、生态旅游、文博旅游、旅游演艺等产品，促进红色旅游和乡村旅游的提档升级，推动传统的观光游向体验游、度假游、健康游转变，打造特色鲜明、类型丰富、结构优化的四川旅游产品体系。深入开展旅游景区"对内注重提品质、对外注重美誉度"管理服务质量提升行动，指导景区深入挖掘文化内涵，打造新业态新场景，切实提升竞争力和美誉度。

（三）坚持项目化推进稳投资促增长

围绕四川省"十四五"规划 105 项重大工程，积极对接文化和旅游部等国家部委，争取更多项目纳入国家"十四五"规划《纲要》102 项重大工程。创新办好第八届中国（四川）国际旅游投资大会，吸引更多优质项目落地四川。坚持办好全省金融服务与文旅企业恳谈对接会，持续发布"两清单一产品"（文旅企业融资白名单、项目融资清单和特色金融信贷产品）。会同省直有关部门（单位），协调做好省级文旅重点项目要素保障，尽快形成投资实物量。

（四）创新推进文旅消费扩容提质

持续推动2022四川省文化和旅游消费季各项活动深入开展，进一步加强文旅融合、消费联动，不断释放群众文旅消费潜力，全面提振文化和旅游消费市场。扎实推进全省文化和旅游消费监测分析体系试点工作（全国唯一试点省），对国家文化和旅游消费示范（试点）城市、6 家国家级夜间文化和旅游消费集聚区等进行动态监测管理，从消费活跃度、支撑度、满意度三个维度开展数据监测分析，为全省文旅消费健康发展提供决策参考。

供稿单位：四川省文化和旅游厅产业发展处

寻脉问诊　　多措并举　　精准解难

——成都市切实开展文旅行业助企纾困工作

按照文化和旅游部、四川省文化和旅游厅相关要求，为应对新冠肺炎疫情影响，切实帮扶文旅企业渡过难关，成都市对照中央、省出台的各项扶持政策，集中开展纾困解难工作。

一、基本情况

近年来，成都围绕"三城三都"建设，大力发展文旅产业，国家级文旅品牌新品迭出、文博场馆新场景时尚打卡、文旅活动热度不减，被列为国务院督查文化产业和旅游产业工作拟激励城市名单；被授予国家文化和旅游消费示范城市、东亚文化之都称号；成都市公共文化服务领域满意度得分居全国第一，排名"中国古都城市国际影响力"全国第三；春熙路大慈坊街区、成都音乐坊、宽窄巷子、灌县古城、白鹿音乐旅游片区入选国家级夜间文旅消费集聚区；青城山—都江堰获评首批国家级文明旅游示范单位，都江堰市被评为国家全域旅游示范区；彭州市龙门山镇被评为第一批全国乡村旅游重点镇；邛崃市花楸村被评为第三批全国乡村旅游重点村；入选美国《国家地理旅游者》评选的"全球最佳旅游目的地"城市，成为全球第一旅游评论网站Tripadvisor评选的"中国最受全球旅客欢迎的10大旅游目的地"。

（一）成都市文化产业总量规模位居中西部前列

目前全市共有文化产业示范园区（基地）近100家，其中国家级10家，省级22家。2021年，规模以上文化企业数量730家，营业收入2406.4亿元，同比增长16.7%，音乐产业产值整体规模达574.91亿元，同比增长14.6%。网络游戏、电子竞技、视频游戏、动画漫画等数字文化产业领域总产值达200亿元，占据全国近10%的市场份额。

（二）成都市旅游产业规模在全国重点旅游城市中处于前列

2021年，实现旅游总收入3085亿元，恢复至2019年的66.16%，接待游客人数2.05亿人次，恢复至2019年的73.18%，旅游总收入和接待游客人数恢复率远高于全国平均水平。据同程旅行数据，成都假期住宿订单量位居全国第二；据携程、飞猪等大数据，成都均居全国最热门旅游目的地第三位。预计2022年上半年，全市接待游客人数8512万人次，实现旅游总收入1090.39亿元，分别恢复至2019年同期的75%、58.62%。

二、主要困难

受疫情影响，文旅企业自身造血功能已遭受重创，本土疫情频发，叠加目前依然严峻复杂的全国疫情和国际政治经济形势，不确定性因素、潜在风险较多，市场预期整体偏弱，文旅企业家信心和城乡居民消费意愿均大幅下降。

三、具体做法

（一）对标上级文件出台配套政策

按照《国务院关于进一步释放消费潜力　促进消费持续恢复的意见》《国家发展改革委关于做好近期促进消费工作的通知》《国家发展改革委等部门印发关于促进服务业领域困难行业恢复发展的若干措施》《文化和旅游部办公厅关于进一步调整暂退旅游服务质量保证金相关政策的通知》等文件精神，梳理重点领域、重点企业、重点项目亟须解决的纾困帮扶、消费激发和产业培育问题120余条，针对性出台了《成都市文化广电旅游局等12部门关于印发加快营造研学旅游新场景　推动旅游业创新发展实施意见的通知》《关于支持文旅行业重点企业加强员工培训的通知》《加强文旅企业帮扶　促进行业恢复的工作措施》《支持旅游行业纾困发展的政策措施》等5项具体配套政策，进一步贯彻落实国务院和相关部委的决策部署，通过开展岗位技能培训、暂退旅游服务质量保证金、支持文旅企业创新文旅产品供给、优化完善文旅配套设施等，减轻文旅企业运营负担，提升文旅行业疫情防控能力及服务水平，促进文旅经济稳定增长。

（二）加强政策宣传，提升可达性可及性

依托中央、省、市各类媒体对出台的系列政策进行逐条解读。通过"成都市支持市场主体健康发展促进经济稳定增长的政策措施"专题新闻发布会，针对"夯实文旅

和会展行业恢复基础"相关政策进行答疑。会同成都市人社局先后 5 次召开文旅行业重点企业项目制培训和纾困发展政策措施工作会议，就培训政策等作专题宣讲，指导区（市）县统筹本辖区文旅企业，享受各项扶持政策。

（三）统筹专项资金，加大企业扶持

暂退 130 家旅行社旅游质量保证金 4309.5 万元；500 家重点文旅企业获提升疫情防控能力专项补贴 1169 万元；安排旅产资金 3005 万元，补贴 94 个项目，支持旅游基础设施建设、促进文旅消费、文旅产业融合发展等领域；会同成都市委宣传部安排文产资金 10579 万元，补贴 128 个项目，支持文创金融、文化科技、创意设计、游戏电竞、影视动漫、节展活动、文化消费、文创＋新型业态、对外文化贸易等重点领域；引导 210 家企业申请"文创通"业务，贴息 2300 余万元。

（四）引导有序复苏，促进行业发展

一是引导市场主体依法有序经营。出台《密闭休闲娱乐场所有序恢复经营指引》《文旅行业统筹做好疫情防控和有序恢复经营实施分级分类动态管理工作机制》，制定《成都市民宿（网约房）管理办法（试行）》，填补管理漏洞，统筹疫情防控和文旅经济社会发展两手抓、两手硬、两手赢。二是抓住重要时间窗口激发消费潜力。元旦、春节、五一假日前后策划了 2022 天府文化旅游节，精心筹备举办文化旅游展示推广活动，适时推出 300 多场小型多样的文博美术展览、高雅文艺演出、群众文化活动，遴选 150 个"最成都·生活美学新场景"，推出 40 条乡村游、周末游、周边游主题文化旅游精品线路等，对内帮助企业减负担、练内功、稳队伍，对外增供给、提品质、促销费，促进文旅经济快速恢复、稳定增长。三是促进跨省旅游。出台《促进跨省旅游恢复发展措施》，通过奖励方式鼓励旅行社、OTA 平台组织更多游客来蓉；由成都铁路局旅行社牵头，与重庆、贵阳、郑州、西安等联动，开通旅游专列。四是培育打造沉浸式文旅消费新场景。以市政府办公厅名义印发《培育文旅消费新业态　推动文旅产业创新发展实施方案》，重点发展"蜀风雅韵"文博艺术、"数字尖端"影视动漫、"时兴社交"文娱潮玩、"感知浪漫"音乐演艺、"浸浴自然"生态畅游、"时尚新潮"社区美游、"雅致小隐"特色宿集、"亲子互动"研学旅游、"乐活风尚"休闲运动、"烟火成都"美食品鉴十大业态，每年评选 1~2 个新业态示范区、10 个新业态示范项目，分别给予最高 100 万元、50 万元的补贴。

（五）着眼长远建圈强链，加快招引促建

聚焦细分领域制定《文旅产业重点招引目标企业名录》，策划推出 100 个优选项目、160 条合作机会，先后赴北京、重庆、厦门等地开展招商引资活动。引进腾讯、爱奇艺、完美世界等头部企业，培育了迅游科技、尼毕鲁、数字天空等优质本土企业，其中腾讯、咪咕等头部数字文化企业发展水平在全国领跑；本土企业先后出品《哪吒之魔童降世》《十万个冷笑话》《王者荣耀》等一批现象级文创 IP，《银河帝国》《万国崛起》等一批数字文创产品出海屡创佳绩。实施靶向招引，2022 年上半年，引进 A8 网文影视视听基地、众山集团凤求凰国际文旅度假区等重大文旅项目 69 个，协议总投资 791.18 亿元，其中，"链主"投资项目 7 个，30 亿元以上项目 12 个；促成五粮液青城山国际康养中心、成都音乐文创总部基地等 41 个重大项目开工，总投资 388.94 亿元；加快天府国际动漫城、熊猫古镇·理想新城等 199 个重大项目建设，已完成投资 288.15 亿元。

四、典型经验

（一）成立专班，点对点了解企业诉求

统筹力量，组建 11 个专题工作组，针对成都市重点文旅企业（酒店、旅行社、A 级景区、文创企业、演艺企业等）1000 余家开展走访调研。同时，依托成都市旅游协会、成都市景区协会、成都市文旅产业联合会等，逐一收集会员单位的困难与需求。通过调研和收集，掌握文旅企业实际情况和建议意见，针对共性问题进行专题研究，提出解决方案，并适时纳入市级扶持政策支持范围。

（二）开展培训，提升文旅企业服务水平

统筹人社部门失业保险结余专项资金 8000 万元，针对宾馆酒店、A 级景区、旅行社、星级农家乐（乡村酒店）、文化产业园区（基地）的运营公司、重点演艺企业等开展职工项目制培训，由企业采取线上培训、线下授课、师带徒等多种形式，根据自身实际情况制订培训方案，明确职工培训标准，经审核备案后自主实施培训，培训结束后提交相关佐证材料，经审查通过后拨付相关资金。通过培训，稳定文旅行业从业人员，提升全市文旅服务质量。

（三）及时分析疫情影响，作为政策调整的依据

会同各区（市）县，成都市委财经委、市统计局等市级部门及智库机构，每月对全市文旅经济运行情况进行分析，形成专题报告报市委市政府，及时梳理困难与问题，提出意见建议。在出现本土疫情时，每日监测文旅行业影响情况，从重点景区接待数量、旅行社经营情况、酒店机票订单量数量、公共文化场馆运行情况四个维度进行分析，把握影响动态趋势，适时调整政策，确保精准防控。

五、下一步工作打算

（一）落实政策红利助力行业纾困

一是推进行业专属政策输血。认真落实国务院最新部署的稳经济6方面33项措施，加快推进《关于支持文旅行业重点企业加强员工培训的通知》《支持旅游行业纾困发展的政策措施》落地实施，完善《成都市促进旅游业改革发展若干政策措施》，安排专项资金，会同成都市人社局加大对文旅重点企业开展项目制培训补贴等。二是用好普惠政策纾困。支持指导文旅企业享受房租减免、社保费减免、税收减免等普惠性政策。

（二）引导文旅企业转型升级

一是科学规范新业态发展。依托中国人民大学、四川大学等智库机构，科学研判文旅市场发展趋势，持续打造沉浸式新场景，引导数字文旅、智慧文旅等新业态可持续发展。二是积极引导传统业态转型。指导行业协会帮助酒店、景区、旅行社转型升级，引进时尚前沿的消费模式和业态，包括预售、允许不退单延期出行、混业经营等策略，旅行社开辟高端小众定制游消费等新兴市场，景区大力发展研学体验、智慧旅游和线上文旅产品销售等。

（三）长远谋划产业复兴

一是差异化丰富文旅产品供给。针对本地消费者着力发展周末和夜间文旅经济，针对外地消费者不断推出精品文旅产品，加强主客共享空间营造和科技文化赋能。二是择机统筹开展营销宣传。联动行业、平台、企业开展线上线下宣传营销活动，以乡村旅游为重点，适时推出文博美术展览、高雅文艺演出、群众文化活动、精品旅游线路等。三是多措并举激发消费意愿。会同市商务局等部门发放消费券，开展文旅消费季活动、制定各类文旅优惠打折策略。四是持续推进产业培育。市区协同、线上线下、叩门招引，推动重大产业项目招引建设，推进文旅消费新业态示范区和示范项目建设。

（四）常态保障场所安全

严格落实常态保管控措施，做好长期常态化防控准备，持续做好重点场所、重点环节、重点人员管控，严格做好实名登记、体温检测和通风消杀等防控举措，全流程、精准化监管，确保文旅行业疫情防控安全。

供稿单位：成都市文化广电旅游局

实施"牵手行动" 助力产业复苏

——德阳市文化广播电视和旅游局助企纾困案例

一、基本情况

一场突如其来的新冠肺炎疫情，给经济社会发展带来了深远影响。文旅行业首当其冲，各类景区、旅游饭店、旅行社等文旅市场主体面临严峻考验，文旅经济出现严重下滑。为切实对冲疫情影响，推动经济止滑回升，德阳市实施"牵手行动"，打出纾困政策组合拳，携手文旅企业共渡难关、恢复发展。

（一）疫情前德阳市文旅经济状况

德阳地处成都平原腹心地带，是环成都经济圈区域中心城市，自古就有"川西明珠"美誉。作为古蜀文明发祥地，德阳市文旅资源丰富，自然条件优越，呈"两分山、三分平原、五分丘陵"特点，集平畴沃野、雪山森林、湖泊山水于一身，三星堆古蜀文化遗址距今约 5000 年，被誉为"世界第九大奇迹"；金牛古道、庞统祠、诸葛双忠祠等三国文化遍布境内；全国"四大年画"之一的绵竹年画名扬海内外；西部第一、全国第三的德阳文庙璀璨古今。德阳市是中国优秀旅游城市、国家卫生城市、园林城市、森林城市，获中国人居环境范例奖，深受游客喜爱。2016~2019 年连续 4 年德阳旅游总收入（见表1）增长率长期保持在 20% 以上。特别是 2019 年以来，随着三星堆知名度、影响力不断提升，三星堆世界级文化 IP 广泛吸引世界各地游客前来打卡游玩，德阳市旅游总收入到达 462.6 亿元。全市规模以上文化及相关产业企业 75 家，资产总计 60.05 亿元，从业人员 8363 人。

表 1　德阳市 2016—2019 年旅游总收入、增长率

年份	旅游总收入（亿元）	同比增长（%）
2016	190.11	26.8
2017	285.12	49.97
2018	385.29	35.13
2019	462.6	20.07

（二）疫情对德阳市文旅行业的影响

疫情暴发初期，德阳市文旅行业"食、住、行、游、购、娱"六个领域均受到严重冲击，要素关联产业产生了巨大影响。

一是食。2020 年春节期间，德阳市 15 家旅游饭店停止接待群众聚餐活动，75 家星级农家乐全部关闭，中心城区 800 余家餐饮店停业，取消各类婚（寿）、团年宴席 9000 余桌。

二是住。德阳市 5 家旅游饭店、23 家星级乡村酒店、100 余家民宿中旅游饭店歇业 9 家、被征用 1 家，仅 5 家维持营业状态，乡村酒店和民宿全部关闭，旅游住宿暂时停止服务。

三是行。疫情影响首当其冲的就是交通出行，为了控制疫情，各地均实行了严格的管控措施，公共交通出行的减少，人口流动受影响，导致赴德阳市旅游的游客几乎没有。

四是游。自 2020 年 1 月 24 日起，德阳市 17 个 A 级景区、7 个图书馆、7 个文化馆、10 个博物馆、127 个乡镇（街道）综合文化站等全部关闭，38 家旅行社暂停营业，取消全市重点文旅活动 20 余场、群众性文化活动 260 余场。仅春节期间，德阳市游客人数较上年度减少近百万人次。

五是购。数据显示，2020 年 2 月全市 632 户限上商贸企业（单位）仅有 12% 在营业。同时，大量旅游文创商品滞销，以绵竹年画为例，25 家年画文创企业共计损失 743.5 万元。

六是娱。疫情期间，德阳市共关停 469 家文化经营场所，包括 310 家互联网上网场所（网吧）、103 家歌舞娱乐场所、23 家游戏游艺场所、33 家电影院等全部停止营业。

据统计，2020 年春节期间，德阳市 A 级景区、旅行社、酒店、文化场馆、网吧、游戏演艺场所等市场主体全部关闭，涉旅企业损失达 72035.5 万元，文化经营企业损失

达 4010.1 万元。对比 2019 年一季度全市旅游总收入 132.75 亿元，德阳市 2020 年一季度旅游总收入仅为 50.67 亿元，同比下降 61.83%。全市 1~6 月文化、体育和娱乐业增加值增速为 −67.5%。

二、具体做法

面对疫情的严重冲击，德阳市文旅局采取"三步走"办法，从"近期、中期、远期"制定应对举措和谋划发展思路，全力降低疫情对文旅经济的冲击，有效推动文化旅游业止滑回升。

（一）落实纾困举措，文旅企业活下来

新冠肺炎疫情发生后，国家、省、市相继出台了系列扶持政策，德阳市文旅局"三项举措"，切实推动各项政策落地见效，为风雨飘摇中的文旅部门带来了生机。一是汇编成册，有关政策清晰明了。德阳市文旅部门对中、省、市各级下发的政策按照"有关性"进行全面梳理，汇编印制《应对新冠肺炎疫情支持文旅企业有关政策摘要》《德阳市文旅企业纾困解难政策措施汇编（2022版）》3000册，内容涉及文旅企业税收、金融、用电、用水、用气、稳岗、培训等方面，供各文旅企业参照执行。从 2020 年至 2022 年，全市共计 370 余家市场主体在减税降费、稳岗返还、暂退旅游服务保证金等方面享受了相关政策，其中按照文化和旅游部旅游服务质量保证金退还工作安排，全市已暂退 27 家旅行社质保金 412 万元。二是宣传解读，文旅企业应知尽知。组织全市文旅部门开展企业大走访活动，深入辖区内文旅企业进行政策宣讲和座谈调研。开展相关政策的现场宣讲活动，打通政策兑现"最后一公里"，帮助企业用好、用足、用活政策。深入调研企业疫情后生产经营、税收资金、要素保障等情况，听取企业对落实中央、省、市纾困解难各项政策、加快发展的意见和建议，充分保护好、引导好、发挥好企业发展的信心和积极性。2020 年以来，共计派出工作小组人数 2600 余人次，对德阳市范围内文旅企业进行了 2 轮全覆盖走访，收集问题及意见建议 80 余条。三是开通绿色通道，上下协调解难题。德阳市文旅部门开通政策咨询及协调绿色通道，落实专人收集企业反馈的有关政策执行中遇到的困难和问题，再由负责人与税务、人社、财政、金融等部门对接找准问题产生的原因，协商贯彻落实举措。避免了文旅企业各处奔波、四处协调，有效提升了政策执行效率和企业满意度。截至目前，已成功为四川三星堆国际旅行社、广汉岷江瑞邦大酒店有限公司等企业协调解决了稳岗补贴、延

期还款等问题。

（二）实施奖补政策，市场主体动起来

针对疫情后市场萎靡导致的市场主体信心不足、主动性差等问题，德阳市文旅部门采取"以奖代补""以投代补"等方式，以项目、资金为媒介撬动社会资本，充分调动市场主体积极性。一是强化政策支持。设立文旅专项资金，制定出台《德阳市文化旅游产业融合发展扶持奖励办法（试行）》，明确提出了 20 条具体扶持奖励措施，对培育健康旅游、工业旅游、体育旅游、科技旅游、乡村旅游等新业态，实施文创改造，引进国际国内知名饭店，承办国内外知名文旅活动等进行奖补。2020 年以来，已有 106 家市场主体共计获得奖补资金 870 余万元。针对旅行社普遍反映的人流量小、"熔断机制"导致的跨省游"出行难"等问题，出台《德阳市机关企事业等单位委托旅行社承办活动操作细则（试行）》，为旅行社拓展业务范围提供政策保障，切实支持旅行社应对疫情带来的影响。二是支持项目建设。2020 年以来，为推动文旅项目发展，德阳市文旅局积极对接上级部门，争取中央预算内资金 9600 万元，地方专项债资金 12.69 亿元，省级文旅融合示范项目补助资金 4000 万元，三星堆新馆、德阳市群众文化活动中心、中江石林洞峡群等一批重点文旅项目开工建设，有效撬动社会资本在文旅项目上投入，进一步推动文旅项目建设。目前，德阳市在建重点文旅项目共计 15 个，总投资约 246.48 亿元。三是建立融资需求库。根据大走访中企业普遍反映的资金短缺、入不敷出等情况，德阳市文旅局牵头，对信誉良好、有融资需求的文旅企业项目、A 级旅游景区、旅游度假区、乡村旅游经营单位、旅游酒店、旅行社、演出经济机构等文旅市场主体进行摸排建库，形成了《德阳市重点文旅企业和文旅项目融资需求库》，2022 年度全市需融资文旅企业有 14 家，融资需求达 18.2 亿元。牵手金融部门，建立产融对接机制，定期向金融部门报送重大产业项目、重大基础设施项目融资需求，重大项目谋划阶段协调金融顾问团对项目的资金平衡方案、筹融资方案、交易结构等提供专业意见，提高项目融资成功率。

（三）着力时间换空间，文旅业态亮起来

针对新冠肺炎疫情发生后，一方面旅行社、景区景点等涉旅部门损失惨重，一方面群众的出行需求不能得到满足的问题，德阳市文旅局按照"时间换空间"的理念，指导全市范围内景区景点、文旅企业用好空档期、暂停期，加快开展基础设施提档升级、从业人员素质提升、新业态培育等工作，蓄积发展潜力。一是"闭园期"变"建设期"。2020 年以来，德阳市围绕自身优势，积极打造了一批影响力大、梯度分明的特色亮点项目。围绕"古蜀之源、未来之旅",推进三星堆国家文物保护利用示范区建设项目;充分借力国宝熊猫 IP,加快中国熊猫谷项目建设,打造原始自然生态与深度野奢体验的国家公园;以民俗、民艺等传统文化为核心,升级绵竹年画村项目,积极推进什邡民宿群建设;立足川酒文化,升级融体验、意境、互动为一体的剑南老街项目;充分利用优质航天资源,加快航空小镇建设进程,打造了航天主题乐园与前沿交流基地。二是"封控期"变"造势期"。针对疫情期间不能出门,德阳市充分借助线上载体、5G 技术等,广泛开展宣传营销。2020 年以来,利用"两微一端"平台,开展了"看见春天·开往春天的列车"慢直播、"太空打卡·安逸四川"宣传推广等 10 余项主题营销活动。制作推出《德阳,不止有三星堆》主题视频,在抖音、微信等平台全时推送。做强德阳文旅微信公众号、短视频等新媒体宣传,先后推出"春游德阳""清凉德阳""德阳美食"等 8 个系列主题推文,宣传德阳美景、美宿、美食等资源,提升德阳文旅影响力。推出 720 云全景直播,全市云参观点位 78 个,并在不断增加中,使广大游客足不出户就能游览德阳美景。为解封后的德阳文旅业蓄势赋能,2022 年五一假日期间,德阳市共接待国内游客 123.17 万人次,按可比口径恢复至疫情前 2019 年的113.45%;实现旅游综合收入 6.57 亿元,按可比口径恢复至疫情前 2019 年的 82.13%。三是"解封期"变"消费期"。2022 年,面对疲软的市场主体,德阳市统筹市级文旅专项资金、各区(市、县)各类配套资金、企业自筹资金共 1474 万元,用于文旅消费刺激。直接撬动景区景点、住宿游乐等活动消费 4000 万元,拉动交通、餐饮等全产业链消费 1 亿元。启动"走德阳—耍安逸—嗨一夏"系列活动,为期三个月时间,联动各区(市、县)举办数以"逛吃德阳"为主线的德阳首届露营节、德阳首届汽车影院等十场形式多样的夏日活动,通过文旅活动拉动消费。以文创为抓手,探索数字经济发展,带动一批新消费。三星堆传媒与上海黑糖科技共同合作发行《三星堆·荣耀觉醒》数字藏品 NFT(非同质化通征)、联名绵竹年画,罗江区博物馆的数字文创产品《巴蜀图语——巴蜀铜印章》,中江博物馆的 3D 数字藏品《战国巴蜀虎纹铜剑》等数字文创产品深受群众喜爱,数字产品及衍生消费收入已达 1100 万元,实现利润 300 余万元。

三、经验启示

在疫情防控常态机制下,实施"牵手行动",统筹推进"纾困解难"和"恢复发展"，既稳住了市场主体，又在危机中孕育了新机，在变局中创造了新局，具有一定的启示意义和实践价值。德阳市文旅深刻认识到：一是打赢疫情防控阻击战，关键在党。新冠肺炎疫情发生后，是党和国家出台了系列扶持政策，为风雨飘摇中的文旅企业提供了发展机遇。二是贯彻纾困解难政策，关键在实。市场主体面临的困难、急需解决的问题，必须通过"真走、真调研、真研判"，才能拿出实实在在的举措，做出实实在在的支持，市场主体才能得到实实在在的发展。三是疫情防控常态化下文旅发展，关键在新。新冠肺炎疫情严重打击了传统旅游模式，群众需求有变化、市场供求就必须调整。践行新发展理念、创新旅游产品，云旅游、数字文创、创新旅游产品等应运而生，且必将成为未来的主流趋势。

四、下一步打算

（一）抓规划引领，着力构建新时期旅游发展新格局

坚持统筹协调的基本原则，把促进旅游发展作为促进消费扩大内需的重要抓手，从发展全局出发，统一规划，整合资源，凝聚新时期旅游发展新合力。依托"一核一轴两带六区"发展布局，建设古蜀之源、三线之忆、熊猫之野、山隐之逸、年俗之韵、川味之魂、空天之趣等"1+3+3"产品体系，构建以三星堆为引爆点的融文化游、乡村游、健康游、工业游为一体的全域文旅融合格局。推动旅游度假区、生态旅游示范区、5A级旅游景区和"百亿"级文旅项目，加快培育规模以上文旅企业，全面提升品牌数量和质量。

（二）抓文旅消费，着力打造现代服务业"新引擎"

大力推进"旅游＋""文化＋"，促进产业融合、产城融合，加强旅游六要素"食、住、行、游、购、娱"建设，不断完善文旅产业链，围绕"留住人"，促进文旅产业消费升级。坚持"宜融则融 能融尽融"的原则，建设一批富有文化底蕴的品牌旅游景区和特色街区，构建文旅融合全新产业链。坚持"协同发展、错位发展"的原则，加强成德、德渝、德绵、成德眉资、成都平原经济圈等文化旅游区域交流合作，主动融入巴蜀文化旅游走廊建设，扩大德阳文旅品牌影响力。支持骨干文旅企业做大做强，重点扶持新业态文旅企业和小微文旅企业。

（三）抓文旅项目，着力牵住高质量发展这个"牛鼻子"

紧紧围绕"抓项目、促融合、铸品牌"主线，抢抓战略机遇，加强工作协调，切

实把文旅项目建设抓得更实，把各项措施落得更细。加快推动国家文物保护利用示范区创建，全力推进三星堆博物馆新馆、大熊猫国家公园创新示范区等20余个在建项目，打造全省标志性、引领性的枢纽项目。着力招大引强，力争引进落地大型优质文旅项目。推进三星堆古蜀文明全球巡展，强化对外宣传营销，提升德阳文旅知名度和美誉度。持续优化营商环境，在要素保障上着力，用足用好国家、省重点项目供地政策，用好信贷金融、专项债券等支持政策，鼓励社会资本参与文旅项目开发。

供稿单位：德阳市文化广播电视和旅游局

当好"四员" 推动文化旅游业高质量跨越式发展

——文山壮族苗族自治州文化和旅游局助企纾困典型案例

一、基本情况

新冠肺炎疫情发生以来，文山州文化旅游产业发展面临严峻挑战，文化旅游企业遭遇寒冬，但全州上下坚定信心，迎难而上，把疫情期作为文化旅游业打牢发展基础，推动转型升级的黄金机遇期，不断加大投资力度，加快发展速度。全州旅游业经过2020年短暂回调，迅速进入恢复发展期，旅游接待人数、收入和旅游业固定资产投资均保持了较高增速，品牌创建和旅游革命等各项工作均取得了优异成绩，为决战脱贫攻坚、决胜全面建成小康社会提供了强有力的支撑。2021年全州累计完成旅游业固定资产投资80.25亿元，同比增长49.2%，在全省排名第四；截至2022年6月，全州在库文旅项目42个，共完成固定资产投资32.1亿元；2022年1~6月，全州共接待游客人数1763.95万人次，实现旅游收入182.28亿元，按可比口径计算，分别恢复到2019年的97.7%、85.12%。全州A级以上旅游景区从疫情前的16家，增长到目前的54家，其中新增5A级旅游景区1家、4A级旅游景区3家。具体工作中，文山州文化和旅游局积极创新举措，不断优化营商环境，全力当好指战员、服务员、宣传员、保障员"四员"，认真贯彻落实中央、省、州出台的助企纾困政策措施，坚决克服和消除疫情影响，推动文化旅游业高质量跨越式发展。

二、具体做法

（一）高瞻远瞩绘蓝图，当好产业"指战员"

文山州瞄准国际化、高端化、特色化、智慧化发展方向，围绕全域、高端、康养做文章,科学谋划、高位推动,指导全州文化旅游产业和企业高质量发展。抓紧编制"十四五"文旅发展规划,着力构建"一心、一网、两带、三区"的全域旅游发展新格局。启动建设十个高品质酒店、百个精品民宿,打造千里绿道、万里花带"十百千万"工程。已启动高品质酒店建设项目13个(建成运营1个),建成半山酒店和精品民宿58家,正在申报乙级民宿1家、丙级民宿6家,围绕公路、河道、市政道路、景区、公园累计建成绿道1500余公里,在广场、公园、景区、沿河等区域累计建成花带5100余公里。印发贯彻新发展理念推动旅游高质量发展实施意见,启动实施景区提升、酒店配套、文旅融合、旅游业态创新、旅游市场主体倍增、旅游价值延伸、智慧旅游、旅游宣传推广、旅游品牌创建、人才兴旅"十大工程"。抓好"35102"项目谋划和招商引资,文山州共策划超百亿元的大项目3个,总投资超50亿元的重点项目5个,总投资超20亿元的专精特新项目10个,每个县(市)策划总投资超10亿元的新项目2个以上,概算总投资1100亿元以上。同时,遴选具有一定策划基础、前期工作成熟度较高的29个项目作为文山州旅游产业招大引强重点,计划投资额达219.48亿元。2022中国国际旅游交易会(昆明)云南文化旅游招商推介会上,文山州现场介绍了"一株仙草、两种精神、三大定位、四大优势"等资源特色,逐一推介了8个招商项目,并组织各县(市)与相关企业签订了五福山万花岭文旅融合产业园、凯旋门重建、盘龙河生态旅游示范带文化旅游综合开发、野生动植物园等8个合作协议,签约资金达157.4亿元。

(二)凝心聚力解难题,当好企业"服务员"

文山州瞄准企业的盼点、痛点、堵点、难点,提供"妈妈"式、"店小二"式服务,切实解决政府服务企业通道"最后一公里"问题,建立一户重点企业由一位州、县(市)级领导、一位驻企服务员挂联的驻企服务员制度,分别进驻了文山七都古镇文化旅游开发有限公司、云南博雅民族用品有限责任公司,紧扣"引进企业、培育企业、服务企业、支持企业"做好文章。首先是搭建畅通高效的政企沟通桥梁。做好企业与政府和有关部门的沟通联络工作,及时将政府产业发展政策传达给企业,把企业的困难和诉求传递给政府,做到州级领导每季度至少走访企业1次,驻企服务员每周进驻工作1天以上,并实行"一企一案",结合每个企业建设、运营、发展的不同实际,分别量身定做了服务方案,明确了服务目标、重点、措施、保障等内容。其次是及时响应企业诉求。坚持"一线工作法",主动登门服务,通过召开政企座谈会、实地调研、微信电话等"线上线下"相结合的方式,积极开展"进企业、进车间,问困难、问需求、问建议"的"两进三问"行动，下沉一线全面了解项目建设、企业生产运营情况，认真听取存在的困难、问题和需求，形成"企业需协调解决问题清单"和"企业意见建议清单"。最后是充分发挥政府服务优势，研究化解企业难题。针对挂联企业建设运营中存在的问题清单，分类施策，精准发力，开展横向到边、纵向到底的"一条龙"服务。驻企服务员无法解决的，提请州驻企服务工作专班"派单"至有关县（市）或部门协调解决，对特殊问题、重大问题，由挂钩领导召集研判解决，对企业反映问题建立台账实行闭环管理，全程跟踪服务。例如，针对"七都古镇"反映的已出让用地上大棚未拆除、排水沟横穿整个项目、存在私搭乱建等问题，由文山州专班派单给文山市专班，并实行工作情况周报制，抓好督办落实，目前除少数排定时间表逐步解决外，多数问题已得到妥善解决。根据七都古镇运营需求，对接当地相关院校洽谈研学基地、实训基地合作事宜，及时协调地方政府以及自然资源规划部门审查项目调规事项，帮助整理提供体现当地文化和旅游特色内涵的图文资料。针对云南博雅面临的企业资金周转困难、存货难以销售等问题，推荐企业参加省文博会、民族赛装文化节昆明时装周等比赛活动，并协调参赛补助2万元，帮助企业申报参加"民族赛装文化节昆明时装周"的盛典节目，在云南广播电视台进行直播展示，扩大了企业和产品知名度；指导企业"互联网"直播带货，积极对接新媒体直播带货平台，开辟新的销售渠道；帮助企业联系市场监管部门相关业务科室，为制定《文山州壮族刺绣技术规程》地方标准提供"一对一"指导服务。

（三）内联外推稳发展，当好行业"宣传员"

文山州充分利用好新形势下的文旅融媒体平台和宣传文化阵地优势，广泛开展政策宣传解读，强化品牌引领，组织系列宣传推广活动，推出一批体现文旅深度融合的节庆、会展等活动，帮助文旅企业纾困解难、打响品牌、提速发展。一方面是宣传落实纾困扶持政策。疫情初期第一时间就组织文旅企业和交通、金融等有关部门举行座谈会，共同研究恢复发展的政策措施；通过文山文旅微信公众号等各类媒体，汇编印发扶持政策手册，举办政策解读培训等多种形式，广泛宣传解读促进旅游业恢复发展纾困解难、优化营商环境、稳增长和促消费政策措施以及有关法律法规知识，帮助企业熟悉申报条件、申报材料和申报流程，指导企业用活、用好、用足政策，推动政策精准落地见效，增强企业获得感满意度。目前已奖补8家安置游客住宿企业90万元，19家旅行社暂退质量保证金共358万元，1家旅行社获得贴息贷款补助2.85万元，普者黑创建5A级旅游景区奖补500万元，37家精品酒店、旅游民宿共奖补740万元，2

家旅行社入选全省纾困补助名单补助 20 万元。另一方面加大宣传推介力度。围绕打造独具特色的山水田园乡村旅游目的地，构建"世界的世外桃源·文山"超级 IP，不断提高文山文旅知名度、美誉度和影响力。2021 年组织景区和文旅企业到上海、重庆等地举办旅游产品暨招商引资推介会 30 场次；2022 中国国际旅游交易会（昆明）上，文山州组织了"百人参展、五百种旅游产品、两百多亿元招商项目、一百多亿元签约项目""四个百"文旅展团；文山的旅游形象日前亮相纽约时代广场；普者黑吉祥的并蒂莲"开"在了上海白玉兰广场的浦西第一高楼，倒映在奔流的黄浦江中，这世间罕见的双色并蒂莲也在新华社、《人民日报》《光明日报》等 60 余家官方媒体上惊艳亮相，浏览量达 3.9 亿次；昆明长水国际机场特设了 55 米的文山州文化长廊，向国内外的客商集中展示文山"世界的三七之都·世界的世外桃源"产业资源、旅游形象以及文山八县市的文旅风采。

（四）多措并举促消费，当好发展"保障员"

市场是企业发展的动力，文山州积极推动文化旅游业转型升级，组织企业开展促销活动，规范市场经营秩序，有效激活企业内生动力、激发市场消费潜力。一是不断丰富新业态。丘北县平寨乡种植彩色水稻打造乡村旅游"七彩稻田"艺术景观，普者黑旅游景区推出了集观赏、互动、体验、演艺、游乐、文化传播于一身的多元化沉浸式夜游项目"荷风夜拾光"，整合花海资源、体验生态农业、开展研学旅行的水陌青田景区、兔耳朵花园农场，城市、乡村、田野、山间各具特色的露营地等新业态层出不穷。二是不断包装新产品。2022 年 6 月举办了文山州"文化和自然遗产日"暨第四届"文山好礼"旅游商品评选"文山新农人"助力乡村振兴活动，宣传推广依据当地物产资源、民族特色、文化个性打造包装出来的系列文山好礼，助力非遗传承人将他们的产品推向市场，以三七为主的生物医药保健、茶叶、农特产品、彩色珠宝等 48 家企业上百种特色旅游商品琳琅满目。三是不断创建新品牌。丘北县仙人洞村不断丰富文化和旅游业态，优化产品和服务供给，完善公共服务，促进夜间文化和旅游经济高质量发展，入选第一批省级夜间文化和旅游消费集聚区名单。四是不断推出新优惠。结合春节、清明、中国旅游日等节假日以及寒暑假，组织了"文山人游文山""中高考学子游文山"等活动，推出系列景区门车船票打折、天鹅湖景区免费游等优惠措施。五是不断规范新秩序。2021 年，印发实施《文山州旅游市场综合监管办法（试行）》等"一办法两机制"三个文件，完善相关工作规范和处置流程，严厉打击涉旅违法犯罪，着力提升服务品质，打造"无忧愁、无争端、无冲突"的旅游品牌。文山州旅游市场综合调度指挥中心组织州、县成员单位每季度开展一次文旅市场经营单位联合检查，严格整改疫情防控、安全生产问题，查处违法违规经营行为，并及时响应游客投诉，截至 2022 年 7 月底，全州共收到"一部手机游云南"有效投诉 116 件，同比下降 24.85%，办结率为 100%，游客满意度 91.75%。

三、经验启示

回首来路，文山州文化旅游业发展仍然面临不少困难：一是游客中心、文化场馆、自驾营地、道路交通等文化旅游公共服务设施基础薄弱、配套短缺。二是文旅产业投资信心不足，旅游市场恢复波动较大，招商引资十分困难；田园综合体、康养度假、夜间消费等旅游新产品和新业态发展较慢，游客停留时间短、消费低、体验浅。三是优质文旅项目储备不足，前期工作经费不足推进困难，缺少规划策划人才，在当地产业融合、优势整合、特色呈现上表现有限。四是文旅大项目落地较少，土地保障报批、生态环保等限制，点状供地、集体土地开发旅游项目等政策落地落实难。

展望未来，文山州坚定决心、充满信心，将全面贯彻党委、政府对文化旅游产业发展的安排部署，加快产业转型升级步伐，统筹推进项目建设，加大宣传推广，深化"旅游+""+旅游"产业融合发展，推动文旅市场稳发展、促消费。一是全力完善旅游公共服务设施。统筹加强游客中心、集散中心、文博场馆等公共文化、旅游服务设施建设，继续实施公共文化设施免费开放，鼓励实行错时、延时服务，推进网络化、数字化、智慧化发展。二是全力推进"十百千万"工程和高质量发展"十大工程"。推动文化旅游软硬件设施全面升级，加快推进高品质酒店项目，建设一批等级旅游民宿、精品酒店和半山酒店，实现绿道、花带建设目标。三是全力加快旅游业转型升级。紧紧围绕云南省委省政府现场办公会新定位新要求，大抓招商引资、大抓营商环境，深化市场主体培育倍增专项行动，加大文旅消费试点城市、旅游休闲街区、文明旅游示范单位、旅游度假区等品牌创建力度。四是全力推动文化和旅游深度融合。依托文化资源、突出文化元素，打造兼具文化和旅游特色的新业态、新主体、新模式，推进革命老区红色资源转换，推动更多文化资源转化为高品质旅游产品。五是全力打造文山文旅超级 IP。创新宣传方式，加强"全域旅游"综合宣传营销，组织举办国内旅游推介及招商引资活动，引进更多企业投资文山、更多项目落地文山、更多游客来到文山。

总之，文山州将持续深入贯彻落实党中央、国务院以及云南省州党委、政府关于文化和旅游业助企纾困的重要决策部署，紧紧围绕打造世界一流"三张牌"示范区发展定位和目标，依托最具代表性与辨识度的喀斯特山水田园景观，系统整合具有标识性与特色性的独特康养自然资源、得天独厚的物产资源、富聚灵秀的旅游资源、丰富多彩的民族文化、优质独特的红色文化、个性鲜明的餐饮文化，全力将文山打造成为独具特色的山水田园乡村旅游目的地，全力构建"世界的世外桃源·文山"超级 IP，以实际行动迎接党的二十大胜利召开。

供稿单位：文山壮族苗族自治州文化和旅游局

陕西文旅系统多措并举推动市场企稳回暖

——陕西省文化和旅游厅助企纾困案例

一、基本情况

2022 年年初以来，面对突如其来的新冠肺炎疫情，陕西文旅系统在严格落实疫情防控政策前提下，既正视困难，又坚定信心，既助企纾困，又引导创新，在危机中育先机、于逆境中谋发展，扎实有力做好文旅市场企稳回暖工作。

二、主要做法

（一）政策阀调控，坚定稳的信心

疫情期间，全省各类文旅场所关停，2 月 15 日起才逐步恢复跨省旅游业务，全省 A 级旅游景区、公共文化场馆执行"限量、预约、错峰"规定，并根据疫情发展形势进行动态调整，游客消费总体呈收缩态势。陕西文旅系统不等不靠，坚持把稳增长稳市场主体保就业作为全省文旅行业发展的首要任务，积极推动各项助企纾困政策落地实施。

一是成立由厅主要领导任组长的稳增长专班，建立健全周调度、月分析、季点评工作机制。依据国家《关于促进服务业领域困难行业恢复发展的若干政策》，制定印发《一季度文旅产业稳增长工作九条措施》，激发全省文化和旅游市场活力。贯彻落实陕西省委、省政府关于文化旅游高质量发展安排部署，配合陕西省财政厅制定印发《支持文化和旅游企业发展财税金融政策措施》，提出财税、金融等 15 条措施向文旅企业倾斜。

二是组织召开座谈会 8 次，邀请陕西省发改委等省级部门和部分市县文旅部门、金融机构、科研院校、重点文旅企业，围绕助企纾困、扩大消费、项目建设、宣传促销等，研究制定《关于推动县域文化旅游产业高质量发展的实施办法》《陕西省打造文化旅游产业重点产业链三年行动方案》《关于做好稳住经济大盘推动文化旅游产业高质量发展的若干政策措施》，推动文化旅游产业高质量发展。

三是组织开展了以"送政策、解难题、办实事"为主题的中小文化旅游企业服务月活动，围绕国家14部委《促进服务业领域困难行业恢复发展的若干政策措施》，特别是针对旅游业的7条措施，指导各市文旅行政部门开展政策宣讲，走访企业了解和协调解决发展面临的困难问题。充分发挥新媒体作用，推出文旅抗疫、"艺"起抗疫、西安文旅之声等专栏，广泛宣传防控政策、普及防疫知识、连载一线工作者的感人事迹。

（二）资金链支持，解决困的难题

一是成立9个工作组，分别下沉全省12个地市，实地调研走访30个重点项目建设地、多家受困严重的文旅企业，组织开展政银企对接活动，促成27家文旅企业与10家银行达成合作贷款意向47.69亿元。联合人民银行西安分行召开文旅行业投融资对接交流会，邀请中国银行、国开行、农业银行、邮政储蓄银行、秦农银行等9家金融机构、16家文旅融资需求方的代表参会，面对面开展合作，点对点进行对接。征集并向各金融机构推荐重点投融资项目139个，遴选了31家信用好、融资意愿强烈的文旅企业，编制了全省文旅产业重点融资项目册和融资需求统计表，总意向融资804.81亿元。

二是与省银保监局围绕深化"文化旅游＋金融"融合发展，推动文化旅游行业助企纾困和银企对接活动走深走实举行座谈交流，达成了建立长期协调合作机制、金融助力文化旅游行业发展等共识，联合印发了《关于稳住经济大盘扎实做好金融服务文化旅游企业工作的通知》。推荐的汉长安城未央宫遗址公园项目等5个重点文旅项目获得国家开发银行金融支持，预计总投资84.41亿元。安排专项资金1.68亿元，对重点旅行社、专职导游、旅游演艺节目、4A级以上旅游景区和星级旅游饭店等给予帮扶补贴。

三是认真贯彻落实《关于支持西安市全面打赢疫情防控歼灭战加快恢复经济发展的通知》要求，出台《支持西安市恢复经济发展的七条措施》，安排专项资金3000万元，对西安市旅游公共服务设施建设、文旅融合项目、星级隔离酒店、旅游演艺、乡村旅游发展、宣传推广等进行补贴。资助西安市一批防疫物资和防控资金20万元，在储备和释放政策红利中不断稳信心、强预期。

四是通过陕西文旅惠民平台安排专项资金 1000 万元促进全省演出和旅游业复苏，500 万元重点扶持西安市演出市场和旅游景点。安排省级旅游发展专项资金 1.68 亿元，对重点旅行社、专职导游、旅游演艺节目、4A 级以上旅游景区和星级旅游饭店等给予帮扶补贴。延长各类文化经营单位到期审批手续，有效化解旅游提质增效和文旅融合发展中的短板弱项问题。对已主动申请的旅行社共计暂退服务质量保证金 2986.80 万元，以实际行动助企纾困。

（三）供给侧优化，做好融的文章

一是立足全省文化产业和旅游业"调结构、补短板"的实际需求，全力打造"三链"（艺术链、产业链、服务链），积极构建"六大体系"的思路和举措，印发《推进高质量文旅项目建设行动方案》，建立"前期深、招商准、落地快、服务优、储备厚"项目推进长效机制，持续推进高质量文化旅游项目建设。

二是紧盯文旅行业发展和市场需求新形势、新变化、新要求，以满足人民对美好生活的新期待为目标，以增加高质量文旅产品供给和服务为抓手，开展了第二批国家级夜间文旅消费聚集区推荐申报，实施省级旅游休闲街区、旅游特色名镇、乡村振兴示范村、第二批省级非遗工坊创建命名和第七批省级非遗项目评审，集中打造"5G+文旅"应用示范场景、3D 裸眼四折幕数字等一批云旅游、云演播、云娱乐等沉浸式旅游体验新场景。

三是文化、科技、旅游深度融合，用新供给拓展新需求。常态化疫情防控背景下，休闲街区依托地处城市中心的区位优势，不断完善旅游场景、丰富游客体验，新开发的西安易俗社文化街区春节期间接待游客人数达 7.56 万人次，大唐不夜城步行街游客人数达 117 万人次。文化创意、科技创新为本地居民和游客带来主客共享新空间，大明宫文化数字体验中心、夜谭·白鹿原、360 极限飞球、大雁塔水舞光影秀等科技项目吸引大量游客驻足打卡。

四是聚焦公共文化和旅游服务设施、文化和旅游产品开发、红色旅游、乡村旅游、旅游演艺、数字文旅、文化装备制造、产业园区、文旅会展等重点领域，谋划实施了对全省文化和旅游高质量发展具有支撑、牵引作用的项目 445 个、总投资 2376.8 亿元，建立全省文化和旅游项目融资需求库、中小微企业融资需求库，全省"以大带小、梯次衔接、功能互补"的项目建设格局初步形成，"食住行游购娱"要素产业链供给体系不断完善。

五是深入推进"文旅+体育"融合发展，进一步放大后"十四运"效应，策划并推出以"游十四运场馆，看陕西新形象"为主题的精品旅游线路，组织各市区开展"参观十四运场馆，感受竞技体育魅力"等17项活动，丰富文化旅游市场供给。将非遗、民俗等传统文化融入旅游供给，省文旅厅策划开展的《秦岭与黄河的对话》《陕西非遗之美》《丝绸之路起点·兵马俑的故乡》外宣图片展，为文旅行业复苏和境外市场稳固打下坚实基础。

（四）精准营销，激发新的动能

一是着力打造"三秦四季"陕西旅游宣传营销品牌，策划实施"何止青绿·三秦飞花""春生夏长·惠风和畅"系列旅游宣传活动，在全省范围内精选34处赏花景点，推出32条主题踏青线路和79条精品旅游线路、173个非遗展示体验场所和20家精品民宿，组织开展112场丰富多彩的文旅优惠活动，满足人民群众高品质文化需要和多样化旅行选择。举办"夏阅三秦·畅旅欢歌"夏季文旅消费季，组织动员各市区广泛开展夜间文旅促进活动，创新推出33个夜间文旅消费新场景，加速推进文旅市场回暖复苏。

二是与西安铁路局集团公司联手开通了"三秦四季·坐着火车游陕西"文化旅游列车，首批乘客乘坐经过改造的专列，在享受舒适体验感的同时，欣赏延安及渭南（华山）沿途的青山绿水，了解东府大地厚重的历史人文故事。推出生态旅游、休闲旅游、定制旅游、康养旅游和周边游、家乡游、微度假等一批高质量产品、高品质服务、高频次消费场景，建成开放了省图书馆新馆阅览功能区、长安十二时辰全唐沉浸式体验项目，深受社会各界的充分肯定和广大游客的高度评价。

三是结合2022北京冬奥会及冬残奥会举办"冬游陕西·文旅惠民季"活动，进一步深化"陕西人游陕西"，支持旅游企业针对省内居民开发短程旅游产品，发放文旅消费券（卡）2000万元。联合国内知名旅游OTA平台，在春节期间启动"云端游陕西"系列活动，全省各地累计推出"线上＋线下"主题群众文化活动700余项、文艺演出1711场、宣传促销活动293项，高质量的文旅产品成为2022年春节旅游新驱动。"中国旅游日"当天，联合中国银联陕西省分公司实施"百城百区"文旅消费助企惠民行动，发放文旅惠民卡、文化演出专用券、旅游景区专用券、旅游景区活动专用券总计200万元，进一步拉动文旅消费，促进旅游市场回暖复苏。

四是成功举办"文化和自然遗产日"，协调京东、美团、快手、抖音等电商平台与省内非遗企业、工坊代表签订战略合作协议，开展线上线下活动共计360场次，人数达120余万人次，参与非遗企业工坊430余家，涉及非遗项目520余项、淘宝、京东、拼多多等店铺 360 余个，总销售金额近 2000 万元。人民网、新华社、《陕西日报》、陕西电视台等新闻媒体宣传报道 2600 余篇，网络浏览人数 3900 余万人次。

五是联合马蜂窝、去哪儿网等国内知名旅游 OTA 平台，共同启动"云端游陕西"系列活动，为陕西旅游业发展带来新驱动。依托网络平台在国内主要客源地开展高频次营销推广，通过抖音、短视频等新媒体开展线上宣传活动，激发外地游客来陕旅游的意愿和热情，使旅游市场逐步快速升温，为陕西作为全国旅游目的地保持上升发展趋势创造良好环境和条件。

三、下一步工作思路

下一步，陕西省文化和旅游厅将进一步提高政治站位，强化使命意识，坚守责任担当，助企纾困，推动文旅产业高质量发展，以优异的成绩迎接党的二十大召开。

一是贯彻落实党中央、国务院和陕西省委省政府各项稳增长政策措施，加大与省级相关部门沟通协调，积极推动文旅企业发展现行的普惠性减税降费、金融信贷、社会保障等各项优惠政策落地实施，积极争取支持文旅企业发展的各项优惠政策，深入研究文旅产业发展方向，联合省级有关部门，出台针对文旅行业的专项扶持政策，不断稳固文旅市场主体。

二是积极探索常态化疫情防控情况下旅行社、星级饭店和传统景区的发展路径，支持发展适应市场需求的休闲度假、云旅游、微度假、休闲绿道、旅游风景道、商旅综合体、乡村旅游等新业态，推出"周边游""家乡游""夜经济"等系列短程旅游产品和精品线路，推动政策创新、机制创新、工作创新，引导市场主体创新转型。

三是建立迭代升级、链式发展的现代产业体系，以打造万亿级文旅产业为目标，以重点文旅产业链为抓手，紧盯重点产业链和文旅重点项目建设，搭建招商引资有效平台，筹办陕西—中央文旅企业对接活动，组织文旅企业参加陕西—京津冀、陕西—长三角、陕西—粤港澳大湾区等省级重点经贸活动，洽谈项目，开展合作，吸引更多优质文旅企业落户陕西或参与产业链和重大项目建设。

四是持续实施"三秦四季"宣传营销计划，做好季节性、重大节庆假日文旅消费促进活动，省市联动、市域联合、瞄准市场新需求和青少年等重点人群，适时推出更多优质的、吸引力强的旅游产品和优惠措施，不断激发省内消费热情，有效应对业态变化带来的冲击影响。同时，根据疫情发展形势，在全国主要客源地加大宣传推广力度，精准投放广告，推出系列优惠措施，吸引更多游客来陕旅游。

五是认真落实严格、科学、精准的疫情防控措施，坚决防止和避免"放松防控"和"过度防控"两种倾向，严格落实防疫政策"九不准"要求，提升疫情防控和应急处置能力，有效恢复和保持行业正常秩序。牢固树立"隐患就是事故"理念，强化旅游安全责任，扎实开展安全生产检查，从严从实从细做好旅游安全工作。规范市场秩序，提升服务质量，做好旅游投诉受理和处置工作，及时化解旅游矛盾纠纷，展示陕西旅游良好形象，不断提升游客满意度。

四、经验启示

（一）政策引领激活行业发展

注重加强部门联动，积极推动文旅企业发展的普惠性减税降费政策、金融信贷政策等各项优惠政策落地实施，稳固文旅市场主体。在压实文旅系统疫情防控责任的基础上，深入研究旅行社、星级饭店和传统景区在疫情防控常态化情况下的有效发展路径，推动政策创新、机制创新、工作创新，引导市场主体创新转型。针对传统旅行社面临在线旅游平台的分流问题，引导市场主体尤其传统旅行社深入拓展针对未成年人的研学旅行业务。针对不少用户选择偕老带幼的家庭式出游，引导亲子酒店、度假沉浸式酒店、温泉主题酒店等特色化发展。

（二）加强产业链建设推动产业高质量发展

以"建链、补链、延链、强链"为目标，建立迭代升级、链式发展的现代产业体系，梳理文旅领域最具基础和前景的行业业态，集中力量打造文旅重点产业链，扶持重大文旅产业项目，做优做强"链主"企业，推动产业链各环节协同发力，打通"堵点"疏解"痛点"，提升产业链企业的专业化、标准化能力。明确各产业链的目标任务、工作机制、政策衔接和评价体系，落实责任制、制定路线图，清单化、闭环式推进实施。建立省地联动抓落实工作机制，形成上下联动、协同推进的工作格局。充分发挥文化和旅游专家库的作用，为产业链建设提供智力支持。

（三）培育新业态促进产业健康发展

疫情加速了消费市场的变化，2022年五一假期，近郊户外景区备受欢迎，露营帐篷、市集、国风沉浸式体验成为游客营造"节日仪式感"的热门选项，越来越多游客开始体验微度假，追求舒心、绿色、生态、健康的旅游产品，拥抱"家门口的风景"。

要支持发展适应市场需求的休闲度假、云旅游、微度假等新业态，推出"周边游""家乡游"等系列短程旅游产品和精品线路。引导旅游企业，不断从优秀传统文化中汲取营养，找到旅游产品的文化内涵，着力提升文化旅游产品的层次和深度，产品业态要符合多层次、多元化的需求，从品牌、产品到服务体验，打造高质量、有创新的供给，更好地满足游客对旅游出行及美好生活的期待。

（四）强化宣传营销扩大文旅消费

做好重大节庆假日文旅消费宣传促销活动，主动引领本地游新趋势，深入挖掘文化旅游潜力，省市联动、市域联合、瞄准市场新需求和青少年等重点人群，适时推出更多优质的、吸引力强的夏季暑期旅游产品和优惠措施，做好休闲度假、康养、研学亲子、露营、民宿、夜间文旅消费等消费热点的宣传推广，不断激发消费热情。

供稿人：陕西省文化和旅游厅　郑晓燕　李晓岗　吴三宏

精准施策促"造血" 创新供给抓"造势"

——西安市文化和旅游局助企纾困主要做法

一、基本情况

面对新冠肺炎疫情的巨大冲击和严峻考验，西安市文化旅游系统坚持"稳"字当头、纾困为先，全面落实文化和旅游部、陕西省文化和旅游厅工作部署，在西安市委、市政府的坚强领导下，全力推动文化产业和旅游业稳增长、促发展。

二、具体做法

（一）坚持靶向施策，提振发展信心

一是出台专项措施，有效应对疫情冲击。在 2022 年 1 月全市疫情封控的不利形势下，西安市文旅系统全面落实省、市关于做好一季度经济稳增长各项部署，主动对接陕西省文化和旅游厅《支持西安市恢复经济增长的七条措施》，制定出台《西安市全力应对疫情影响推动一季度文化旅游业恢复性增长的八条措施》，兑现支持 A 级景区线上营销、文艺院团线上展演、旅游演艺恢复演出、发放文旅消费券等一季度文旅稳增长奖补项目资金 644 万元，提前拨付 2022 年度旅游专项资金，安排 5400 万元市旅游发展专项资金，奖励补助全市 17 类、102 个文旅高质量发展项目，用好省级下拨支持西安市发展旅游专项资金 3000 万元，补助全市 92 家企业、103 个文旅项目，帮助文旅企业共渡难关。

二是完善政策保障，着力稳增长促消费。2022 年 5 月以来，西安市文化和旅游局深入贯彻习近平总书记"疫情要防住、经济要稳住、发展要安全"重要指示精神，全面落实省市关于稳定宏观经济大盘的一系列重大决策部署，先后召开 11 次文旅企业座

谈会，问计于企、问需于企，与西安市市体育局、西安市财政局、西安市金融工作局联合印发《2022年西安市文化旅游体育产业稳增长促消费十二条措施》，统筹疫情防控与文旅发展、统筹助企纾困与引流复苏、统筹国内循环与本地市场，安排文旅纾困奖补资金4000万元，组织3A级以上景区、旅行社开展"畅游西安"惠民促消费竞赛，发放"西安文化惠民卡""西安文旅消费券"和精品旅游演艺场次补贴，激励知名OTA平台引流、发放等级民宿、KTV、网吧纾困补贴等举措，充分调动企业发展与惠民消费的积极性，加快推动西安文旅市场恢复性增长。

三是深化政策宣传，全力服务文旅企业。2022年3~4月，西安市扎实开展"文旅政策进万企"宣传服务月活动，编发《西安市文旅行业一季度稳增长政策汇编》，市、区（县）文旅部门深入企业宣讲中、省、市服务业普惠性政策和文旅行业专项政策，帮助文旅企业应知尽知、应享尽享。坚持"旺工淡学"，开办"文旅云课堂"，邀请院校专家线上培训景区、旅行社、乡村旅游从业人员人数1.04万人次，帮助从业者坚定信心、提升技能。7月，按照文化和旅游部统一部署，组织开展2022年文化和旅游企业服务月活动，强化政策宣讲辅导、发挥政策叠加效应，切实帮助文旅企业享受政策红利，增强市场预期，加快转型升级。

四是突出帮扶重点，创新举措注重实效。旅行社是文旅系统受疫情冲击较大的"重灾区"。西安市认真落实文化和旅游部关于旅行社纾困的政策部署，在2021年退付1.19亿元质保金的基础上，2022年继续退付旅行社质保金5756.7万元，加快推进保险代替质保金试点工作，帮助旅行社解决资金流动燃眉之急。推动落实旅行社承接公务活动、培训学习等政策举措。西安市文化和旅游局、西安旅游协会与西安高新文化出口贸易平台、易点天下网络科技有限公司联合推出TikTok跨境电商直播公益项目，着力稳定导游队伍，提升出入境旅游人才新媒体直播技能，扩展外语导游择业渠道，拓宽外语人才执业新途径稳岗就业，为西安旅游业恢复发展蓄力储能。

五是强化金融支撑，提升文旅"造血"功能。西安市认真贯彻落实文化和旅游部、人民银行等部委印发的一揽子金融支持政策，西安市文化和旅游局印发《关于进一步加强文旅金融合作的通知》，建立市级开发性金融支持文化旅游业高质量发展工作机制和市级文旅企业融资项目库，推动汉长安城未央宫遗址公园、小雁塔历史文化片区改造等重大文旅项目获得国家开发性金融支持，组织西安市文旅企业银企对接会，征集73个项目融资需求共计350.61亿元，加强部门联动、信息互通、政银企协同，努力满足重大项目建设、文旅产品开发等资金需求。用好西安市小微企业融资担保增信基金，为小微文旅企业争取短期应急转贷资金，切实推动文旅行业稳增长、保就业。

（二）坚持创新产品，扩大文旅消费

以创建国家文化和旅游消费试点城市为引领，狠抓重要时段，强化产品创新，倒逼产业升级，加快文旅市场回暖复苏。

一是强化项目带动，打造文旅新空间。2022年上半年，西安市48个市级重点文旅项目完成投资165.9亿元，占年度任务的61.7%，16个新项目开工11个，持续推动文旅资源有效转化。陕西考古博物馆、鄠邑天桥湖景区、高新喜来登酒店、浐灞保利大剧院、曲江万人竞技馆等一批文旅新空间建成开放，进一步丰富文旅供给，着力释放本地游、周边游新动能。

二是强化科技赋能，壮大沉浸式娱乐。顺应数字化、大众化文旅发展新趋势，推出"长安十二时辰"沉浸式唐风市井生活体验街区、实景沉浸式解密项目"密城·白鹿原"、互动式演出"寻梦·芙蓉里"大唐仕女空间站、沉浸式剧目《大剧院：折叠层》《深蓝》、沉浸式娱乐"杌空间"等文旅新场景，对《长恨歌》《梦长安》《夜谭白鹿原》等旅游演艺进行改版提升，进一步增强文旅产品的科技感、时尚感和吸引力。

三是强化产品迭代，引领休闲新风尚。露营休闲爆发式增长，西安市文化和旅游局联手《小红书》实施"西安露营品牌扶持计划"，落地"露营学堂"，推出杜邑公园、太乙驿、长安唐村、嗨KING野奢、白鹿之隐、时光山野等一批广受欢迎的度假营地，公园露营＋飞盘、农场露营＋萌宠、野奢露营＋团建、房车露营＋灯光秀为露营度假提供了更多选择。命名第三批西安市等级民宿37家，助推民宿经济持续升温。五一期间，西安民宿订单量居全国城市第五、入选2022露营活动十大热门城市。

四是强化数字业态，拓展文旅新赛道。抢抓区块链、元宇宙等新风口，西安城墙景区率先搭建"长安IN"数字文旅平台、打造108坊元宇宙App，推出7个系列、28款数字藏品，瞬间售罄，累计销售额超过200万元。大唐芙蓉园、大唐西市等4A级以上景区也纷纷推出专有数字藏品，实现了IP传播与经济创收的"双赢"。曲江新区作为首批会员加入国家及数字版权联盟链，拓展数字藏品的创作发行渠道。组织金牌导游开展"金口碑·星服务·新风尚"高星级酒店直播带货，引导游客市民体验高品质酒店服务、尽享暑期生活。

（三）坚持品牌营销，提升文旅热度

2022年以来，西安市紧扣"千年古都·常来长安"城市品牌，强化线上线下文旅营销，在春节、清明、五一、端午及暑期等重点时段，始终稳居旅游热度全国城市前十，受到央视、新华社等中央媒体的持续关注与好评。

一是打造"西安文旅消费季"品牌活动。春节期间，聚焦冬奥、节庆元素，西安市文化和旅游局线上组织了 5 大主题 221 项文旅活动，叫响"中国年·看西安"品牌。4 月，线上启动"春游长安正当时"2022 西安春季文旅活动，发布 23 条精品线路和 10 大主题近百个春游打卡点。7 月，启动 2022 西安消夏旅游季，推出 7 大主题 93 项活动，推荐 55 处消夏文旅场景。举办 2022 秦岭旅游季、"品读长安·研学赋能"西安研学旅行推广行动，引导市民游客参与文旅活动、体验文旅场景，持续激活文旅消费。

二是打造高规格文旅会展品牌。成功举办第九届中国秦腔艺术节，名家"走进群众"、名团"走进校园"、名剧"走进影院"、优秀剧目百场演出、大秦之声唱响三秦、剧团开放日、高峰论坛等系列活动异彩纷呈，来自 5 个省区、33 个院团的名家新秀粉墨登场，充分彰显了"秦腔的盛典·人民的节日"的艺术节主题。启动第九届丝路国际电影节竞赛单元影片征集，积极筹办 2022"智慧亚洲"数字旅游发展论坛、第十届中国西部文博会、2022 丝路国际旅博会等重大会展活动，着力放大节庆会展活动的引流带动作用。

三是打造"长安夜·我的夜"夜游品牌。举办"长安夜·我的夜"第三届夜游嘉年华，推出 6 条人气夜游线路，15 个光影新秀场，20 个文旅消费空间，120 个夜市、夜展、夜秀、夜娱、夜宿打卡地，统筹调动各方资源，串联 50 项文旅活动，全方位激活夜间文旅消费。打造新城区"流光溢彩·新城夜"、莲湖区"莲夜繁华"、碑林区"夜碑林·悦生活"等"长安夜"子品牌，启动西咸新区夏季文旅消费季，持续繁荣夜游经济。

四是打造西安乡村旅游品牌。组织 2022 西安乡村旅游年，发布 20 条精品乡村旅游线路、推出 50 多种乡村文旅产品、策划举办瓜果采摘、乡村研学、消夏纳凉等乡村旅游活动，进一步激活乡村旅游消费。举办"欢乐过大年·温暖在长安"2022 西安云上"村晚"展播，阅读量超过 110 万人次。举办第四届关中忙罢艺术节，组织三大板块、九大主题系列活动，以艺术赋能乡村振兴。举办 2022"游美丽乡村·品农家美食"乡村旅游厨艺技能比赛活动，展示乡村饮食文化，做精乡村餐饮品牌。推荐蓝田县汤峪镇塘子村申报第四批全国乡村旅游重点村。加快推进长安唐村、蓝田九间房、鄠邑八里坪等民宿聚集区创建。

五是打造国内旅游营销品牌。参与主办"关中文旅大集"，强化与关中平原城市群旅游联动，推出"自驾车·畅游关中"体验线路和"乘火车·漫游关中"系列活动，畅通关中旅游"内循环"。适时组织旅行社、旅游景区等旅游企业赴长三角、京津冀、大湾区、成渝等重点客源地开展旅游推介。大力弘扬黄河文化，拟筹备举办沿黄城市带文旅融合发展论坛。6月，西安市抢抓跨省游开放有利契机，强化新产品新场景和目的地营销，长线市场恢复势头强劲。全市接待旅游团队数3802个，环比增长235%，团队游客人数5.1万人次，环比增长255%；景区接待持续攀升，秦始皇帝陵博物院接待游客人数13.72万人次，环比增长190%，陕西历史博物馆接待游客人数19万人次，环比增长134.6%。

（四）坚持高标创建，加快产业发展

西安市文化和旅游局坚持把争创国家级、省级试点示范项目作为提高文旅发展能级的重要手段，以支持提档升级的有力举措充分调动文旅企业创新创优创收热情。

一是加快推进国家文旅消费试点城市创建。将试点城市创建纳入全市重点工作，制定印发《2022年西安市创建国家文化和旅游消费试点城市工作推进方案》，明确任务、夯实责任、扎实推进。在政策保障机制上，持续加大资金投入，发放消费券、惠民卡，开展常态化文旅消费季活动；在高质量供给机制上，北院门历史文化街区、易俗社文化街区荣膺第二批国家级夜间文旅消费聚集区，广仁寺景区成功晋升4A级旅游景区，新增市级文化产业示范园区基地43个、文化产业示范园区基地总量达到179个，新增省级特色旅游名镇1个、乡村旅游示范村2个，雁塔区入选省级全域旅游示范区，推进莲湖区、灞桥区全域旅游示范创建。在消费环境提升机制上，全面推行网上预约、电子售票、线上支付、自助验票，开通了串联西安地标性文化景点的"西安城市观光车"，提升文旅消费便捷度。在文旅宣传促销机制上，构建多层次、全方位、常态化的旅游促销体系，扩大国际旅游合作"朋友圈"，提升西安文旅国际影响力。在文旅业态创新机制上，壮大现代文创产业，叫响"夜长安"夜游品牌，促进文旅多业态跨界发展，丰富文旅新产品新业态新场景。

二是持续推进"东亚文化之都"建设。作为2019年中国"东亚文化之都"，西安市不断加强部市合作，在文化旅游部对外合作交流局指导支持下，持续放大"东亚文化之都"品牌效应。成功举办2022"东亚文化之都"十周年西安音乐会，通过《华阴老腔》《放马山歌》《初心》《友谊地久天长》等中日韩经典曲目，共叙文都之谊，线上阅读量超过400万人次，同期开展中日韩三国青少年共同书写共用808汉字文化交流活动，增进年轻一代文化互信。西安市与日本东京都丰岛区成功主办2022"东亚文化之都"青少年研学线上交流活动，持续扩大"文都西安"的国际影响力。积极参与第八届捷克"欢乐春节"活动，线上展示了西安市文化和旅游局推选的杂技芭蕾剧《天鹅湖》、舞剧《门》等精彩节目，让捷克民众领略西安文化的独特魅力。发起成立世界城地组织亚太区旅游委员会，举办文化旅游发展线上研讨会，来自8个国家42个会员城市围绕"旅游促进和谐发展和交流互鉴"主题，进行深入探讨、互动交流，进一步拓展西安对外旅游合作的新渠道。

三、下一步工作思路

下一步，西安市文化和旅游局将围绕"六个打造""九个提升"的目标任务，紧抓暑期、十一等重点时段，坚持扩营销强复苏、抓创建强根基、优供给促消费，打好后文旅复苏主动仗，全力促进文化旅游业稳增长。一是助企纾困提信心。加强文化旅游系统疫情防控基础上，全面落实文化旅游体育产业稳增长促消费十二条措施，持续举办银企对接活动，为企业恢复性增长提供政策保障。二是精准营销拓市场。持续推进关中平原城市群联合营销、沿黄城市带文旅融合发展论坛等营销推介活动，适时开展长三角、珠三角实地宣传促销，持续发放文化惠民卡和文旅消费券，加强与OTA平台合作，吸引更多过夜游客。三是创新产品促消费。加快文旅数字化转型，培育一批智慧景区、智慧旅行社，打造历史文化穿越之旅、乡村度假体验之旅、体育康养休闲之旅、科技探秘研学之旅等专题旅游线路，优化观光巴士精品线路，提升城市旅游服务能级。四是狠抓创建强品质。持续推动全域旅游示范区建设，深化国家级文旅消费试点城市创建，推进国家级文化产业示范园区基地、旅游休闲街区创建，加快文旅重点项目建设，丝路欢乐世界十一前建成运营，形成新的打卡点；推出一批精品民宿、省市级乡村旅游示范村，夯实产业发展基础，着力提高文旅品质。

供稿单位：西安市文化和旅游局

创新方式　精准施策

——宁夏回族自治区文化和旅游厅积极帮助企业渡过难关

一、基本情况

2022 年，宁夏回族自治区文化和旅游厅持续认真落实党中央"疫情要防住、经济要稳住、发展要安全"的决策部署，全面贯彻落实文化和旅游部和宁夏回族自治区党委政府有关助企纾困的指示要求，主动作为、瞄准靶标、注重实效，聚焦精准防控、精准纾困、精准营销、精准服务"四个精准"举措，持续提振市场信心、释放消费潜力，助力企业发展。特别是近期随着宁夏全面恢复跨省游业务，在各类稳市场、促消费政策加持下，全区旅游人数实现大幅提升，旅游收入呈现由负转正、稳中向好发展态势。2022 年上半年，全区累计接待国内游客人数 2372.50 万人次，较 2021 年同期增长 25.01%，增幅比全国平均水平高 47.21 个百分点；实现旅游收入 131.60 亿元，较上年同期增长 3.24%，增幅比全国平均水平高 31.44 个百分点。

二、具体做法

（一）聚焦精准防控，安全态势持续向好

始终把抓好疫情防控作为"头等大事"，牢固树立"抓疫情防控就是抓经济社会发展"的意识，让良好稳定的疫情防控态势成为宣传宁夏、展示宁夏最有效的"名片"。切实压实"四方责任"，在全区文旅行业构建形成各部门协同共享、全行业上下贯通、全领域联防联控的疫情防控组织体系。切实严格执行 A 级景区和文化娱乐场所"限量、预约、错峰"等措施，坚决把疫情风险控制在最小范围、降低到最低程度。切实保持"睁着一只眼睛睡觉"的高度警觉和战备状态，针对大风雷暴等天气，采取"四不两

直"方式，常态化加强全区范围的督导检查，遇有突发状况，第一时间响应、第一时间处置。切实注重教育提示，通过各类媒体平台及时发布温馨提醒，指导游客密切关注天气变化，谨慎开展户外旅游，确保人身财产安全。

（二）聚焦精准纾困，市场发展强劲复苏

坚持从强政策、促消费、惠民生入手，推动全区旅游市场恢复步伐持续加快、市场运行平稳有序、群众消费意愿增强、行业信心不断提振。一是加大消费券发放力度。筹集 5000 万元资金，结合开展"百城百区"活动，通过"线上发放、线下核销"方式发放 4 类 6 档文旅消费券，涵盖全区 A 级旅游景区、旅游文创企业、酒店及旅行社线路产品、文化演艺等各领域，全力促进文旅市场消费。自 6 月 3 日以来，累计承兑票券 6.37 万张，实际使用资金 562.63 万元，直接带动各类消费 1796.76 万元，预计间接带动各类消费 6000 万元，消费券潜力逐步释放。二是加大资金保障力度。加快推进各类补助奖补经费落实落地，"真金白银"助企纾困。全面落实旅行社质保金暂退政策，累计暂退旅行社质保金 224 家次 4393.50 万元，兑付 2021 年"引客入宁"奖补资金 1094 万元。统筹下达各类补助经费 9400 万元，安排 2055 万元补助经费支持"送戏下乡"、精品艺术创作等活动，进一步激发文化企业发展活力，丰富群众精神文化生活。三是加大助企惠民力度。按照"政府引导、企业自愿、助企惠民、合作共赢"原则，深入开展文化和旅游消费助企惠民专项工作，对纳入计划支持范围的文旅小微企业银联二维码交易产生的手续费用进行减免，降低经营成本，提振发展信心。

（三）聚焦精准营销，品牌影响逐步提升

统筹疫情防控，紧盯旅游发展新趋势和游客需求新变化，着力在打品牌、拓市场、强营销上下功夫，推动"营销旅游"向"营销宁夏"转变，充分展示宁夏的自然风光、特色风物、厚重文化和新时期宁夏人民奋发进取的崭新风貌，运用文旅的"小窗口"讲述好中国故事宁夏篇章。一是全力打造特色品牌活动。聚焦撬动区内旅游市场，依托世界博物馆日、中国旅游日、文化和自然遗产日等重要节点，联合相关市、县（区）举办枸杞饮食文化节、吴忠早茶美食文化节等"一市一品牌""一县一节庆"文化旅游活动，宁夏旅游品牌知名度和影响力显著提升。2022 年以来，先后成功举办了第十二届丝绸之路大漠黄河国际文化旅游节、第六届黄河文化旅游节等一批特色旅游品牌活动，反响良好、广受好评，相关内容被央视新闻等各大媒体平台宣传报道。二是全力推动宁夏形象宣传。持续深耕长三角、珠三角、川渝、福建等重点客源市场，通过举办宁夏文化旅游资源专场推介会、公众路演、星空讲述、非遗展示、节目展演等形式全方位展示"神奇宁夏·星星故乡"特有魅力，吸引一大批区外游客来宁夏旅游，上半年宁夏酒店（含民宿）较 2019 年同期增长 36.05%，酒店业务全面恢复。深入实施"云秀宁夏"项目，在 Facebook、Twitter、YouTube 等国际社交媒体平台开设宁夏文化和旅游账号，持续利用官方海外社交媒体矩阵开展宁夏形象宣传推广工作，累计曝光量达 1000 余万次，互动量 40 余万次，连续两月 4 项指数上榜全国省级文化和旅游新媒体国际传播力指数榜单。三是全力实施暖心惠民举措。进一步拓展珠三角重点客源地市场，借助宁夏回族自治区党政代表团赴广东省、福建省考察学习活动有利契机，针对粤闽籍游客推出 500 万元跨省文旅消费券，刺激和撬动旅游市场消费。以中卫黄河·宿集为例，自 6 月 20 日以后，入住率为 100%，7 月份客房基本预订完毕（2022 年 1~5 月，平均入住率仅 7%，6 月 1~20 日，平均入住率为 50%），主要以成都、广州、深圳、福州等地客群为主。联合宁夏退役军人事务厅、宁夏军区政治工作局等单位开展"崇军行动——畅游神奇宁夏"活动，组织全区 100 家 A 级以上旅游景区为全国现役（退役）军人及随行的 2 位家属提供优惠优待服务，进一步提升军人群体的获得感、幸福感、荣誉感。

（四）聚焦精准服务，旅游品质显著提高

围绕稳经济、保增长、促发展重点任务，以满足群众高品质、多元化的文旅消费需求为导向，进一步提升旅游服务质量，不断适应"快旅慢游"新模式。一是优化产品供给。上半年，聚焦"宁夏人游宁夏"，推出一日游、二日游等近郊游、微度假旅游线路产品，在拉动人流、活跃市场、促进消费等方面取得了一定效果。暑期旅游热季到来后，紧盯市场新需求新变化，创新推出清凉避暑、亲子研学、动感体验、野奢度假、休闲康养等一批精品旅游线路和产品，精准满足不同类型游客需求。6 月 19 日恢复跨省游业务以来，两日内宁夏暑期跨省跟团产品预订量增长翻番；据携程大数据平台监测，截至 7 月 13 日，宁夏整体搜索量增长 37.31%，其中"自由行"搜索量增长达 155.56%，度假类（跟团游）搜索量增长 93.10%。二是优化业态布局。坚持以市场需求为导向，以"星星故乡""酒庄休闲"等文旅品牌为突破口，围绕"食、住、行、游、购、娱"打造全流程、全要素的消费服务体系，丰富产品业态、延伸产业链条、促进消费升级。以西夏区漫葡小镇为例，围绕葡萄酒、温泉康养主题，拓展旅游业态范围，大力发展"停留经济""快旅慢游"，增加了葡萄酒文化展示、文化演艺表演、特色商业街区等旅游元素，有效延长了消费链条，满足了游客多样化的消费需求。6 月份，漫葡小镇游客人数为 6.38 万人次，较上月增长 32.92%，旅游收入较上月增长 140.64%。三是优化投诉快办机制。印发《关于建立完善全区旅游投诉处理机制的通知》，建立文化旅游管理部门及企业旅游投诉第一责任人和投诉处理人机制，完善首办负责、办结回应、回访处理闭环管理流程，坚持"接诉即办"原则，24小时全天候受理各类旅游投诉，形成旅游投诉快速处理"扁平化"体系，及时妥善处理各类旅游投诉，全力保障文旅行业健康持续快速发展。上半年接到的各类旅游投诉已全部办结，旅游领域总体呈现平稳有序发展态势。

目前，疫情防控形势依然严峻，外防输入、内防反弹的风险依然存在，必须统筹做好一手抓疫情防控，一手抓文化旅游业恢复发展，两手抓两手都要硬。

一是坚持稳中求进，抓好疫情防控。紧盯防控形势，认真落实防控举措，坚持常态化精准防控和局部应急处置相结合，坚决防止疫情通过文化和旅游活动传播扩散。加强重要环节和重点区域管理，做到防控标准不降、力度不减、措施不软，切实把防控疫情和旅游安全工作抓紧、抓实、抓好。克服疫情影响，持续做好六稳六保工作，引导文化和旅游市场主体主动适应常态化疫情防控要求，优化经营策略，转换发展思路，创新产品业态，努力提供适销对路的文化旅游产品和服务，让人民群众在抗击疫情过程中得到文化滋养、乐享旅游时光。持续做好助企纾困工作，制定出台和广泛宣传各项政策举措，让政策举措可见、可感、可行，真正打通政策落实"最后一公里"。

二是深耕区内游市场，激活内部消费。持续深入开展"宁夏人游宁夏"活动，聚集人气、提振信心、拉动消费，激发文旅市场活力，推动旅游市场回暖复苏。筹划启动第三季"晒文旅·晒优品·促销费"大型文旅推介活动和"百万文旅惠民"消费券发放活动。充分挖掘各地旅游资源优势和特色，开展"一市一品牌""一县一特色"活动，支持各市、县（区）举办各类具有地域特色的旅游节庆活动，培育打造有影响、起示范、有带动的旅游节庆品牌。提前谋划冬季旅游，支持各市按照"冰雪旅游+"模式打造一系列冰雪旅游线路和产品，组织开展群众性冰雪主题体育赛事活动和旅游节庆活动。围绕重点节假日，积极与中国银联、携程等大型平台合作，对文旅消费券发放范围及发放频次进行动态调整，持续发放惠民消费券，进一步释放政策红利。充分利用抖音、今日头条等新媒体平台，深入做好旅游营销和宣传推广。引导旅游企业紧扣避暑、研学、康养等主题，推出多样化旅游线路和产品，积极做好与旅游相关联的装备租赁，做大做强"夜间经济""停留经济"线路和产品，持续优化产品供给。

三是加强融合创新，优化产业布局。实施文化产业数字化战略，推动文化和科技融合发展，推进国家文化大数据体系（宁夏分体系）和区域文化大数据中心建设，加快国家文化专网和宁夏博物馆、六盘山红军长征纪念馆红色基因库试点建设工作。推进数字文旅，围绕游客精准化、对象化、分众化、多样化的需求，进一步完善宁夏旅游资讯网等三位一体平台功能，实现全区文化旅游资源、公共服务等信息一张图展示、一平台共享、一端口应用。深化文旅融合、调整消费结构、释放消费动能，深入开展国家文化和旅游消费示范（试点）城市、国家级文化产业示范园区（基地）、国家级夜间文旅消费集聚区创建，积极培育一批规模大、效益好、有示范引领作用的产业集聚区，刺激和带动二次消费。打造文旅融合品牌，推动休闲康养、科普研学、动感体验等新业态健康发展，推动文化旅游产业与葡萄酒产业深度融合，办好宁夏贺兰山东麓国际葡萄酒文化旅游节，用好宁夏"全球葡萄酒旅游目的地"金字招牌，持续助力全区葡萄酒文化旅游产业做大做强。聚焦"星星故乡"等生态旅游品牌，举办第二届大西北文旅高峰会、第二届中国（宁夏）星空旅游大会等活动，开展星空旅游课题研究，编制《星空旅游发展规划》。

四是大抓乡村旅游，助力乡村振兴。结合全区乡村旅游发展实际，深入实施乡村旅游基础设施提升工程、"百村千画·乡村美化"工程、"百村千碗·乡村美食"工程、乡村民宿提档升级工程、特色农产品"后备厢"工程、服务质量提升工程"六大工程"。召开全国民宿集群高质量发展论坛，总结中卫南岸民宿集群发展经验，打造宁夏民宿精品。加快发展旅游名镇、旅游名村、特色民宿等乡村旅游，引导欠发达地区各族群众转变思想观念，紧跟时代步伐，积极投入乡村旅游增收致富行列，不断铸牢中华民族共同体意识。

五是聚焦全域旅游，推动示范区创建。围绕制约文化旅游产业发展的短板不足，加大政策支持力度。加大招商引资工作力度，吸引更多社会资本投入，支持和扶持一批社会效益、经济效益俱佳的重点产业项目，推动全区文化旅游产业高质量发展。完善旅游风景道、旅游步道、旅游骑行道等"小交通"基础设施建设，推动旅游设施提质升级，文化旅游产业提质增效，迭代升级。持续推进国家级旅游度假区和旅游休闲街区创建。深化"营销宁夏"理念，推出宁夏文旅形象标识系统，持续加大民航直飞、高铁沿线和葡萄酒、枸杞等特色产品销售重点城市营销宣传力度。拍摄制作《让世界听到黄河的声音》《宁夏故事》微电影等一批具有人文气质、时代风貌和国际视野的宣传作品，讲好宁夏故事、展示中国形象。

供稿人：宁夏回族自治区文化和旅游厅　高　文

"白纸黑字"落成"真金白银"
江西"文旅贷"送上"硬核"温暖

2020 年，一场突如其来的疫情让文化和旅游市场按下了暂停键，相对于往年的"热潮"，江西旅游显得特别"冷清"，大部分文旅企业进入"寒冬"状态。

江西作为红色旅游大省，由于各地组织赴外培训的数量减少，培训接待量、游客接待量大幅减少，江西省内多数文旅企业，尤其是中小型文旅企业迎来至暗时刻，经济收入受到明显影响，出现资金短缺困难，甚至受到致命打击。

某小型旅行社负责人表示："因为旅行社本身是轻资产行业，贷款比较难，要是政府能在金融信贷上给予一些支持，我们也许就能熬过这个寒冬。"像这样在生存边缘苦苦挣扎的文旅企业还有很多。

一、送资金，送服务，送上最"硬核"的温暖

很多文旅企业面临资金困难问题，中小企业大多资金少，生存难问题尤为严重。文化和旅游部及时发布了一系列惠企政策，送资金、送培训，把"硬核"的温暖送到文旅从业者的心坎里。与此同时，全国各省市金融纾困政策相继出台，江西省便是全国率先出台扶持文旅企业政策文件的省份之一。

2020 年 2 月 13 日，疫情发生以来，江西省出台了系列扶持政策，构建了省市县三级帮扶机制以帮助文旅企业渡过难关，如《关于应对新冠肺炎疫情支持文化和旅游企业共渡难关的 10 条措施》，从旅行社保证金、金融支持、创业担保贷款、减免企业租金、税收优惠政策、办理社保业务期限等方面帮扶文旅企业。

江西省文化和旅游厅收集了在建重大文旅项目 162 个 292.94 亿元，1040 家小微文旅企业 30.85 亿元的融资需求，目前正会同有关部门对接金融机构解决资金需求，同时

争取尽快发行 229 个文旅项目总资金约 841 亿元的地方政府专项债券。

江西省文化和旅游厅相关负责人表示，一系列"硬核"政策相继出台，对于文旅企业而言，是雪中送炭，更是共筑信心。下一步将着重抓好政策落地、项目复工复产和提振文旅消费等工作，帮助全省文旅企业提振信心、走出困境。

二、将"白纸黑字"落实成"真金白银"

受疫情影响，江西省不少企业面临资金短缺，而属于轻资产运营类型的文旅企业，尤其是中小型文旅企业，大多难以达到银行的信贷标准，企业经营陷入困境。

对于多数中小型文旅企业难以为继的现状，江西省如何将多条"白纸黑字"的政策转化为"真金白银"的帮扶？从根源上帮助文旅企业，尤其是中小型文旅企业金融纾困？

为此，江西省文化和旅游厅推出了具有江西特色的"文旅贷"业务，以破解融资难题，与中小微文旅企业共克时艰、共渡难关。2020 年 12 月 8 日，南昌市溪霞风景旅游公司成功获得 500 万元流动资金贷款，也是江西省发放的首笔"文旅贷"，这一利好消息无疑给"寒冬"中的文化旅游企业带来了一股"暖流"。

"文旅贷"是指以省文化和旅游厅入库文旅名录的企业为借款主体，由合作银行发放，用于支持中小微文旅企业发展的优惠贷款品种，贷款期限最长不超过 3 年，贷款额度不超过 500 万元。为充分调动金融机构的积极性，"文旅贷"设立了风险补偿金机制，合理划分银行、担保公司、政府三者的风险分担比例，对金融机构发放给文旅企业贷款所产生的损失给予一定补偿。

"文旅贷"政策的出台，针对的正是中小微文旅企业，通过融资解决当前面临的资金困难，适应新形势、新变化，适时出台刺激消费的措施办法。

光大银行南昌分行积极响应、快速行动，第一时间与江西省文化和旅游厅签署了战略合作协议，大力推进"文旅贷"业务。而南昌市溪霞风景旅游公司也成了江西省首家受益的旅游企业。

中国光大银行南昌分行相关负责人表示，下一步将继续践行江西省委、省政府关于推进旅游强省建设战略部署，全面落实与江西省文化和旅游厅的战略合作协议内容，充分发挥中国光大集团综合金融服务优势，推进文旅金融政策创新，构建具有江西特色的文旅金融服务体系。

三、金融帮扶也要"个性定制"

南昌市溪霞风景旅游公司获得的 500 万元，打响了江西省"文旅贷"帮扶文旅企业的"第一炮"。与此同时，江西省多个地、市、州、局也做出响应，根据地方文旅产业特色，个性定制"文旅贷"相关政策，对文旅企业，尤其是中小微型企业提供定制化支持帮扶。

2020 年，受新冠肺炎疫情影响，以景区、餐饮、住宿、购物、旅游交通、文化娱乐为代表的文旅企业损失巨大，不少文旅企业客源数量减少，营收下滑，日常经营困难，资金需求日益增大。保文旅行业职工就业、保文旅企业生存成为九江市文化广电新闻出版旅游局 2022 年的要务之一。

为此，九江市文化广电新闻出版旅游局联合人民银行九江市中心支行、九江银保监分局、九江市财政局和市金融办等单位，针对文旅行业特点，制定下发了《九江市中小微文旅企业贷款风险补偿资金管理办法》，协调金融机构及时推出"文旅贷"惠企贷款产品，全力协助企业缓解融资难题。

据了解，在 2020 年 12 月 8 日举行的九江市文化旅游产业链暨"文旅贷"工作情况新闻发布会上，九江市中小微企业"文旅贷"合作协议成功签约。按照"普惠、分散"的原则，帮助文旅企业缓解融资难、融资慢、融资贵等问题。

九江市文广新旅局副局长范小林在发布会上宣布："'文旅贷'贷款期限原则为'一年一贷'，续贷最长不超过 3 年，单笔贷款额度原则上不超过 100 万元，最高不超过 300 万元。"

此外，九江市、县两级将共同注资设立 1000 万元"文旅贷"风险补偿资金，中小微文旅企业有望获得 1 亿元银行贷款额度。

四、成效凸显，"文旅贷"真帮扶、真惠企

何超是江西梓航国际旅行社有限公司董事长，谈起疫情对公司的影响，他用"无奈"两个字进行概括。"我们旅行社是私营企业，几个月没有收入，员工还要吃饭，像房租、人员工资这一块的话，在公司没有业务的情况下，面临很多问题，这对于任何一个旅行社来说，都是一种挑战。"

而正当何超觉得"压力山大"的时候，惠企政策给包括何超在内的众多文旅企业，尤其是中小企业经营者解了"燃眉之急"。"2020年年初，文旅局对旅行社暂退了旅行社的质量保证金80%，还指导九江旅游协会为注册导游免除了一年的会费，此外，推出了'文旅贷'，为我们这些小微企业提供了资金的支持，还有复工复产奖补，我们都拿到了。对于我们这种小微企业来说，肯定是增加了我们的信心。"何超笑谈。

九江市文化广电新闻出版旅游局副局长石泉表示，九江市文旅产业规模不断壮大，全面完成建立文化旅游产业链链长制，成立招商小分队等九项重点工作任务；推出了"文旅贷"金融产品，有效缓解了中小微文旅企业融资难题；并且帮助9个文旅项目争取到政府债券7亿元。

五、2022年出台《若干措施》，"文旅贷"再成"新亮点"

2022年3月以来，我国本土聚集性疫情呈现点多、面广、频发的特点，疫情防控形势严峻复杂，江西省南昌、上饶、宜春等地也相继发生疫情，全省多地文旅行业又一次按下了"暂停键"。

5月初，江西省文化和旅游厅组织课题组开展了专题调研，在调研报告的基础上，草拟了《关于进一步帮扶文旅企业纾困发展的若干措施》，并多次召开座谈会，征求省直相关单位意见，经过反复沟通、多次修改完善确定了送审稿。5月31日，江西省政府办公厅印发了《关于进一步帮扶文旅企业纾困发展若干措施的通知》，主要从加大"引客入赣"力度、推动惠企政策落地、创优金融保险服务、激发文旅消费活力、开展专项帮扶行动、实施科学精准防控、强化政策落实保障7个方面提出21条帮扶措施。

《若干措施》结合江西省实际情况，再次提出完善"文旅贷""文企贷"管理机制，建立"文旅小微企业白名单"，在全省集中开展"百家银行助千企·金融服务文旅复苏"活动月，对旅行社、民宿等小微企业实施无抵押贷款；为加强落实保障，组建省、市、县三级文旅政策落实专班等。

在2022年江西省旅发大会上，江西省领导对推动文件中的政策措施落实落地提出具体要求，省文化和旅游厅也提出具体工作举措，细化责任分工，做好文件落地的"后半篇文章"。

一是在统筹协调上下功夫。加大宣传力度，全省旅发大会后将举办一期全省相关人员参加的培训班。同时，建立专项行动协调小组和工作专班，调集精干力量，加强工作调度。一方面建立省市县三级联动的"结对服务体系"，及时解答纾困助企政策，让企业"零时差"享受到"带温度"的政策红利，确保惠企政策的"春风"惠及每家企业。另一方面，盯住惠企纾困的"关键点"。聚焦重点项目，筛选32个全省重点文旅项目，实行机关干部"一对一"挂点帮扶，帮助协调处理项目推进过程中的重点难点问题，积极推动项目落地。跟踪做好服务保障工作。

二是在集中化解上下功夫。如针对文化和旅游企业普遍存在的资金不足问题，将继续深化实施金融帮扶行动，首批收集全省201家文旅企业融资需求共计115.78亿元，正在协调产业链金融服务团成员单位积极对接。鼓励符合条件的文旅企业通过"文旅贷""文企贷"融资，同时协调中国银行、光大银行、省农村信用社联合社等3家"文旅贷"合作银行推出"无还本续贷政策"，缓解贷款企业还本压力，解难企业"融资难"问题。

三是在提振信心上下功夫。继续开展"全国学子嘉游赣"活动。通过"云游江西"小程序，全国大中小学生（含研究生）在2022年3月1日～2023年2月28日期间，可免门票游全省200多家4A级以上景区。同时拟在全省以"惠游百城精彩，共享百夜繁华"为主题开展"百城百夜"文旅消费季活动。活动聚焦"夜间""城市"，通过"线上＋线下""白天＋黑夜""惠民＋利企"相结合，省、市、县三级联动的模式促进文旅消费，通过引导各类文旅企业参与促销活动，以进一步提振企业信心，促进企业稳增收。

江西省省长叶建春表示，加快建设旅游强省的路径千万条，当前最紧要的是紧扣旅游产业发展趋势和江西省阶段性特征探索求远，积极应对疫情影响攻坚克难。要增强创新力，按照"人无我有、人有我优、人优我特、人特我精"的思路，坚定不移走特色化、差异化、引领型发展之路；增强集群力，深入推进全域旅游建设，优化组合景区景点，分级分类推出一批"新赣线"；增强品牌力，唱响"庐山天下悠、三清天下秀、龙虎天下绝"品牌，拓展"江西风景独好"广度、深度、高度，构建"1+5N"品牌矩阵体系；增强融合力，深化旅游与文化、农业、工矿业等领域和5G、大数据等信息技术深度融合，焕发"旅游＋""＋旅游"新风采。攻坚克难，要面对现实、面向未来，积极探索常态化疫情防控下的旅游产业发展新路径。落实好中央和省里出台的各项政策，及时储备和实施一批新的政策，全力以赴帮助旅游企业纾困。不折不扣执行疫情防控最新要求，畅通交通和人员流动，抢抓暑期旅游旺季，不失时机加快旅游市场复苏。聚焦"健康型、短距离、本地化、分散化"新需要，积极开辟新赛道、打造新模式，以变制变推动产业转型发展。

当前，扶持中小型文化旅游企业，解决资金困难的确能够起到较好的刺激作用，但从长远来看，疫情对于文化和旅游业的冲击仍余波未平。面对这样的形式，想在"危局"中开出"新局"，就更需要文旅行业化外部压力为内生发展动力，不断培育新业态，延伸产业链，形成新的增长点和增长极。而这些，都与企业营商环境密不可分，进一步加大普惠金融支持和服务中小微文化企业和旅游企业发展力度，将为文化旅游产业高质量发展再添后劲。

供稿人：文旅中国　李一珊

打出金融纾困组合拳　下活文旅复苏一盘棋

——湖北省文化和旅游厅纾困发展案例

　　近年来，针对疫情对文旅产业的影响，湖北省文化和旅游厅坚决贯彻党中央和国务院决策部署，在省委省政府的领导和文化和旅游部的重视支持下，以金融政策为抓手，以利企纾困为重点，打出一套金融支持文旅企业纾困发展的"组合拳"，下活了文旅复苏"一盘棋"，取得明显成效。2022年8月，监测的20家重点景区接待游客人数221.87万人次，环比7月增长27.3%。三星级以上星级饭店平均出租率达53.52%，连续4个月保持正增长。2022年1至8月全省累计游客接待人数40991万人次，恢复至2019年的70%以上。文旅产业加快恢复振兴与金融政策的支持密不可分。

一、主要做法和成效

（一）下透政策的"及时雨"——聚合普惠金融政策，纾解文旅企业的"急难愁盼"

　　2021年以来，争取省政府及时印发《关于支持文化旅游产业恢复振兴若干措施的通知》，联合人行武汉分行、省财政厅等部门印发《用好普惠金融政策支持中小微文旅企业发展的若干措施》《进一步加强湖北省文旅企业金融服务的十项举措》《普惠金融支持重点县（市、区）发展文化产业和旅游产业行动计划》等系列文件，实施了专项金融支持、拓宽企业融资渠道、延长企业保险期限等措施，单列再贷款、再贴现额度，推动普惠金融政策直达文旅企业，帮助文旅企业顺利渡过难关。2022年以来，湖北省文化和旅游厅又进一步联合发改、财政、金融等部门出台《促进服务业困难行业恢复发展若干措施》《文化旅游行业金融助企纾困专项行动方案》《旅游企业贴息帮扶实施方案》，为企业提供了贷款延期、展期、贴息和景区收益权质押贷等帮扶政策。截至2022年8月，共为文旅企业办理延期还本付息426笔62.37亿元；办理续贷210笔

36.2 亿元。各金融机构累计为 9301 户文旅企业新发放贷款 232.98 亿元，加权平均利率为 4.55%。为减轻企业放贷压力，省政府拿出 3 亿元，开展文旅企业的贷款贴息。截至 8 月，已审核公示了第一批次旅游贴息支持企业共计 137 家企业，贴息金额 26010.7520 万元。目前，已完成首批贴息兑付 4392.99 万元。

（二）搭建服务的"高架桥"——畅通银企融资通道，做好金融支持的"无缝对接"

为疏通银行与企业对接渠道，湖北省文化和旅游厅联合人行武汉分行多次召开政银企对接会，点对点加大首贷金融服务力度。2021 年以来，累计支持 1368 户小微文化和旅游企业获得首次贷款 9.8 亿元。2022 年 5 月 11 日，召开金融支持文旅企业纾困政银企对接会议，省文旅集团、武汉旅体集团新增授信 120 亿元，宜昌三峡人家、湖北九宫山现场分别获得省农行、湖北通山农商银行 2.5 亿元和 2000 万元的纾困贷款。组建湖北文旅金融服务平台，整合政府扶持政策、综合征信服务、金融机构产品、企业融资需求等，面向文化和旅游企业提供"一站式"线上金融服务。截至 2022 年 9 月，湖北文旅金融服务平台已建成金融支持文旅重点项目和企业库，共有 10400 余家文化和旅游企业入驻平台，15 家银行机构在湖北文旅金融服务平台上线 20 款金融产品，其中普惠金融产品 14 款，特色文旅类金融产品 6 款。实现授信 70 余亿元，完成放款 15.8 亿元。

（三）送出金融的"大礼包"——紧扣文旅行业特点，创新金融产品的"文旅定制"

针对文旅企业"轻资产、抵押难"的特点，协调金融机构推出系列文旅专项金融产品，包括建行"善担贷—旅游贷"、工行"经营（文旅）快贷"、湖北银行"文旅支小再贷款"，招行"文旅高新贷"等。创新中长期信贷产品，鼓励以"经营性固定资产贷款""景区收益权质押贷""民宿贷""农家乐贷""非遗贷""版权质押贷""产业链融资""非上市公司股权质押融资"等方式进一步拓宽文旅企业融资渠道。武汉农行尝试利用旅游景区收益权支持贷款产品为黄陂云雾山 5A 景区新增授信 7800 万元，投放景区收益权支持贷款 5460 万元。针对文旅企业贷款"成本高"的问题，协调省银保监局、省地方金融监管局共同督促银行降低文旅企业贷款利率，协调中介机构降低担保收费比例，尽最大力度降低企业融资成本。如 2022 年 6 月，武汉农商行黄陂支行将武汉木兰草原景区 2.11 亿元贷款利率由 5.9% 下调为 5.0%，大幅降低企业还款压力。针对文旅企业"担保难"的问题，联系银保监局、地方金融监督局、省担保集团将文化和旅游列为湖北省"4321"新型政银担合作体系重点支持行业，创设"再担文旅贷"等银担合作专项产品，2021 年以来，累计支持 1648 家小微文化和旅游企业获得担保贷款 8.59 亿元。

（四）当好企业的"店小二"——加强政策宣贯力度，确保政策执行的"落雨见湿"

调动市县积极性。联合人民银行武汉分行建立"普惠金融支持文化产业和旅游产业发展联动机制"，会同湖北省财政厅等加强统筹协调，将"增信分险、首贷培育、落实奖补"完成情况纳入全省金融信用市州县评估，将"对接授信、审贷获贷、首贷增长"完成情况纳入信贷政策导向评估，并按月开展监测督办，定期通报，调动各市县落实各项金融政策。调动金融机构积极性。建立文旅企业信用信息共享机制，推动"湖北文旅金融服务平台"与湖北省大数据中心等多个综合性服务平台实现系统对接，归集 14 个部门 70 多项涉企政务信息，方便银行在线对文旅企业"精准画像"，不断优化信贷服务。调动市场主体积极性。一方面，把文旅企业、金融机构请进来，举办金融政策宣讲会、对接会 5 场，湖北省文化和旅游厅领导带头宣讲金融惠企政策、金融机构现场介绍金融定制产品；另一方面，主动登门，文旅厅领导带领 19 个工作组深入各地宣传、解读政策，邀请金融机构上门举办调研会、座谈会 30 余次，动真碰硬推动政策落地落实。如，厅长李述永协调人民银行武汉分行为宜昌三峡人家景区，提供了延期两年归还 5300 万元贷款、流动资金和项目资金贷款利率下调 0.59 和 1.04 个百分点的支持，并获得贷款财政贴息 2546 万元。通过优化服务，全力保障各项措施落地见效，让文旅企业享受金融政策"及时雨"带来的"红利"。

二、经验启示

在金融支持文旅企业纾困解难、促进文旅行业恢复振兴中，湖北省文化和旅游厅紧紧围绕文化和旅游部关于切实纾解市场主体阶段性困难的要求，不断发挥"金融活水"作用，有效的推动了文旅行业的恢复振兴工作。主要体会是：

（一）只有坚定不移贯彻党中央决策部署，把"金融兴、市场兴"的要求落到实处，才能牢牢把握政策出台的政治方向

湖北省将金融政策作为贯彻落实中央决策部署的重要举措，以实际行动推动金融支持实体经济恢复振兴，把准了政策出台的"窗口期"和"方向盘"。2021 年，省政府出台《纾解全省中小微企业融资难融资贵问题的若干措施》"金融 24 条"。在省委、省政府的重视下，湖北省文化和旅游厅与人行武汉分行、省财政厅、省地方金融监管局、湖北银保监局出台《用好普惠金融政策支持中小微文旅企业发展的若干措施》"文旅金融19条"，从创新文旅金融产品、完善融资担保模式、降低融资成本等方面，进一步缓解文旅企业融资困难问题，取得明显成效。2021年，全省文化和旅游行业贷款余额75.31亿元，同比增长19.95%，高于各项贷款增速7.98个百分点。

（二）只有坚定不行移服务文旅市场主体，把"活下来、火起来"的目标落到实处，才能始终紧扣政策执行的价值取向。

在金融纾困政策执行上，湖北省坚持把"让企业活下来、让市场火起来"作为政策绩效评估的价值导向。面对面倾听企业心声，积极与人民银行武汉分行沟通，将首批236家企业白名单推送给相关企业。将为文旅企业纾困作为"我为群众办实事"和"下基层察民情解民忧暖民心"实践活动的具体举措，开展"送政策、帮企业，送服务、解难题"活动。2022年5月份以来，共建立企业问题清单、任务清单和目标清单共325份，分领导、分处室一一对接落实。"感谢银行让我们延期还款，缓解景区经营压力，帮助我们渡过难关。"在中国农业银行1000万元贷款延期和农商行950万元贷款质押物估值风险化解后，湖北天空之城旅游开发有限公司负责人如释重负。

（三）只有坚定不移坚持联动综合施策，把"一字活、全局活"的要求落到实处，才能有效发挥政策推动的整体效能

金融政策是一项系统工程，涉及方方面面，为了切实解决文旅企业融资能、融资贵的问题，湖北省文化和旅游厅从顶层设计入手，建立部门联动机制，形成"一字活、全局活"的良好格局。在省政府的领导下，充分发挥人民银行、政府部门、金融机构、服务平台职能作用，下活金融服务的"一盘棋"。在政策出台前，文旅部门、人行武汉分行、地方金融监管局、银保监局充分沟通，打通政策障碍；在政策出台时，向省委、省政府专题汇报，上会专题审议，绝大多数冠"经省人民政府同意"，提高政策执行的权威性；在政策推进落实时，相关部门一起开会、一起部署、一起推进落实，发挥整体联动效益。通过机制建设，形成金融机构"敢贷、愿贷、能贷、会贷"的良性机制。

（四）只有坚定不移激活市场发展动能，把"强信心、增后劲"的要求落到实处，才能不断化解政策支持的后顾之忧

银行金融机构不愿贷、不敢贷，主要的问题是对文旅行业发展的信心不足。为了高效统筹疫情防控与文旅产业发展，让企业增添信心、看到希望。2020年，省政府拿出20多亿元开展"与爱同行、惠游湖北"活动，使湖北文旅市场得以加快恢复振兴。2021年，湖北相继开展"相约春天赏樱花""首届中国（武汉）文化旅游博览会"等活动，稳住文旅市场兴旺度。2022 年以来，面临多点散发、局部暴发的疫情，坚持做好科学精准抓好疫情防控的基础上，大力开展惠游湖北促销活动。发放 3 亿元惠游湖北消费券，截至 8 月底，累计核销 15011.07 万元，累计带动交易额 57355.49 万元，参与文旅企业商户达到 5800 多户。开展"远亲近邻·惠游湖北"活动和"畅享高铁·乐游湖北"活动，有力拉动省内旅游市场。赴重庆、安徽等地开展宣传推介活动，进一步拓展旅游周边市场。通过系列活动，让文旅企业和金融机构看到了文旅市场的行业信心，增添政策支持主观能动性。

三、下一步工作措施

（一）"清单管理、重点帮扶"，将文旅行业、企业纳入金融政策落到实处

督促各地文旅部门把已出台的金融纾困政策用足用活用细。推动市县进一步明确责任，各地工作专班人员要加强与财政、人行金融机构、互联网平台和相关文旅企业的对接，建立金融服务清单，做好"一对一"的帮扶服务，并将此作为文旅行业"下基层察民情解民忧暖民心"实践活动的重要载体，切实把金融扶持、财政贴息和消费券的配套资金落实到位，让政策的"及时雨"真正见到"墒情"，让企业和群众得到实惠。

（二）"创新产品、可及可达"，运用更多工具和方式支持文旅企业纾困

进一步协调金融机构积极探索多种灵活金融产品，鼓励对小微文旅企业和个体经营户发放小额信用或担保贷款，鼓励在风险可控的前提下，对现金流和还款来源稳定的文旅企业降低抵押担保要求，适当增加授信额度。引导银行机构积极发展普惠金融，探索将真实银行流水、第三方平台收款数据、预订派单数据等作为无抵押贷款授信审批参考依据，提高信用状况良好的中小微企业和消费者贷款可得性。支持经营业绩好、征信优良的文旅企业发行短期融资券等债务融资工具等，切实帮企业纾困。

（三）"降低门槛、雪中送炭"，创造更加宽松灵活的金融政策环境

文旅企业大都是轻资产企业，可抵押的资产少而小。下一步，将在政策执行过程中，动员银行金融机构在风险可控的情况下，给文旅企业创造一个更加宽松灵活的环境，让文旅企业享受到更多金融政策的"红利"，让金融机构真正对文旅企业"高看一眼、厚爱一层"，在不抽贷、不断贷、不压贷的基础上，灵活运用延期、展期、续贷、调整还款计划等方式支持受困企业。

（四）"建章立制、示范推广"，推动金融纾困政策常态化、长效化

适时对湖北各地金融支持文旅企业的政策落实情况进行总结评估，遴选一批好案例、好经验、好做法，从机制层面、机制层面进行固化、总结，形成可复制、可推广的经验。总之，将对前期实践中行之有效的资源聚合、政策赋能、服务赋能和活动赋能的方式，加以总结完善，建立长效机制，进而加大对文旅企业服务的广度和深度，努力促进湖北省文化和旅游市场加快复苏，以优异成绩迎接党的二十大胜利召开。

供稿单位：湖北省文化和旅游厅　文旅中国

海南出台系列纾困政策 政企共谋产业振兴 推动旅游业恢复重振和提质升级

2020年年初，突如其来的新冠肺炎疫情让正处于旅游接待旺季中的海南，如坐过山车般经历了从沸点到冰点的巨大落差，全省旅游人数、旅游收入、人均消费等主要旅游统计指标下降明显，旅游企业面临巨大的资金流压力，旅游项目建设及旅游招商受到直接影响。

一、迅速出台一揽子措施，解决企业燃眉之急

非常时刻需要非常举措。为减轻疫情对旅游业的冲击和影响，海南省动作不断：2020年2月5日，海南省政府出台八条措施支持中小企业应对疫情共渡难关，2月9日进一步聚焦旅游企业出台六条措施，3月22日出台振兴旅游业三十条行动措施，全力以赴促进旅游经济全面复苏和高质量发展；海南省旅游和文化广电体育厅以及三亚市政府，先后与携程集团、众信旅游、凯撒旅业等多家旅游企业签订协议，积极谋划旅游业复苏；旅游企业积极求新求变，从升级改造到产品创新再到直播带货，将出游消费的"空档期"转化为磨炼内功的"黄金期"，推动产业提质升级等。

政府与企业齐心协力，"硬核"措施效果显现。自2020年3月起，经历断崖式下跌后的旅游产业相关数据逐步向好，每个月同比降幅不断缩窄。2020年5月，海南游艇、直升机、冲浪、潜水等特色体验产品预订环比增长380%。

为落实党中央、国务院关于统筹推进新冠肺炎疫情防控和经济社会发展的工作部署，千方百计帮助旅游企业渡过难关，全力以赴促进旅游经济全面复苏和高质量发展，加快推进海南自由贸易港和国际旅游消费中心建设，海南省政府于2020年3月20日正式出台《海南省旅游业疫后重振计划——振兴旅游业三十条行动措施（2020—2021

年）》（以下简称《重振计划》）。该《重振计划》共有三十条内容，主要分为六个层面，适用于在海南注册的旅行社、旅游景区、酒店民宿、旅游商品、邮轮游艇、高尔夫旅游、椰级乡村旅游点七类旅游企业。

截至 2021 年 12 月，海南省政府共计安排接近 3 亿元，用于落实《重振计划》，主要包括旅游企业贷款贴息、股权投资、上市奖励、保险费补贴、入境旅游奖励、创优评级奖励。对成功创建国家级全域旅游示范区的市县，新创建国家级、省级旅游度假区的项目单位，新创建的 A 级旅游景区、旅游风情小镇、椰级乡村旅游点、特色旅游街区等，给予一次性奖励，充分发挥财政资金的激励和撬动作用，鼓励和引导旅游行业尽快复苏。

二、上门送"政策红包"靶向做优质服务

一系列惠企政策先后出台大幅度提振了旅游市场的信心，但红利如何落实到挨家挨户，切实帮助企业渡过难关？

海南省委统筹规划，海南省税务局、海南省国资委、各市县政府、海南省旅游和文化广电体育厅共同推进，帮助多个旅游企业，尤其是中小企业降税减租，上门送上政策"红包"，提供"优质服务"，扶持旅游业发展。

通过税收大数据筛查和实地走访，海南省税务部门对旅游业相关的上下游产业给予支持，努力打通整条产业链，实现旅游业高效健康协调发展。

据海南省税务局相关负责人介绍，通过精准开展政策辅导、最大限度便利政策享受、持续加强政策效应分析等多项硬举措，确保支持疫情防控和促进经济社会发展的各项税费优惠政策落实落细，让政策红利"落袋"更加精准、便捷。

在文昌，作为小微企业的海南宏发置业有限公司主营旅游资源开发和酒店建设等业务，正当该企业受疫情影响收入下滑而一筹莫展时，税务局主动送政策上门，并根据公司实际情况制作了优惠政策享受清单，辅导企业办税人通过电子税务局完成房产税和土地使用税减免申报，减免了 30 余万元税款。海南宏发置业有限公司的郭经理表示，虽然企业近两个月没有营业，但享受到的税务服务一点都没少，贴心的纳税服务为企业复工复产注入了"强心剂"。

三、政策红利渐凸显　旅游业复苏指日可待

作为万宁的旅游名片，兴隆热带植物园长期以来都是中外游客的打卡胜地。新冠肺炎疫情发生后，植物园2022年一季度的营业收入仅有约70万元。由于是开放型景区，每月的维护费等固定成本将近100万元，公司经营面临困难。

在享受了增值税免征及养老、失业、工伤三项社保费部分减半征收的政策红利后，植物园所属企业的财务负责人卢经理长舒了一口气，她说："多亏税务部门的优惠政策，给我们省下了'真金白银'，让我们景区经营有了缓冲期。"

据了解，为帮助旅游企业渡过难关，三沙市税务局主动征求企业涉税诉求，分税种对该企业开展精准辅导，先后电话、微信、视频为企业办税人员辅导疫情相关税收政策和申报表填写。

琼海市税务局还通过税邮合作，将支持疫情防控优惠政策指引汇编、热点问答涉税业务办理操作指南等宣传资料及税企连心卡，点对点邮寄给纳税人，做到主动对接需求，确保纳税人、缴费人对优惠政策"应知尽知"，对网上办税"应会尽会"。

坐落于琼海嘉积镇的春棠客栈往年春节期间经常出现客满的情况，在疫情冲击后却面临关门停业没有收入的局面。在税务部门的精心辅导下，春棠客栈及时享受了房产税和土地使用税的减免，负责人说："幸好有这些优惠政策红利，我对经营酒店又重拾了信心。"

作为海南省三大主导产业之一的旅游业交上这样一份"答卷"：2020年，全省共接待国内外游客人数6455.09万人次，实现旅游总收入872.86亿元，成为疫情影响下我国旅游恢复情况最好的地区之一。

四、政企共谋产业振兴，政策利好拉动旅游消费

当旅游市场的快速复苏与疫情防控形势好转和经济社会秩序恢复形成发展共振时，海南自贸港的利好政策为海南旅游市场振兴注入更多动能。

2020年6月1日《海南自由贸易港建设总体方案》发布。大力发展包括旅游业在内的现代产业体系、实施更加开放的航空运输政策、离岛免税购物额度放宽至每年每人10万元……一揽子重磅政策的出台无异于一剂"强心针"，推动海南旅游实现突破

性增长：航班上座率、酒店入住率、景区接待量等指标全面向好；离岛免税日均销售额从 7 月的 0.8 亿元／日一路猛增到 12 月的 1.39 亿元／日；8 月起，海南省旅游人数和旅游收入同比增长双双由负转正。

乘着自贸港建设的"东风"，逐浪先行的旅游企业巨头也在加速布局海南。

2020 年 3 月，携程集团把海南作为疫后旅游复兴"首发站"；4 月，复星旅文集团与三亚市政府就进一步打造三亚·亚特兰蒂斯项目升级版——"三亚·复游城"项目达成共识，并在当地新注册复星旅游文化投资公司，注册资本为 10 亿元人民币。可以说，业界对海南旅游的信心，不仅来源于海南独享的利好政策，更在于海南在全国旅游市场复苏中的惊艳表现。

五、产业融合增添新动能

在海南旅游成绩单中，还有一项数据值得关注——2020 年国庆中秋假日，海南省旅游总收入增长率高于旅游人数增长率 17.3 个百分点，旅游经济效益和质量进一步提升。

在这背后，是旅游与文化、体育的加速融合。在沉浸式数字光影黎锦文化幻境秀中感受黎锦的千年魅力，在游戏、电竞、动漫的线上 IP 与线下实景体验中体验文创的多元互动……2020 年下半年，从黎锦秀到文创节，从艺术演出到音乐节，丰富多样的文化活动有力拉动海南旅游消费。以 2020 海南草莓音乐节为例，两天的音乐狂欢共吸引 6 万多名乐迷会聚陵水清水湾，享受"音乐＋旅游"度假新体验。

2020 第十一届环海南岛国际大帆船赛、"千里传骑 智慧骑行"2020 环海南岛骑车接力挑战赛……一场接一场的体育赛事同样呈现出强大的"磁吸"效应，吸引着热爱运动的人们在海南享受健康生活方式。

六、小小消费券 撬动大市场

2022 年 4 月 29 日，《海南省促进消费若干措施》（以下简称《措施》）印发，通过八条措施激发消费潜力，拉动社会消费持续增长。

2022 年的五一期间，全省共投入超 1.2 亿元发放各类消费券超 230 万张。"省财政安排 1 亿元专项资金，全省将共投入超 2 亿元发放消费券。结合海南省的经济体量来看，力度可谓很大。"海南大学经济学院副院长、海南省开放型经济研究院副院长孙鹏说，发放消费券体现了海南对促进消费、扶持中小微企业以及提振市场信心的重视。

受消费券发放等因素影响，海南一些消费场所出现新变化。海南呀诺达雨林文化旅游区加大对消费券的宣传，所推出的一些优惠套餐实行线上线下同价，游客在享受优惠套餐的同时还能使用消费券，双重实惠吸引了不少游客前来游玩。"要让游客真正享受到实惠、便利。"海南呀诺达雨林文化旅游区市场总监符名锋说。

疫情让各地旅游业遭遇重创，景区、旅行社、酒店、餐饮等依靠客流的企业，无不面临前所未有的挑战。面对复杂多变的外部环境，海南旅游业也在负重前行，政府出台助企纾困政策，旅游从业者运用专业知识加入志愿活动，行业协会通过挖掘客源、紧跟市场热点等方式积极自救，排除万难提振产业发展信心。

七、疫情下负重前行，政府、企业携手共进

旅游业何时重振复苏，是压在每个海南旅游从业者心口的一块大石。2022年五一、端午小长假，海南旅游经济指标均有提升，市场回暖释放出积极信号，令人振奋。

数据显示，2022年端午假期，海南省旅游接待游客人数132.98万人次，实现旅游总收入12.44亿元，订单总量相较清明增长85%，酒店、景区门票、乡村游订单均同比大幅增长。

在做好疫情防控的前提下，全省旅文系统勠力同心，深入挖掘本地客源，开展丰富多彩的文旅体活动，进一步激活旅游市场活力，为海南旅游业复苏重振做足文章。

海南省旅游和文化广电体育厅2022年5月推出《促进旅游业恢复重振超常规措施》，实施精准纾困、精准营销、精准防疫，并集中在6、7、8三个月在岛内外旅游市场强力推出"十大主题活动"，带旺市场。此外，海口、三亚、定安、五指山、文昌等市县分别推出"向海而歌，活力海口"城市海岸派对、"惠聚椰城 嗨够夏日"电子消费券、"乐游三亚"旅游消费券、"100万惠享定安"消费券、"乐享红包 约惠山城"、"惠聚文昌 乐享千万"等线上线下活动。

要说2022年最火的旅行方式，非露营莫属。海南的旅游企业也紧抓机遇，针对时下年轻人喜爱的露营等旅游方式，纷纷推出相应的旅游产品吸引游客。

如天涯海角游览区打造极玩地球·天涯营地等两种主题的露营地，在《你好生活》《一起露营吧》等热门综艺节目加持下，景区的露营业态持续升温；蜈支洲岛景区将时

下年轻人喜爱的电竞与精致露营相融合，吸引了一批喜爱户外的年轻客群。

八、超常规政策出台，旅游产业提振有望

2022年6月5日，海南省印发《海南省超常规稳住经济大盘行动方案》（以下简称《行动方案》），吹响了海南稳住经济大盘的战斗号角，围绕旅游业、现代服务业等四大产业开展提振行动。

海南省商务厅自由贸易港改革发展处处长张富明表示，安排2000万元资金发放离岛免税消费券，持续加强离岛免税购物促销，对完成离岛免税销售年度目标任务的经营主体给予一定的销售奖励。支持海口市、三亚市等旅游热点城市对旅客入住酒店给予一定补贴，同时完善配套服务，提高旅客消费体验。

根据海南省对中小微企业纾困解难措施，2022年海南省财政将安排5000万元资金，专项用于稳定旅游消费市场。为了充分用好用足专项资金，支持海南重点旅游企业纾困解难，6月21日，海南省旅游和文化广电体育厅发布《海南省旅游企业纾困解难稳定旅游消费市场工作实施方案》（以下简称《方案》）。根据《方案》，海南将对受疫情影响较为严重的A级旅游景区、椰级乡村旅游点、旅行社、星级饭店、乡村民宿等旅游企业给予纾困补助，促进旅游消费市场有效复苏。

据了解，海南将细化扶持方式，对符合条件的A级旅游景区、椰级乡村旅游点、旅行社、星级饭店、乡村民宿等旅游企业，分门别类进行扶持。

其中，对A级旅游景区和椰级乡村旅游点将按照企业用工人数，以每人1600元的标准发放一次性稳岗纾困补助。A级旅游景区每家补助最高不超过180万元，椰级乡村旅游点每家补助最高不超过30万元。

旅行社方面，海南将对接待量前100位的旅行社给予纾困补助。根据海南省旅游电子行程监管服务平台2021年6月至2022年5月31日的接待游客数据，对第1~30名补助15万元，第31~60名补助11万元，第61~100名补助9万元。同时，还将对开拓入境旅游市场业绩突出的旅行社给予纾困补助，对符合相关条件的旅行社给予30万元纾困补助。

"企业是我们的衣食父母，为企业发展提供良好的营商环境，当好'红娘''保姆'和'店小二'，就是我们的职责所在。"7月20日下午，海南省旅游和文化广电体育厅厅长李辉卫在海南省优化营商环境"政企业面对面"厅局长接待日（旅文专场）上表

示，不但会把"面对面"所有的企业诉求处理好，还要把海南省优化营商环境工作专班反馈的每一个问题解决好。据悉，在帮助企业纾困的同时，海南省旅游和文化广电体育厅通过政策和产业引导等推动海南旅游实现高质量发展。

九、解决企业诉求，出台政策切实助企业纾困

面对企业提出的具体困难和问题，海南省旅游和文化广电体育厅相关处室一条条、一项项给予了详细解释和说明，并对刚刚下发的《海南省旅游企业纾困解难稳定旅游消费市场工作实施方案》进行了专门政策宣讲。据悉，结合海南省实际情况，扶持对象主要是受疫情影响较为严重且对稳定旅游消费市场贡献较大的 A 级景区、椰级乡村旅游点、旅行社、星级饭店和乡村民宿等旅游企业，扶持金额为 5000 万元，将分别按照相关规定和标准进行资金补贴。目前已经启动申报工作，评审工作正在有序推进中。

两年多来，海南旅游的关键词，从"停滞""重创"变为"转型""突破"。产业运行变化的背后，不仅彰显出我国经济的强大修复能力和旺盛生机活力，更凸显出海南自贸港建设蓬勃展开的强劲态势以及高质量高标准打造国际旅游消费中心的坚定步伐。

供稿人：文旅中国　邱　慧

青海省文化和旅游厅助企纾困"及时雨"持续落地 为行业稳步复苏注入"强心剂"

文旅产业是青海省带动扶贫帮困的重要产业，面对新冠肺炎疫情带来的冲击，面对疫情对文旅企业带来的持续冲击，青海省文旅系统认真学习贯彻国务院关于稳经济一揽子措施相关会议精神和进一步加大对中小企业纾困帮扶力度有关政策，坚决贯彻"疫情要防住、经济要稳住、发展要安全"重大要求，坚持靠前发力、务实给力，在精准实施疫情防控措施的基础上，把促复苏与增后劲结合起来，制定强有力的激励政策和综合措施，为文旅企业纾困解难、恢复发展注入"强心剂"。按照"两手抓、两促进、两不误"原则，坚持"稳"字当先，打出系列组合拳，有序推动文旅企业纾困发展。

一、青海省文化和旅游厅打出政策"组合拳"
全省各地纾困政策齐发力

2022年青海省争取国家文物保护资金预算1.6亿元，国家非遗保护资金预算3605万元；联合青海省财政厅出台《青海省省级文化和旅游发展专项引导资金管理（试行）办法》，提前下达2022年省级文化旅游发展专项引导资金1.89亿元，通过贷款贴息、先建后补等方式，支持文旅企业项目建设；在政策引导下严格执行暂退质保金、缓交保证金政策，为478家旅行社暂退质保金8080.9万元，新一轮的质保金暂退工作正在有序推进中；积极落实《青海省旅行社使用保险交纳旅游服务质量保证金试点工作方案》，协助全省79家旅行社办理质保金保单，释放质保金额度1106万元，成为全国第三个试点项目落地省份；联合省地方金融监管局召开金融支持打造国际生态旅游目的地建设银企对接会，向合作金融机构推送贷款项目196个，融资需求30亿元，达成初步融资意向 6.5 亿元，争取流动性支持和专项贷款支持，促进文旅企业平稳发展；发布《惠企政策汇编》，帮助文旅企业用好用活用准惠企政策；坚决落实各级领导干部包联重点企业、建立服务企业"快速通道"和解决问题"绿色通道"机制，制定"一企一策"，及时掌握解决重点文旅企业生产经营和项目建设中遇到的难题，努力实现稳增长、促发展；召开全省红色旅游工作座谈会，推动红色旅游成为旅游业新的增长点；策划"中国旅游日　青海在行动"系列活动，并以此为契机在青海全省文旅行业共推出 30 条优惠措施。

除相关惠企政策外，青海省文化和旅游厅通过印发《2022 年青海省文旅消费券发放活动总体方案》，持续开展文旅惠民消费主题活动，释放文旅消费潜力，激发文旅市场活力。近期通过"云闪付""携程网"等线上平台分批分期发放涵盖旅游景区、旅游住宿、旅游演艺、文旅产品、旅游线路产品等领域的文旅消费券 2000 万元，有效引导、激发和释放文旅消费市场活力，通过政府补贴的形式，调动更多消费者走进青海，畅游青海，弘扬和传承优秀传统文化，体验和感受生态旅游魅力，活跃文旅市场，促进文旅消费，助力打造国际生态旅游目的地。2022 年 6 月 22 日至 7 月 12 日，通过"云闪付"发放消费券（含通用消费券、星级饭店主题消费券、"花儿"演唱会主题消费券）30.35 万张，领取 11.64 万张，核销 3.31 万张，惠民补贴 167.71 万元，直接拉动消费 452.13 万元。通过携程平台发放酒店住宿、景区门票、度假线路和机票火车票等文旅消费券，领取并核销 4.05 万张，惠民补贴 371.41 万元，直接拉动消费 1674.09 万元。共计惠民补贴 539.12 万元，直接拉动消费 2126.22 万元。

青海全省各地的文旅行政部门也积极做出应对，在国家、省级各类纾困政策的基础上，更加贴合本地实情、扶持力度加码，通过持续放大政策"叠加效应"，有效解决文旅企业急难愁盼问题。

西宁市印发助企纾困十大行动方案，实施文旅活力提振行动。继续实施旅行社暂退旅游服务质量保证金扶持政策，对符合条件的旅行社按 100% 的比例全额暂退；对 2021 年 1 月至 2022 年 4 月贷款的旅行社给予全额贴息；对全市星级饭店按五星级、四星级、三星级分别给予 8 万元、5 万元、3 万元一次性补助；对国家级、省级乡村旅游重点村分别给予 10 万元、5 万元一次性补助；发放文旅消费券 100 万元；建立旅游业以奖代补纾困措施，通过贷款贴息、先建后补、奖励等方式，对取得国家和省级重大旅游品牌及在西宁市旅游业发展中业绩突出、示范性和带动性较强的优秀旅游企业和重点项目等给予奖补或贴息；鼓励机关企事业单位将符合规定举办的工会活动、会展活动等事项交由旅行社承接；建立中小微旅游企业融资需求库，对符合条件的、预期发展良好的旅行社及旅游演艺等领域中小微企业加大普惠金融支持力度。

海北州出台加快文旅行业恢复发展十条措施，涵盖政策解读、活动引流、产业扶持、金融支持、政府购买服务、基础设施建设、项目要素保障、市场主体培育、人员培训、吸纳就业等方面，扶持受疫情影响的文旅企业渡过难关。鼓励文旅企业开发特色旅游产品，创新营销手段，扩展客源市场，对参加省外活动的文旅企业给予补贴，对获奖的企业给予补助；加大州级产业扶持引导资金用于旅游产业比重；加大对文旅企业的有效金融供给，文旅企业信贷风险按 30% 予以补偿；鼓励机关、企事业单位将会议、会展、培训等业务委托州内旅行社、星级饭店等企业承办；优先将文旅项目用地纳入土地利用总体规划和年度用地计划，加快文旅项目审批和资金拨付进度；组织开展"订单式"培训；在文旅企业设置就业见习岗位，对吸纳未就业大学生就业的给予补贴。

格尔木市出台实施《格尔木市关于促进文旅行业高质量发展若干措施（试行）》，从支持培育壮大市场主体、丰富扩大产品供给、提升文旅综合服务能力、激发文旅消费能力、拓宽文旅宣传渠道、优化产业融合发展环境 6 个方面提出 19 条具体措施，支持文旅行业高质量发展。格尔木市财政按年度设立文化旅游产业发展专项资金，加大对文旅产业支持力度；建立健全文旅重大项目跟踪机制，将重点文旅项目纳入全市国土规划，采用"点状供地"方式破解文旅项目用地难题；对全市重点文旅企业给予扶持补助；鼓励社会资本投资建设重点景区并创建国家 A 级景区；支持文旅产品开发；支持开展大型活动、举办体育赛事活动；加大文旅惠民消费力度，推动文旅消费集聚发展；支持打造乡村旅游精品工程；鼓励社会资本升级饭店；鼓励创建自驾车营地、发展旅游汽车公司；鼓励"引客入格"；鼓励自驾游团队发展；鼓励对外宣传推介，加大新媒体宣介力度；进一步提升引才政策的针对性与实效性，引进文旅高端人才。

乌兰县制定 2022 年度文旅行业助企纾困扶持措施，符合申报条件的文旅行业经营单位均可申报文旅行业恢复发展扶持资金。对疫情期间正常经营的旅游景区、饭店、乡村旅游接待点、民宿、旅游企业等给予 0.5 万元以上、15 万元以下的资金扶持，帮助文旅行业对冲疫情不利影响，提振文旅企业主体信心，激活市场活力，增强企业发展动力，助力国际生态旅游目的地建设。

二、"稳"字当先　走访调研助推政策落实
纾困资金注入企业强心剂，激发创造新活力

为千方百计减轻疫情对文旅企业的影响，青海省人民政府先后印发了《青海省进一步激发文化和旅游消费潜力实施方案》《青海省"黄河·河湟文化"惠民消费季活动方案》，青海省文化和旅游厅制定印发了《关于一手抓疫情防控，一手抓文旅发展的通知》，安排专人服务、专项指导，用好用准用活普惠性政策，统筹推进全省文旅行业纾困发展。

面对疫情冲击、人员流动受阻的严峻形势，在青海省委省政府的坚强领导下，青海省文化和旅游厅紧紧围绕党中央关于"疫情要防住、经济要稳住、发展要安全"的明确要求，根据青海省委、省政府的安排部署，青海省文化和旅游厅先后组织召开全省重点文旅企业应对疫情座谈会、文化和旅游经济形势专题分析会、复工复产复学工作推进会等多个会议。通过实地走访调研、问卷调查、座谈交流，全面了解掌握全省各地文旅行业复工复产面上、面下情况。在梳理、汇总国家、青海省委省政府及相关部门出台的财税、金融、社保等一系列扶持政策后，通过新媒体平台、服务电话、现场办公等方式，帮助文旅企业理解、把握各项优惠政策和措施，及时解决文旅企业开复工中遇到的困难和问题。统筹精准疫情防控和文旅业恢复发展，积极应对疫情影响，把文化和旅游工作放在稳就业、保民生、促发展的高度，千方百计为大局分忧、为发展出力，推进全省文化建设和旅游发展取得积极成效。全省文旅行业复工率达到100%。

青海省的文旅企业以小微企业为主，市场发育不足、抗风险能力差。疫情导致的经营收入骤降、资金链紧张，使得一些企业生存堪忧。充分意识到这一问题后，青海省积极组织文旅、发改、财政及省内金融机构落实纾困政策，拿出真金白银，为文旅企业注入"强心剂"——及时调整文旅专项资金支出结构，集中下达文化旅游专项资金2.5亿元，其中，给121家文旅企业奖补1580万元，扶持文旅产业重点项目49个下拨资金1.25亿元，支持乡村旅游及旅游扶贫建设项目153个下达资金总额2000万元，为39家中小微旅游企业落实贷款贴息900.9万元。向青海省内金融机构推送全省文旅行业意向贷款企业和项目193个，融资需求85亿元，促成合作项目100余个，助企融资近20亿元。为276家旅行社暂退80%旅游服务质量保证金5624万元，有效提振了

文旅行业信心。

成立于 2005 年的互助县土族纳顿文化旅游开发有限公司一度面临严重困难。2021年 8 月 24 日，青海省文化和旅游厅产业发展处联合省文化产业发展指导服务中心到互助县土族纳顿文化旅游开发有限公司实地走访调研。

在座谈会上，互助县土族纳顿文化旅游开发有限公司负责人介绍了企业生产经营状况，自 2021 年新冠肺炎疫情发生以来，企业面对经营状况不佳，亏损近 500 万元的情况，积极申请银行贷款，用于发放员工工资和福利，努力构建和谐劳动关系，维护社会稳定。下一步，企业计划依托打造习近平生态文明思想实践新高地、国际生态旅游目的地的有利契机，深入发掘民族团结文化和土族民俗特色文化内涵，并通过传统技艺制作展示、非遗节目表演，弘扬中华民族优秀传统文化，并依托土族故土园旅游景区的集聚优势，大力开发研学旅游产品，推动企业高质量发展。受惠于国家到地方政府出台的惠企政策和举措，互助县土族纳顿文化旅游开发有限公司从 2020 年 1 月至2021 年 3 月税收减免 39 万元，2020 年社保费减免 9.5 万元，并得到了青海省文化和旅游厅 270 万元项目补助资金支持。此后该企业创新发展思路，推进企业综合改造提升工程实施，构建特色经营管理模式，使企业绝处逢生。

在旅游服务业强势复苏的背后，一方面是疫情后长期压抑的消费需求不断释放，另一方面也是政府支持政策成果的一次集中体现。

7、8 月份正是走进青海大通回族土族自治县边麻沟万花谷的好时节，美丽的花田映入眼帘，清甜的花香沁人心脾，还有各种农业种植、民俗文化观光给游客带来了淳朴的生活体验和趣味。"今年疫情期间，税务部门给我们的扶持力度特别大，今年上半年合计减免税额 20998.78 元，盘活了资金，这样就可以将更多资金用于发展农业旅游啦！"万花谷生态旅游开发有限公司法人李培东介绍。

大部分像万花谷生态旅游开发有限公司一样的小微企业及个体工商户，由于经营规模较小，抗风险能力弱，再加上房租、水电气费等硬性支出压力较大，一旦外部风险来袭，受到的冲击很大。针对企业提出的政策扶持、发展困境等问题，青海省文化和旅游厅产业发展处下一步将加强对接、精准服务，为企业生产经营纾困解难。一是用好省级文化和旅游产业发展专项引导资金支持企业进行公共服务设施升级改造，提升企业竞争力。二是引导企业积极融入文化和旅游产业融合发展示范区、集聚区、产业园区等，争取政策优惠。三是及时将企业纳入青海文旅消费平台特邀商户名单，挖掘市场潜力。四是积极主动同财政、税务、供水、供电、供气等单位和企业沟通，落实企业帮扶措施。

三、危机中育先机、变局中开新局
乘利好政策之东风，探索文旅消费新趋势

盘活服务业、旅游业，是稳就业、推动经济复苏的重要途径。2021 年 6 月，国家税务总局青海省税务局发布公告自 2020 年 4 月 1 日起至 12 月 31 日，继续调减青海省定期定额个体工商户月核定营业额的 90%；商业银行等金融机构创新推出额度适中、利率优惠的"租金贷"，或者通过信用卡推出各类分期产品，帮助市场主体解决租金及流动资金难题。企业也在政策导向下积极开展一系列的自救活动。青海龙羊峡景区努力寻求开源办法，巧妙利用新媒体直播的形式，令景区多个地点成为网红打卡地，在扩大知名度的同时，也增加了产品预售。同时，为创建国家 5A 级旅游景区，该景区在内部管理和建设方面也不断改进。

五一假期，位于青海省海南州境内，依托龙羊峡水电站周边打造核心景观的龙羊峡生态旅游景区也受到疫情的冲击。

"4 月初发生疫情的时候，我们就开始筹划切实可行的自救措施，首先就是利用网络直播的形式进行宣传。"龙羊峡景区总经理程保明说，"因为景区处于黄河流域，景色比较独特、震撼，直播的形式让大家产生了新鲜感、刺激感，所以宣传产生的影响还是挺大的。"

通过网络直播，位于龙羊湖畔的湖景民宿、自驾车旅居车营地——红柳庄园成了网红打卡地，不少青海当地的主播慕名而来，加入直播大军。"二黑"是青海省西宁市有着 140 万粉丝的才艺主播，看到龙羊峡景区的直播后，他特意赶了过来，以景区的优美风光作为背景，与很多外省市的主播连线互动，连续进行了 3 天直播。达人主播"青海孨宝子"也专门跑到景区拍摄了两天，并录制旅游攻略，发布了一系列视频作品。

"对于短视频直播，我们以前没啥经验，也是刚开始学着做，没想到因为资源优势形成了连锁反应，吸引了很多主播加入，让关注景区的人渐渐多起来。以前可能大家只知道龙羊峡水电站，现在也慢慢知道龙羊峡景区了。"程保明说。

疫情防控期间，龙羊峡景区还抓住时机，补齐短板，苦练服务"内功"。据介绍，面对西北地区旅游景区游客接待服务质量不高、影响游客满意度的现状，2021 年 6 月，

景区专门邀请了青海宾馆礼仪专家对景区员工进行了连续 5 个月的服务礼仪专业培训，直到现在还延续着培训的课程，力争以全新面貌迎接游客。

"以前我们的服务内容不规范、不系统，面对游客，有些员工会说，有些不会说，还有些不敢说。通过专业培训，突破了员工不敢张嘴的心理障碍，还通过语言上、肢体上的规范来解决一些员工不知道怎么说的问题。"程保明说，"比如，游客上了游船该怎么介绍都是有规范的。我们希望让游客体会到，虽然乘坐的是游船，但是却有享受航空服务的感觉。"

龙羊峡景区还通过美化环境，不断提升景区的硬件服务。龙羊峡景区地处小高原，年降水量 289 毫米，蒸发量是 2390 毫米。因为紫外线强、光照强度大，导致雨水蒸发量大、干旱，两岸寸草不生。为此，景区员工在地上铺上石头，在石头缝儿里种上当地的红柳、白刺等植物来减少水分的蒸发。

"这项工作相当于做了一个小的生态保护。旅游淡季不适合干这个活儿，旺季时游客来了又比较忙，就在疫情期间组织员工做点力所能及的事情，不断改善环境。"程保明说。

据记者了解，为了帮助旅游景区等文旅企业有效纾困，当地也采取了多项惠企措施。如五一前，海南州文体旅游广电局精心组织了海南州本地游活动。此外，相关部门还在财税方面提出延缓缴纳或补贴政策，在企业融资方面也提供了政策支持。"在海南州有关部门的帮助下，不久前，景区获得了中国银行流动资金贷款 500 万元。目前正在走批贷流程，相信很快就能拿到贷款。"程保明说。

在疫情防控常态化背景下，龙羊峡景区接下来会怎么做？程保明说："我们已经做好了打持久战的准备，新媒体直播目前取得了一些成绩，我们希望继续做下去，不断扩大景区的影响力并进行产品预售。另外，为了创建国家 5A 级旅游景区，我们会在景区的内部管理和建设方面不断改进提升。"

供稿人：文旅中国　袁　铭

行业篇

新时代　新形势　新机遇

——康旅控股集团奋力走出创新发展之路

康旅控股集团有限公司（以下简称"康旅集团"）是河北省领先的文旅企业，深耕文化和旅游三十年来，在国家政策的指引和各级政府的领导下，始终秉承"创造文明、服务民众，康旅品质、匠心智造"的企业信念，从以"康辉旅游"为主体的旅行服务商发展为文旅全产业链集团公司。现拥有全资及控股公司30余家，职工1500人，拥有旅游规划、城乡规划、旅行服务、风景园林和建筑设计、工程咨询、市政工程、建筑工程、文化传媒、餐饮管理等行业高等级资质。

一、疫情前后基本情况

疫情前，康旅集团近50%的年产值来自传统旅行服务业务，凭借着丰富的旅游资源和标杆级的服务能力，占据了河北省出境游市场超70%的份额。然而，疫情的暴发且持续近三年的绵延，给各行各业都带来严重冲击，旅游业更是损失严重，康旅集团的传统旅行服务业务遭遇断崖式下跌，产值逼近于零。

（一）稳就业，保民生，勇担当

严峻的形势下，河北省文化和旅游厅、石家庄市文化和旅游局第一时间给到文旅企业支持与帮助。特别是河北省文化和旅游厅那书晨书记一行，在2020年1月25日疫情防控关键期，第一站就到康旅集团调研指导疫情防控和复工复产工作，指明方向，传递信心和温暖。在各级党委、政府的指导和支持下，康旅集团充分展现企业担当，率先在全国旅行社业界发布防疫措施公告，取消旅游行程、退还游客费用，24小时不间断处理后续事宜，在妥善周密的安排中，无游客在康旅集团服务期间感染新冠，无重大投诉，无安全事故。同时，康旅集团代表河北省文旅系统所有同仁，向武汉市文化和旅游局捐助 30 余万元防疫及生活物资，用在武汉最急需的抗疫一线；在集团内部明确提出"不让一个人掉队，不放弃每一名员工"，妥善安排转场复工，让导游、计调、同业销售等岗位员工参与到旅发大会会务组织、景区招商运营中……没有一个员工因疫情掉队。康旅集团被河北省委、省政府授予"河北省抗击新冠肺炎先进集体"。

（二）纾困局，育新机，促发展

疫情下，国家和省、市相继出台一系列助企纾困政策，为广大市场主体发展注入源源动力，为经济的平稳运行提供了有力支撑。康旅集团享受到了留抵退税、研发费用加计扣除、旅行社退还质保金、社保减免、专项资金、房租减免等政策红利，共计 2000 余万元，切实为企业输血减压。同时，紧跟国家政策趋势和导向，依托文旅企业优势，康旅集团不断延伸产业链条，在城市更新、乡村振兴、会议会展、职业教育等领域实现创新突破，荣获"中国创新型文旅集团""河北服务业创新领先企业 50强""国家级高新技术企业""河北省产教融合型企业"等荣誉，走出了一条新型可持续发展之路。

二、创新举措及工作成效

（一）紧随国家政策，以创新的力量推动区域经济发展与文旅产业发展

2020 年，中央发行抗疫特别国债并密集出台多项金融政策，以支持地方发展。康旅集团秉承"科技引领、创新驱动"的发展理念，组建涵盖金融、产业经济、城乡规划、旅游、建筑、文化艺术、信息技术等领域近 300 人的行业专家团队和科技创新人才队伍，深入研究国家、省市政策，为河北省 20 余个县（市、区）提供专项债券和产业引导基金全过程咨询及融资服务，自 2020 年至今，已累计融资额超过 100 亿元，现已落地实施约 50 亿元，为地方经济的振兴发展及文旅行业的复苏发挥积极作用。

同时，康旅集团于 2021 年 2 月成立技术创新中心，参与了由河北省文旅厅主导的《旅游休闲购物街区质量评定》《旅游交通引导标识设置规范》等标准和规范的制定；完成课题研究 80 余项，申请专利、软件著作权等知识产权 200 余项；共建文旅数字化、公共设施智能化 2 所实验室；自主研发河北省文旅行业首个经河北省发改委批准的数字化领域应用示范项目——"康旅大数据综合服务平台"等，通过科技引领助推集团转型升级的同时，推动文旅产业高质量发展。

（二）发挥文旅产业优势，走出一条"文旅融合为城市更新、乡村振兴赋能"的创新之路

2017年，河北省在全国首创"1+13+X"旅发大会新模式，即旅发大会与城市更新、乡村振兴、脱贫攻坚等国家政策紧密结合，成为推动经济社会全面发展的重要平台。康旅集团作为多届多地旅发大会的参与者、推动者和建设者，2020年以来，以旅发大会为契机，充分发挥文旅产业"既懂文化又懂旅游"的优势，秉承"以文为脉、以人为本、以生态为先、以产业为基"的建设理念，为多个区域的乡村振兴、城市更新和新型城镇化建设助力。

2020年，全面参与第六届石家庄市（元氏）旅发大会的规划设计、建设和会务接待，完成元氏县75000多平方米城镇面貌改造，500余处公共服务设施建设，80公里景观营造。通过"城市品质提升、基础设施完善、数字城市建设、文旅业态提升、特色观摩线路、会务会展活动"等民生系统工程，将"办一次会，兴一座城"的目标落到了实处，所在之处城乡面貌焕然一新，全面提升城市竞争力和文化辨识度，推动构建宜居宜业宜游新格局。

2021年至今，为歌曲《团结就是力量》诞生地西柏坡北庄村进行村容村貌提升，助力北庄村以红色旅游书写乡村振兴新篇章；率先接受河北省会石家庄13条街道的改造提升任务，以"石家庄城市记忆"为亮点的样板街——东风路，多次被央视报道，为省会及全国的城市品质提升作出优秀示范；通过生态治理、基础设施提升、人居环境整治以及优势产业梳理，完成西柏坡镇及片区16个村、元氏县11个村等多个村提升工作；更是规划、承建了体量超10亿元的"井陉绵蔓河湿地乡村振兴经济带项目"，有效改善绵蔓河流域生态环境，成为省会拥河发展中生态风光最美、乡村振兴最快、群众受益最多的经济带。

（三）突破传统景区模式，自主开发文旅融合新业态，建构"美好生活"

在脱贫攻坚、乡村振兴国家战略引领下，康旅集团践行文旅企业的责任与担当，突破传统景区开发运营模式，秉承"以生态为先打造绿水青山、以红色根脉传承红色基因、以产业发展助推乡村振兴"三大理念，在革命圣地西柏坡腹地曾经的贫困村——柏里村，倾力打造高端休闲生态度假之地——西柏坡柏里水乡。为几十户村民建新村、迁新居，并为周边村民提供柏里水乡生态建设、安保环卫等岗位，引进多种当地特色业态，帮助村民大幅增收；在这片土质贫瘠的片麻岩地带，换15万方种植土，建3万平方米护坡和3公里水土防护挡墙，种植松、竹、梅、桐、槐、柳等100多种品类近 30 万棵树木，大幅提升生态碳汇能力，绘就革命圣地生态明珠；在这个"新中国外交从这里走来"的中央外事组旧址，成立专家团队考证历史，建设中国外事外交展馆，纵览中国外交近现代历程，柏里水乡成为脱贫攻坚和乡村振兴的典范、生态建设的典范、传统文化与红色文化传承的典范。

疫情下，西柏坡柏里水乡抓住近郊微度假、露营休闲的趋势，重点推出可依筱筑、竹逸居、童趣部落等花乡间精品民宿群，中国外事外交展馆、柏里书院、柏萃林萌宠乐园等"五色"研学教育体系，及湖畔露营、红土网球场等户外休闲特色业态，倡导"遇见美好生活"。从 2022 年 5 月 1 日开始测试运营，到 7 月 15 日正式开业，运营两个月以来，接待游客人数超 10 万人次，举办活动 133 场，200 多间民宿火爆预订，赢得各级政府、社会各界及市民的一致好评，并在石家庄市特色商业街区观摩评比中成绩优异，名列前茅！引领全新消费体验，定义文旅融合业态新概念，成为文旅融合新高地！

此外，康旅集团将产业发展与生态环境提升结合，2020 年 7 月自主开发运营特色美食文化商街——元味巷，将元氏县殷村存在了几十年的臭水沟建设成了"石家庄市特色商业街区"，打响当地美食文化名片；康旅集团还在井陉县中国传统村落红土岭自主投资开发建设融民宿度假、文化体验、生态观光、农事体验、户外运动为一体的太行山巅生态野奢民宿度假综合体，"品察大地，仰望星空"，以旅兴业，致力于满足人民群众对美好生活的向往。

（四）借政策东风，开拓会展业务，开创旅游服务转型新方向

"产品是基础，质量是生命，服务是灵魂，安全是保障"，是康旅集团坚守近三十年的服务理念。疫情之下，依托深耕旅行服务业多年的综合优势，康旅集团将高水准服务管理体系延伸至会议会展、餐饮管理等业务，特别是构建了"会议会展＋品牌规划＋公关策划＋整合营销"的一站式会议会展服务模式，圆满完成多届省、市级旅发大会会务活动。

河北省文化和旅游厅积极出台并落实系列纾困政策，助力本土文旅企业拓展会展活动等业务。康旅集团承办中国吴桥杂技艺术节、全国文化科技卫生"三下乡"集中示范活动、2021 全国旅行商大会、"5·19 中国旅游日"河北分会场等大型会展活动。其中，在 2020 年第六届石家庄市旅发大会中，康旅集团首次采用 1+5 主分会场模式，线上、线下相结合，实现 2.3 亿人次观看全景云观摩和 5 万人次参与云直播带货，成绩斐然，体现康旅品牌级服务的同时，也为疫情防控常态化下的传统旅游服务业转型发展开拓了新方向。

（五）开创职业教育新体制，推动文旅产业可持续发展

康旅集团积极贯彻落实习近平总书记关于"加快构建现代职业教育体系，培养更多高素质技术技能人才、能工巧匠、大国工匠"的重要指示精神，与石家庄铁路职业技术学院合作建立河北省首批职业院校股份制混合所有制办学试点——康旅产业学院，深度践行"产学研用"理念，实行校企双师培养模式。康旅产业学院于 2020 年开启全日制招生，截至目前，拥有全日制在校生 3000 余名，涵盖会展策划与管理、智慧景区开发与管理、酒店管理、大数据与会计等多个专业，将企业需求融入专业规划、课程建设、教材开发、教学设计、实习实训等环节，为行业培养更多高技能、应用型人才。

凭借丰富的办学经验、完备的产业链条，康旅集团在"十四五"期间将独立举办高等职业院校"石家庄康养职业学院"，旨在将其建成为以"文旅＋康养"为特色的高素质技术技能人才培养高地，成为文旅康养产业的开发中心、创新推广中心、实践中心。预计在"十四五"末全日制在校生规模突破 8000 人，谱写文旅产业与教育融合的新示范、新篇章。

三、总结与思考

"唯一不变的，是一直在变"——创新，已经成为康旅集团发展近三十年来不变的课题。"科技引领，创新驱动"也是康旅集团坚持多年的企业理念。也正是基于此，才能在疫情冲击之下快速谋新局、开新篇，通过创新走出"科研＋咨询＋规划＋设计＋建设＋运营＋教育"的文旅产业可持续发展之路。总结来看，有以下几点思考：

一是要始终坚持政策导向，坚持文旅产业的高站位。不仅要实现文化和旅游之间的深度融合，更要在国家政策导向下，以文旅融合后 1+1 ＞ 2 的效应，为国家重点发展的领域贡献文旅力量。

二是要紧随时代趋势，始终保持创新姿态。文旅企业也要时刻关注社会发展的趋势变化，如疫情下大众消费心理的变化、服务场景的变化等，才能在危机中发现机会，才能化被动为主动，保证企业发展不掉队。

三是要始终坚守服务品质。无论是旅行服务，还是乡村振兴、城市更新、景区运营、会议会展、产业教育，都要狠抓服务品质，不断提升专业水准，确保优质服务水平，这是企业能够持续发展的基石。

四是要坚持人才建设。优秀的员工队伍是企业发展的不竭动力，尤其是在疫情期间，更是要积极组织培训、提升员工职业技能，培养复合型人才，为企业转型发展积蓄力量。

总而言之，"守得云开见红日，拨开云雾见明月"，随着疫情防控常态化下的"双循环"经济新格局的形成，文旅行业依然站在经济发展、大众消费领域的潮头，有着无限的发展活力与美好的明天！全国文旅系统同仁要坚信：

开放永远出思路，融合永远有力量；

创新永远有活力，文旅永远有希望！

供稿单位：康旅控股集团有限公司

共克时艰，疫情面前逆行发展
突击破局，奋进笑看春暖花开

——牡丹江渤海靺鞨文化发展有限公司创新发展案例

一、基本情况

牡丹江渤海靺鞨文化发展有限公司是黑龙江省的一家以国家级非遗项目——渤海靺鞨绣为主导，以满文化为专业品牌，集非遗传承与保护、生产、研发、设计、销售柞蚕丝绸产品于一身的民族文化企业，公司成立于 2011 年，主营渤海靺鞨绣刺绣系列产品及民族工艺品。公司以弘扬中华传统文化为使命，以传承保护非遗为己任，锐意创新、健康发展，把非遗刺绣与现代艺术无缝对接，让非遗文化与现代科技完美融合，全力打造民族手工艺非遗品牌。连续 3 年被黑龙江省文化厅评为先进单位，成为黑龙江省非遗文化产业的领军者，让满族刺绣——渤海靺鞨绣成为响当当的中国非遗品牌。

2019 年，新冠肺炎疫情突然暴发，对世界经济造成了巨大的影响，对公司的生产经营也同样造成了毁灭性的打击，企业生存面临着严峻的考验。资金链断裂、没有经济收入，企业处于前所未有的困难境地。在困境当中，是沉沦，还是抗争，公司义无反顾地选择了后者。冷静面对疫情，积极寻求出路，探索破局办法，开启自救模式。根据市场大环境、大气候变化调整战略和战术，通过采取改变生产方式、降低成本、线上经营、延伸产品、创新模式和产品的方式积极填补市场缺口、改变商业模式等一系列措施，逆行发展，走出了一条疫情防控常态化下非遗文化产业创新发展的新路，推动企业复苏发展。

牡丹江渤海靺鞨文化发展有限公司作为一家非遗文化企业，其经营收入主要包括刺绣产品的销售收入和培训学校的学员培训收入。疫情的暴发，对于公司的影响非常严重。

按照市政府要求，作为产品销售的展销中心，牡丹江渤海靺鞨绣博物馆歇业，不接待客户参观，导致销售工作停滞，没有任何销售收入。旗下的牡丹江渤海靺鞨绣职业培训学校也按照政府要求停课，企业没有了收入来源。而企业经营场地的租赁费、水电费和员工的工资等各项支出却都需要正常支付。同时为了防疫，公司每天对经营场所都要进行消杀，增加了费用支出。一面是公司没有收入来源，公司处于亏损状态，一面是各项费用支出都需要钱，公司的资金链断裂，公司生存面临着极大困难。

二、典型做法及成效

（一）居家生产，化整为零，防疫生产两不误

2019 年疫情暴发毫无征兆，极其突然。为了抗击疫情，国家采取了紧急措施。疫情暴发正值中国的传统节日春节时期，正是公司的销售旺季，公司有大量订单需要履约。而因防疫需要，必须减少人员聚集。公司产品为纯手工制作，根据这一特点，结合实际情况，公司果断采取了居家生产的应对措施。梳理公司现有的订单及订单加工任务的完成情况，科学排定生产计划。按照生产计划将生产任务进行分解，公司的1000 多名绣娘人人身上有指标，各自按照应完成的加工任务指标，把刺绣图纸和刺绣原材料拿回家，在家里进行刺绣加工生产，由公司定期集中回收产品，通过这项措施，既避免了人员的聚集，又保证了公司的正常生产进度，保证了工期，确保订单能够按时交货，避免了因不能按时交货造成合同违约而造成的公司经济损失。

（二）开源节流，降低成本，千方百计搞创收

公司业务的主平台是牡丹江渤海靺鞨绣博物馆，牡丹江渤海靺鞨绣博物馆是一所免费开放的公共场所，为了响应政府防疫号召，支持政府全民战疫，博物馆很长时间处于关闭状态，无法接待客户和参观者，没有任何销售收入。受此影响，公司的其他业务量也呈断崖式直线下滑。为了改变这种局面，降低疫情造成的负面影响。公司积极开源节流，在确保按时交付订单的前提下，采取了一系列措施进行开源节流，降低成本，增加创收。

一是通过采取对客户进行电话回访的方式与客户进行沟通，征求客户意见，了解客户需求，积极开拓业务。

二是在市区内采取免费送货上门的方式进行销售，只要是在市区的客户下单，指

派专人送货上门。

三是加大了线上销售的力度，千方百计扩大市场份额。领导带头，所有营销人员利用抖音、快手等直播平台直播带货。

四是与文化传播公司合作，与跨境电商合作，通过他们的网红主播直播带货扩大业务。

五是开办抖音橱窗、微信小店等电商商铺，进行网上销售。

通过采取以上措施，公司在维持原有客源的基础上，有效的开拓了销售渠道，口罩、丝巾等产品销量大增。同时因为采取了居家生产的方式，减少了企业的水电等运营费用支出，降低了生产成本，取得了很好的效益。

（三）线上云端，线下市场，双轨并营拓渠道

公司通过采取居家生产的措施解决了保证产品供应的问题，通过开源节流、降低成本的措施增加了创收。公司顶住疫情影响所带来的巨大压力，在夹缝中求生存，在压力下求发展，谋求新的出路，探索新的发展端口。

一是公司及时调整了营销政策，转变观念，开启营销新模式，大力发展代理商、经销商。

因公司产品是依托国家级非遗项目满族刺绣——渤海靺鞨绣而开发出的产品，是金字招牌，必须确保其产品品质及服务质量，因此公司此前一直都采取的专营、直营方式以确保品牌的信誉。面对疫情，公司在特殊形势下转变观念，大力发展代理商、经销商，但是前提是高标准、严要求，选择具有合格资质、信誉良好的代理商、经销商进行合作，在全国范围内铺点。目前已经先后在北京、上海、深圳确定了代理商和经销商，设立了代销点。尽管因此公司需要让出一部分利润给代理商、经销商，但是拓展了渠道，扩大了市场、提高了产品社会知名度和认知度，提高了市场占有份额，一举多得。

二是公司始终注重文化和旅游产业的融合发展，把促进文旅融合发展、达到共赢作为一项重要的工作。公司在疫情期间加强了与全国各大旅游景区合作的力度，同时加大了旅游纪念品的开发力度。推出适合景区销售的适销对路的产品，将公司的旅游纪念品投放到各大景点进行销售。

在疫情缓解期间，公司与旅游景区合作"非遗进景区"。分别在牡丹江市的国家5A级旅游景区镜泊湖景区、中国雪乡、国家4A级旅游景区亿龙水上乐园、小九寨景区设立了销售展厅或是销售专柜进行销售。同时利用新闻媒体、平面媒体、网络媒体

全方位大力宣传造势，提高产品知名度，扩大影响力。

通过以上措施，公司的旅游产品在全国市场打开了局面，在本地市场打开了销路，不但提高了产品的市场知名度，也创造了很好的销售收入，起到了资金回笼、缓解企业压力的作用，让企业能够在困境中得以喘息，重整旗鼓。

三是疫情在给公司带来危机的同时，也给公司带来了发展的机遇。通过疫情对实体经济造成的巨大影响。使公司认识到了数字经济的重要性。公司通过开办网店感受到了网络销售的益处，开始向关注数字经济，兴建了数字销售体验中心，开展"云端销售"，并充分利用各种节日拟定具有针对性的营销方案，对于各种节日选择合适的产品进行主推，科学定位消费群体，科学分析消费习惯及消费能力，采取不同形式的促销让利活动；充分利用网络平台的优势加大营销力度。同时，利用制作短视频进行宣传的方式在抖音、快手、西瓜视频、今日头条等流量大、用户多的短视频平台发布作品导流吸粉，对产品加大宣传力度，扩大市场，通过线上线下共同推进，公司产品销量在逆势中上扬，取得了良好的经济效益。

（四）洞悉市场，创新发展，开发新品补缺口

疫情暴发初期，因为疫情的突发性无法预料，市场上用于防疫的口罩严重短缺，公司时刻关注市场，掌握市场动态，第一时间创新开发出普通防疫口罩和高级防疫口罩两种产品，并立即组织人力加班加点投入生产，第一时间投放市场，不仅填补了市场防疫口罩的缺口，也止住了因疫情而造成的企业效益下滑局面。当疫情发展到防控常态化阶段，公司经市场调研，对口罩产品进行了提档升级，先后开发出了"汉麻""真丝""香云纱"三种材质的"四季"系列的120种非遗口罩。这些口罩用料考究、款式时尚、图案美观、质地优良，一经投放市场即受到消费者欢迎，在全国各大商场、景区热销，产品供不应求，当年创收超千万元，如今口罩系列产品已经成为公司的主流产品，成为创收大户，成为主要的收入来源。

（五）科技融合，数字经济，紧跟时代促发展

疫情造成的生存危机对企业生存了造成危险，但是危机，在危险其中必定也潜藏着机遇。关键在于能够在危险当中抓住机遇。公司迅速调整心态，冷静面对疫情危机，在疫情中调整发展思路，规划调整企业发展方向。

一是加快产品与科技融合的脚步，不断开发高科技含量的文创产品，使得产品有了更高的经济附加值。二是大力发展数字经济，先后与上海菱非信息科技有限公司等多个科技信息公司联手，大力开发数字藏品、数字产品，并大力开展满绣藏品销售。

同时在线上对数字藏品进行全方位宣传。线下引导游客到展馆参观体验，由优秀讲解员对珍藏的满绣进行细致解读，加深参观体验者对满绣的了解和认识，并适时地向参观体验者渗透数字藏品的概念，让大众潜移默化地接受数字藏品，从而拉动满绣藏品的销售，培养了一批长期、固定的客户，为公司创收提供了稳定的保障。

三、经验启示

正如牡丹江渤海靺鞨文化发展有限公司董事长孙艳玲所说的那样："疫情无情，但我们不能坐以待毙，必须找到市场缺口，然后积极运作，才能推动企业复工复产、振兴繁荣。"

牡丹江渤海靺鞨文化发展有限公司通过改变生产方式、开源节流、创新发展、加强营销等一系列措施让企业在疫情的影响中突破重围，同时在疫情下为消费者提供了满意的商品体验和一道丰盛的非遗文化、满族文化的精神盛宴。在近三年的疫情破局过程中，牡丹江渤海靺鞨文化发展有限公司为旅游企业带来了这样一个深刻的感悟：一是"只要思想不滑坡，办法总比困难多"，不管旅游企业面对任何危机，坚定信心永远是制胜的法宝。所谓危机，是危险与机遇共存，旅游企业在危机面前只要坚定信心，转变观念，拓宽思路、勇于应对，善于化危为机，就一定能够找到破解的办法。二是"成功只青睐有准备的人"。企业要有居安思危的战略眼光，要制定长期发展的规划，并将影响企业发展的各种客观因素考虑周全，要有一套应对的办法，随时准备应对瞬息万变的市场变化及环境变化给旅游企业带来的冲击。三是"众人一心，其利断金"，企业一定要练好内功，通过技术创新和产业升级来培养自己的核心优势，不断扩大产品和服务的种类，提高产品和服务质量。大力发展自主研发创新能力，紧跟市场潮流发展，开发符合市场需求的新产品，实现产品升级换代。同时企业领导者要当好探路人的角色，提高企业团队的素质，提高学习能力、创新能力和开拓能力，从而提升企业运行效率。

供稿人：孙艳玲

深化都市旅游新内涵　发展主客同游新市场

——"春秋微游"创新案例

上海春秋旅行社有限公司（以下简称"春秋旅游"）成立于 1981 年，41 年的发展历程中，从 2 平方米的小亭子，成长为全国重要的旅游企业之一，1994 年被国家旅游局列为全国国内旅游营收、旅游人数、利润的综合排名第一名，开启了国内长线游、上海周边游、出境游以及入境游四个旅游业务板块齐头并进的局面。2005 年，随着春秋航空的首航，航旅一体化发展成为春秋集团的重要战略，2019 年集团营收达 200 亿元。

2020 年暴发的新冠肺炎疫情使占公司业务半壁江山的出境游、入境游业务被迫暂停，而国内长线跨省游也随着各地疫情变化的态势，不能长期始终稳定发展。为了稳定业务和导游队伍，也为了进一步提升企业抗风险能力和细分产品的研发、组织能力，春秋旅游开展了多种形式的积极自救，其中最有效的便是探索上海都市旅游魅力的"春秋微游"，不仅让大多数导游重新上岗，而且在"上海人游上海"的基础上，将城市资源转化为旅游资源，形成了可供主客共享的旅游产品和服务。

一、基本情况

春秋旅游在上海市文化和旅游局以及以长宁区为代表的各区文化和旅游局的支持、指导下，把目光聚焦都市，着眼"主客同游"新市场，即市民、外地和境外游客关于文化性、生活化、知识性、体验性、碎片化的共同的旅游需求，紧扣时代特色、城市特征，结合"城市行走"、利用"观光巴士"旅游慢性交通系统等多样化的出行方式，深入挖掘、整合优质旅游文化资源，坚持以文塑旅、以旅彰文，传承城市历史文脉，彰显上海文化独特魅力，探索创新文、旅、商的跨界融合，持续创新"春秋微游"城市微游精品线路，让更多市民和游客深入上海的马路、弄堂、典型建筑内，了解上海丰富的人文、历史、建筑以及民俗风情、日常生活、文化娱乐、城市更新成效等，发现和体验上海的都市之美。

在入出境旅游暂未开放，国内跨省游"熔断"机制常态下，本地旅游市场的需求则尤为凸显，春秋旅游坚持防疫第一，以游客需求为导向，积极、创新开展本地游，组织和发挥春秋导游的业务能力、主动开发新主题和新产品。匠心出精品，经过"沉浸式"的努力，"春秋微游"系列产品不断推陈出新，既获得了央视、新华社、人民网、中新社等中央媒体以及上海主流媒体的多次关注和报道，也赢得了越来越多的新、老上海人的喜爱，游客跟着"春秋微游"了解上海这座城市，也为都市旅游增添了更深入的文化和生活内涵，通过导游的讲解、游客聆听，让文化自信得到了生动实践。

二、具体做法

春秋旅游坚持"创新是发展之本"，秉持"旅游与文化密不可分，人文资源是发展旅游的基础"的理念，通过聚焦上海文化资源，发掘上海文化内涵，围绕上海三大文化品牌，红色文化、海派文化和江南文化，把文化元素融入产品、将文化情感融入讲解、让文化宣传介入平台，为旅游注入文化的底蕴，用文化提升旅游品位，不断增强旅游的体验性，促新业态升级发展。

（一）组建研发团队，深耕产品多元化发展

春秋旅游组建了由公司主要领导牵头，工作人员和专业人员组成的微游产品研发团队，以产品设计人员和导游人员两类工作人员为核心，同时辅以摄影、音乐、美术等专业人员，通过不同视角挖掘上海旅游、文化、商业等资源，进行有机融合，促进微游上海产品多元化发展。

（二）制定服务标准，推进品牌高质量发展

春秋旅游以顾客满意为目标，把标准化建设作为产品研发和企业可持续发展的基础支撑，坚持"标准决定服务、服务塑造品牌、品牌赢得未来"理念，及时将"春秋微游"产品和服务的实践成果转化为标准，制定了《微旅游服务规范》以及"红色专线观光巴士""建筑可阅读观光巴士"的《运行手册》，保障产品和服务品质，不断增强服务提供能力，促进微游上海产品和服务高质量发展。

（三）发挥导游作用，创新产品研发流程

导游在春秋微游的作用，不再是传统被动的产品和服务的执行者，而是作为微游产品和服务的核心，既是产品的设计者又是执行者，从确定产品设计主题，到实地考察、讲解词撰写、试讲测试等全过程参与，更能了解市民游客的需求、产品设计的初衷以及想要传播的人文故事。同时，鼓励导游讲解能融入个人成长和情感，丰富讲解内容，更能与游客产生交流与共鸣。

（四）注重导游培训，确保满足市场化发展

春秋旅游以不断满足市场需求作为员工培训的基本导向，培育有核心竞争力的员工，打造学习型企业。春秋微游导游通过理论培训和实地培训，强调知识性、突出趣味性、具有针对性、讲究口语化、重视品位等要求，不断提升导游服务技能，培养学术型、生动型、专业型的导游，在遵守《微旅游服务规范》的前提下，积极鼓励导游发扬个性化讲解和服务，确保满足市场的不同需求。

（五）坚持跨界合作，促进文旅商联动发展

春秋旅游通过跨界合作，充分利用各区资源优势，深入探索沿街商业、工业、企业等合作模式，积极拓展旅游与文化、音乐、艺术、交通等新元素的结合，让文、旅、商更高频地联动，资源更有效地开发。同时也推进了上海各区在本区域内推进微游，开展、协调微游资源的积极性，从而又能激发春秋微游的新一轮创新。通过与其他业态的跨界合作，让春秋微旅找到了更多维、更丰富的文旅商新视角，"+"出新业态、"+"出新成效，不断提升"微游+"的附加值，实现共享共赢，促进文旅商联动发展。

春秋微游的跨界合作，基于"主客同游"的理念，突破了传统的旅游供应商或者合作伙伴的概念，带动了城市或区的规划单位、国际社区中心、上海人民广播电台艺术中心、上海话剧实验中心等更多社会组织加入旅游服务，让市民进一步了解自己所在城市的发展细节、城市更新成效，增加外地、境外游客对上海城市发展故事的直观认知，同时结合"建筑可阅读"海派文化旅游集群，利用"观光巴士"旅游慢性交通系统，串联城市景观线、成片发展，深化旅、商、文等要素空间融合，丰富沉浸式、互动型体验，提升都市旅游观光、休闲、度假功能，塑造魅力独具、底蕴深厚、开放兼容、特色鲜明的上海城市旅游形象体系。

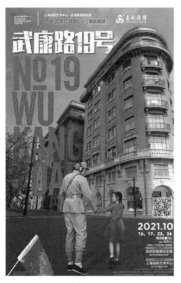

三、实践成效

目前"春秋微游"产品数量已达百余条，接待上海本地游人数 27 万人次，游客满意度基本达到百分之百，受到央视、新华社、人民网以及本市主流媒体超过百篇的报道，得到文化和旅游部、上海市政府、上海市文化和旅游局的关注与支持，并多次受邀进行专题汇报，获得了市场、媒体、行业和政府高度肯定。

2021 年春秋旅游结合上海国际舞蹈中心、程十发美术馆、上海油雕院等百年历史的虹桥路沿线文化场以及古北市民中心、上海人民广播电台等社会组织，为长宁区打造了"国际社区的美好生活"提供中文、英文、日文三种语种的讲解服务的系列产品。"春秋旅游"系列产品已成为 2022 年度长宁区公共文化配给项目，将向辖区内多个社区、学校、企事业单位进行配送。这也是上海首次将旅游产品纳入公共文化配给目录。

四、主要经验

不断创新是春秋旅游生命力所在，从创立之初到现在，春秋旅游一直着眼新需求，围绕旅游业新业态、新模式，坚持"产品为王，服务为先"的理念，不断推陈出新，致力于提供符合市场需求的产品和服务。

（一）创新微游产品，丰富旅游体验

"微游上海"系列产品，将文化、商业、旅游有机融合，产品经过不断的打磨，目前已经进行了七次更新迭代。

第一代微游，称为基本款，即围绕《永不拓宽的上海道路》，以徒步方式了解上海市城市、街区风貌和历史。

第二代微游，对永不拓宽马路两侧的商业、工业、企业做深入了解，增加骑游方式，拓宽内容和延长线路。

第三代微游，结合永不拓宽马路附近演出场所和演出节目，增加马路体验和艺术演出相结合的体验产品，加大了文化比重。

第四代微游，增强游客互动体验性，增设互动体验项目。如开展陶艺制作、木匠体验、点心制作、话剧体验、摄影微游等，既有重点历史文化讲解，也有游客亲自参与互动体验。

第五代微游，以区域文旅项目为依托，根据不同群体需求设计红色教育主题、文化体验主题、休闲游乐主题等微游产品，为区域微游制作主体性的"微游护照"，覆盖红色文化、海派文化和江南文化等上海三大文化品牌，开展"四史"学习教育的生动素材，体现了海派文化的独特魅力，为市民游客提供游览、学习和亲身体验非遗项目的传承地，提升游客体验和文明素养。

第六代微游，结合"建筑可阅读·城市微旅行"主题，围绕上海特色建筑（群），利用自身"双层观光巴士"资源，打造了"观光巴士＋微旅行"新游览方式，采用车上＋车下（站点）"人机"交换式讲解服务，针对不同时期、不同风格的建筑，讲述不同的故事，让游客聆听建筑承载的历史记忆，更是了解一座城市波澜壮阔的发展史、进步史、创新史。让建筑作为展示城市魅力的窗口，让更多的人读到、看到、听到、体验到，感受上海的历史人文气息和城市底蕴，体验上海的都市魅力。

第七代微游，结合学校"双减"政策，针对性推出了"少年强"拓展项目，深度融入红色历史学习的剧本杀＋专业解密等内容，通过不同客群的精准创新产品，利用喜闻乐见的形式走近更多市民和游客，在更广范围内，宣传了上海的历史、文化和社会、经济、文明发展。

（二）创新文旅资源，助力品牌发展

为了打造出具有吸引力的微游产品，深挖每一处街边场馆的故事，产品开发过程中发现很多街边老店都经历了漫漫岁月的沉淀，本身已成为一种文化，开拓与不同的

事业单位和企业的合作模式，将商店和文化场馆加入微游景点中，共同打造深入场馆内部探寻的微旅游产品。

在文旅融合的过程中，时刻挖掘旅游的文化内涵，丰富微游产品的多样性，衍生出骑游、摄游、剧本杀等微游产品，不断创新合作模式，助力品牌升级发展，展现上海服务品牌形象。

五、思路探讨

（一）深入挖掘城市文化历史内涵

春秋旅游采用多种渠道了解关键市民和游客的需求、期望，通过数据分析提炼，把收集到的信息经过汇总分析，作为微游产品开发、资源开发和过程改进的决策参考和依据。

注重游客体验，让游客参与到产品开发、体验、评价的全过程，及时识别各个环节的不足之处，并加以改进，提升产品和服务质量，提升游客满意度，促进企业高质量发展。

（二）有效扩大主客同游市场发展

以微游上海为平台，为文化场馆、商业企业等开展有机合作，有效带动旅游、文化、商业等合作伙伴共同发展，充分发挥旅游业综合性强、关联度高、产业拉动作用大的特点，促进城市规划建设和发展。

上海作为拥有 2500 万常住人口的特大型城市，人口最初来源地丰富，市民对于了解城市历史、文化以及发展过程中的建设成果的愿望越来越强烈，春秋微游产品一经推出和更新，立即获得市场的热烈响应，在导游丰富、生动的讲解过程中，不仅传达了信息，更是增加了市民对城市的深度了解，有助于提升文化自信、制度自信。

在新冠肺炎疫情防控常态化阶段，"主客同游"市场具有一定的协同性。本地游市场看似客单价不高，却具有高频次的优势。旅行社如果做好、做大本地游市场，能积极提升企业在本地各种资源的整合能力，真实起到稳定队伍、舒缓资金压力的作用。同时，旅行社也必须要与市场保持密切的联络和彼此的信任度，春秋旅游把做好上海本地游、城市微游作为战略目标之一，为后续跨省游、入境游的重启奠定丰富而扎实的服务基础，也为上海旅游"十四五"规划中建成"都市旅游首选城市"这一目标而踏踏实实作出尝试和实践。

供稿人：上海春秋旅行社有限公司　周卫红　李　研

创新云端产品 醋博"承压自救"

——中国醋文化博物馆纾困案例

江苏省镇江市地处长江与京杭大运河十字交汇处，三千年的历史文化孕育了中国四大名醋之一——"镇江香醋"，更成就了中国醋王——百年恒顺。2020 年，镇江被中国轻工业联合会和中轻食品工业管理中心联合授予"中国醋都·镇江"称号，这也是国内第一个获得醋都称号的城市。

中国醋文化博物馆（以下简称醋博）是国内首个融"国家级非物质文化遗产"和"国家工业遗产"为一体的国家 4A 级旅游景区。醋博由厂史馆、醋史馆、醋坊、酱园、酒海、三酉堂、现代工艺馆七大展馆和传统晒坛区、智能罐装区等组成，面积 1 万多平方米。作为"活着的"工业遗产、工业旅游示范区，醋博紧紧围绕"中国醋都"品牌内核，以建设"一个有味道的博物馆"为目标。2021 年，在疫情防控常态化背景下，第一次将镇江传统"万人排队打酱油"民俗从线下搬到线上，创新举办"恒顺酱醋文化节"，打造出"中国醋都·镇江"文旅品牌宣传推广的新模式。

一、基本情况

自 2020 年疫情发生后，醋博的游客接待量断崖式下跌，景区门票、产品销售等各方面直接损失 400 多万元。面对疫情带来的影响，中国醋文化博物馆苦练内功，静待需求反弹的同时，也在主动探索创新自救方式。转变传统思路，培养员工新媒体意识，利用新媒体平台作为载体，将非遗技艺、实用好物、精彩知识搬到了线上，以线上带动线下，推动品牌和营销的成长，是醋博乃至恒顺集团迈出的新脚步。

二、具体做法

（一）转变思路，重点开发"云游醋博"智慧平台

从传统线下走到线上，重点开发几大线上平台，以直播互动、短视频放送、VR（虚拟现实）全景游形式，蓄能潜在游客，激发醋博创新潜能。

1. 多频次、高质量云游直播，拓宽品牌宣传途径

在诸多不利因素下，醋博当机立断转变思路，尝试新领域。2021 年起启动了"云游醋博"智慧平台，加大运营官方抖音号及微信视频号，2022 年更是连续举行多场网上直播活动。通过"国民料包，恒顺味道""文化之旅，非遗印象"等直播以及每月不定期邀请国家级非遗（镇江恒顺香醋酿制技艺）代表性传承人乔贵清走进直播间展示恒顺醋制作技艺形式，让消费者了解恒顺醋制作背后的非遗工艺和产品的文化内涵，吸引了众多游客关注，实时人气最高可达 3000 余人，蓄能大批量潜在游客。

2. 贴合民众需求，高质量短视频打造品牌好口碑

近年来，轻巧活泼的短视频更受大众的追捧。在短视频制作上，2022 年醋博的短视频策划制作则更加精细有内涵，"有味道的博物馆""小刘带你游醋博""五四青年诗朗诵""教你如何戴口罩"等大批高质量短视频，用讲故事、赏美景、传播正能量的方式吸引了众多网友目光，累积观看人数超 20 万人次。部分视频也获得了"学习强国""水韵江苏""玩转镇江"等的转发报道。据统计，2022 年来国、省、市级媒体关于醋博的宣传报道共计达 41 次，培养了一批对酿造文化、非遗技艺有一定兴趣的忠实粉丝。

3. 引进 VR 全景技术，打造数字化掌上醋博游

特别值得一提的是，除了线上自媒体平台的打造，醋博引进 VR 全景技术，突破传统博物馆参观时间和空间的限制，让许多无法远游的民众，可以足不出户欣赏到从前没有见过的美景，了解酿造文化和中华老字号——恒顺的前世今生，为文化的传播贡献力量。

走上"云端"让中国醋文化博物馆的自救取得了阶段性成效，2021 年，博物馆营收同比增加 61%，基本恢复到 2019 年水平，面对 2022 年开年的疫情影响，在"云游"的助力下，博物馆相对承压减轻。

（二）线上多措并举，助推品牌营销

在转型自救过程中，重点在品牌形象推广上发力，通过线上多项举措将品牌印象根植民众日常生活。

1. 打磨直播内容，重点强化非遗传播和品牌推广

相较于短期自救，醋博更加看重长期的文化影响和品牌蓄能。"酒香也怕巷子深"，作为百年恒顺的窗口单位和企宣"排头兵"，醋博走上"云端"对品牌形象的树立作用同样也不可忽视。历次直播前的准备过程中，直播内容都经过了活动会议的反复的推敲，要求直播内容方面不仅仅是起到娱乐作用，更要吸引观众粉丝群体对"醋、酒、酱"文化、非遗文化的关注，为非遗文化传播插上"翅膀"；此外更对主播进行了相关培训，每个元素和细节都结合政策要求进行了完善。醋博还特别开设两个粉丝群，一个针对文化、一个针对产品，通过主播的生动叙述及粉丝们的口口相传，助推恒顺的品牌再上新台阶。

2. 加强与热门电视节目合作，扩大品牌辐射面

在品牌推广和营销过程中，恒顺进一步加强了与电视台合作推广，助力品牌大众化普及：一是与《江苏卫视春晚》《江苏卫视元宵晚会》春节档卫视晚会绑定节日营销，深化春节厨房的使用场景，并植入油醋汁、酱料包、百花酒等产品，提升新品的知名度，并有效增加品牌的消费者使用频次。《江苏卫视 2022 春晚》35 城平均收视为 1.50%，64 城 1.39%，其中，35 城、64 城、全国网均排名同时段 TOP2。腾讯视频"综艺排行榜"TOP4，热度超 402 万。微博话题众多，全网热搜 200+，60+ 次上榜微博热搜榜，微博实况热聊人数超 21 万。抖音主话题 ＃江苏卫视春晚＃播放量超 4.9 亿次，官方粉丝数 20.2 万，短视频获赞 726.2 万。二是广告植入《非诚勿扰》节目，锁定头部 IP 继续为品牌拔高形象。节目电视收视率 1.88%。腾讯视频周六黄金时间同步播出，单期播放量 200 万 +。三是《江苏卫视春晚》《非诚勿扰》节目深度配合恒顺酱醋节活动，在节目内容上与酱醋节结合，让酱醋节成为家喻户晓的企业文化节日。四是广告植入《最强大脑》节目，家庭受众持续深化，更多家庭选择恒顺产品。

（三）双线发力见真章，品牌营销见成效

线上线下齐发力也是醋博乃至恒顺集团转型工作的一大亮点。

1. 线下打造优质场馆，增设品类供应，拉动旅游内需

醋博利用疫情闭馆的空档，对馆内三西堂展馆进行了改造升级，增加周边文创产品和礼盒类产品的开发力度，推出"醋、酒、酱"冰激凌系列新品，为开馆后的游客

参观增加多元化产品体验。而在镇江南山景区，由醋博和三酉堂联合主导的"非遗进景区"活动也十分吸睛，活动现场工作员进行非遗技艺展示讲解并提供"醋、酒、酱"冰激凌品尝，走出固有景区，形式新颖的快闪体验店获得了大批游客的点赞，并表示会走进醋博进一步了解相关文化。

2. 线下开发多元化活动渠道，着重打造民俗品牌"酱醋文化节"，唱响"中国醋都"最强音

走进社区推广，在学校开设文化讲坛、酱醋文化节等多元化活动渠道，进一步为品牌发声，助推销售的增长。2021年"酱醋文化节"圆满落幕，获评省级媒体"中国最具特色的地方节庆活动"之一。在由醋博承办的酱醋文化节中，不仅开展了"线上下单、线下提货"活动和"恒顺味道、醋都味道、江苏味道、中国味道、世界味道、爱的味道"六个主题网红直播间，同时还组织在江苏全省13个地级市线上线下同步"打醋、打酱油"民俗旅游活动，并选择性设有代表性的打酱油体验区和特惠售卖区，其他城市打卡游客人数多达1.2万人次，线上线下参与人数突破400万人次，同比实现翻番，累计打出"恒顺百善酱醋"1.9万桶，同比增长62.5%。现场年货成交153万元，同比增长28.9%。央视、新华社、中国移动、江苏卫视等主流媒体做了系列报道，扩大了"酱醋节"的影响力，进一步增强了"中国醋都"知名度和美誉度。高频次、多元化的线下精彩推广活动，拉动了销售业绩同时，也助推品牌影响力再上新高度。

3. 紧随大趋势，开展直播带货，助力销售成长

线上开展活动时也结合产品推销。上线"恒顺味道"小程序，让用户足不出户手机下单，就能将恒顺产品、博物馆文创包邮到家，实现易操作、更便捷、保质量的优质服务。小程序从售前到售后提供一站式便利服务，成为疫情期间客户购买产品的首选。2021年线上销售500余万元，为博物馆参观引流过万人。结合江苏恒顺醋业的天猫和京东旗舰店等线上平台，镇江醋文化博物馆进一步创新文创产品销售模式，让景区讲解员、管理员以及旅游达人变身网络"主播"，开展线上云游和在线旅游平台"直播带货"近百场次，累计观看人数过百万人次，带动产品销售数百万元。

4. 双线联合共进退，防疫保供践行"恒顺众生"，品牌营销出成绩

联合叮咚买菜、朴朴、京东到家、美团买菜、美团闪购、淘鲜达、饿了么、多点、华润万家、沃尔玛、永辉、大润发等一线O2O（指将线下的商务机会与互联网结合，让互联网成为线下交易的平台）平台和线下头部零售系统，轮番举办多场恒顺专场营销案，推动到家到店恒顺零售业务增长迅猛，特别在O2O跑赢即时零售大盘。加强各零售平台疫情保供需求，如恒顺联合盒马鲜生提供上海区域199元和299元保供包的支持，保供包内含牛奶、恒顺牌生抽、米醋、午餐肉等生活必需品，保障了上海市民的生活所需，也将恒顺一直以来坚持的"恒顺众生"价值观深刻贯彻。据统计，恒顺线上营销成绩突出，特别是O2O方面，2022年一季度O2O销售总计4338.6万元，同比增长47%。

5."九龙坛"数字藏品首发数藏中国，由数藏开启醋博元宇宙时代

文化"装"进元宇宙，数字藏品引爆数藏圈。2022年上半年，醋博紧跟"元宇宙"潮流，将镇馆之宝"九龙坛"数字藏品发布在数藏中国，3400份数字藏品一经发售即售空，获得了数藏界的充分认可，也获得了搜狐新闻、腾讯网、中华网等多家媒体转发报道。九龙坛数藏品发布开启了恒顺醋业元宇宙，未来在醋博馆内，计划打造数字化九龙坛VR或AR（增强现实）体验，用线上线下结合的方式展示恒顺发展历史和制作技艺。将文化"装"进元宇宙，醋博此举是文旅界新渠道探索，打开了品牌、文化形象传播新途径。

三、总结与思考

对于疫情之下的发展，醋博有以下思考：（1）线上种草，线下引流已逐步成为旅游营销的新模式。成本不高的云游模式与景区营销深度融合，为醋博的"冬日"添柴取暖，也为来日的"春暖花开"作出铺垫。（2）在这个奋斗的时代，要勤练内功，要有干事创业的精气神。无论时代如何风云变幻，都要有一种孤身走暗巷的勇气，要有一种不跪的倔强的模样，都需要有在深夜中对峙绝望的决绝，只有充满不竭的动力，才有能逢山开路，遇水架桥的魄力。（3）创新敢为的精神。"尊严是在战场上打出来的。"在现在的大环境中，旅游业的人还有更多的困难需要解决，时代不允许我们躺平，更看不起逃避和"投降"行为。作为新时代的奋斗者，作为旅游行业一分子，要永远在冲锋的路上，在创新和改变的路上。

供稿单位：中国醋文化博物馆

印象大红袍应对疫情创新发展案例

一、基本情况

印象大红袍股份有限公司位于福建省武夷山度假区中华茶博园，注册成立于2009年1月21日，是一家完全按股份制经营的国有控股的文化企业，注册资本10807万元，2016年12月实现新三板挂牌。印象大红袍山水剧场总面积11.5亩，大型旋转观众席设观众席位2125个。《印象大红袍》山水实景演出项目是继《印象刘三姐》《印象丽江》《印象西湖》《印象海南岛》后的第五个印象作品，自2010年3月全球公演后，其创新理念、专业水平和纯熟的技术使得项目在实景领域迅速崛起，有效促进了武夷山特色旅游品牌的打造，并对集中展示和宣传武夷山，提高武夷山旅游的知名度，增加武夷山旅游亮点，助推武夷山旅游业高质量发展起到较大的推动作用。自2010年3月29日公演至2022年6月30日，共实现演出约5000场，接待观众人数665余万人次，平均上座率达60%，印象大红袍公司共创销售收入约8.6亿元，上缴税金9000余万元。

2020年以来，面对疫情影响，结合旅游演艺市场的新形势，公司坚定"内外兼顾、两手齐抓"工作思路，以文旅融合为发展目标，在经营模式上做好新的部署，谋求新的突破，在内部管理上克服困难、迎难而上，全方位、多角度推进公司良性发展。2020年，在复演8个月并受上座率管控（30%~75%）的情况下，年度实现演出341场，共计接待观众人数约35万人次，接待观众人数及经营收入恢复率超50%，并在十一国庆黄金周期间，开创了连续4天演出4场的新纪录。2021年在疫情常态化影响下，公司仍实现演出经营收入增长，五一期间实现首次增开午夜场（第五场）演出，当日接待观众9699人，创当日演出接待人数新高，全年演出主营收入同比2020年增长约6万人，在行业内处于领先地位。

2020年以来，印象大红袍公司战疫情、保运营，实现企业良性发展，受到上级部门及社会各界的高度认可和一致好评，荣获福建省文化企业十强、福建省先进基层党组织、福建省三八红旗先进集体、福建省安康杯先进单位及南平政府质量奖等多项荣誉。

二、创新举措

（一）聚力战疫情、助纾困，识变应变保障企业运行

从 2020 年年初受新冠肺炎疫情影响以来，印象大红袍第一时间响应党委、政府号召，迅速采取应对措施，强化组织领导和防控措施，通过制定翔实的疫情防控预案，开展预案演练，建立员工健康档案，配备防控物质，实行 3 班 24 小时执勤制度，对重点设施设备实行拉网式检查，全方位做好剧场防控、员工防控及观众防控，并制定疫情防控台账 10 余项，确保无死角筑好疫情防控线。疫情停演期间，印象大红袍有序制订内部提升计划：一是组织员工线上培训，各地演员通过视频云端每天打卡照常训练，"停演不停练""停工不停功"确保演出节目质量不打折扣。二是利用空档期对设备设施进行全面检修，对硬件服务设施全面提档升级，确保各项科技光影的安全。同时，企业积极深化拓展周边市场，升级完善终端电子票务系统、出票交易平台等。与时俱进，探索拓展直播业务，开展员工技能业务大提升，特别是直播带货＋短视频制作技能培训，采取"3 线上 +2 线下"模式，2022 年 5 月组织 106 人参加第一期直播带货＋短视频制作培训，确保一手抓疫情防控，一手抓发展运行。

（二）聚力强文化、创精品，匠心维护高质量演出

1. 在疫情防控和无导演组进驻维护的双重影响下，开创"自主编创、自主维护"的新模式。一是根据防疫要求，及时创作与观众近距离互动节目的表演形态，将"上茶""敬茶"等节目进行了创造性编创和站位调整，在台词上加入了抗疫元素，在避免与观众近距离互动的同时，确保了自然过渡的衔接。二是对原演出块面中不理想部分进行自主编创维护提升，主要是增加了采茶舞；将歌曲《南方有嘉木》植入制茶工序演出场景，并配以导演组编创的高人筐、水域舞蹈等表演；同时提升风雨版演出效果。从观演反应来看，效果良好。三是不断创新节目管理维护方式，有效提升节目品牌质量，根据节目块面新调整、人员阶段性大数量变动，采取大块面集中训练和个性化训练相结合，并以个性化训练为主的维护训练模式，完善了"五制"方法，即采用标准教学制、个性化培制制、无空档排练制、班组自主维护制、教学情况反馈制，严格把控好每一名演员、每一个环节、每一个节目。每年要完成演出各块面排练 300 余次，通过定点定标明确位置队形及问题导向进行出错和补弱排练，总体提升排练效率和提

升了演出效果。

2.在舞美效果提升方面，一是持续提升舞美控台精准化操作，组织编制灯光、音响、转台、视频流程规范，编制精准的CEU（商业娱乐装置）表，并实施操作，强化监督，有效地推动控台组设备流程精细化的管理。二是为保证设备正常运行，疫情期间持续对沙洲投影屏幕、灯光等设施设备进行维保，组织厂家人员对景区灯堡126盏探照灯进行维保，更换654盏屋檐301灯光，确保证开演效果；同时针对旋转舞台系统，邀请技术人员进行现场会诊，磋商技改方案。

（三）聚力深挖掘、强品牌，企业营销推广亮点纷呈

在品牌推广上织成新媒体端网络品牌网。一是强化短视频、自媒体运用，从内容、节点传播等多方面着手，将品牌宣传与市场紧密对接；开设并长效运营各类新媒体平台，不断提高粉丝留存率及各传播平台的品牌曝光度。二是强化短视频平台运营，全年以传统文化切入，同时赋予印象特殊的文化情怀，围绕"幕后印象"及"青春印象"，以流量导入为抓手，精准区域投放，持续在区域客群市场传播，推出98条视频，播放量超3000万，粉丝突破10万，其中8条热门视频，单条播放量超百万；同时实现抖音平台直播，充分展示印象大红袍演出背后的文化内涵。三是通过事件营销和精准投放相结合，全力做好各个节点主题宣传，并努力形成多平台立体化传播矩阵，推出印象陪你"就地过年"、五一印象五场、献礼建党100周年、福建省台黄金档《文化的力量》等宣传主题活动。实现央视2套、4套、13套、新华社、学习强国、新华网等主流媒体独立报道25轮（不含转载）。

在营销管理模式升级方面，不断优化渠道商结构，结合疫情防控情况，持续做好渠道优化维护工作，实现渠道商结构进一步优化；在营销措施上继续加大销售系统硬件功能的升级开发，尝试加强与各大短视频及直播平台的合作；积极开展武夷学院暑期优惠、南平地区直通车、买一送一等促销活动，力求提升演出上座率；疫情期间，动态精准把握开演决策，减少因停演造成的观众流失，实行实名售票、上座率控制，确保疫情管控期及高峰期演出接待井然有序，保持演出项目良好口碑。

（四）聚力抓项目、促动力，文旅项目发展提质增效

疫情期间，公司将茶汤温泉度假村和印象文旅景区进行升级改造，全面投入运营，丰富文化旅游融合形态，推动文旅融合发展。

茶汤温泉项目自2021年7月正式投入试营业。项目开业以来，结合疫情影响，不断探索优化运营方式，取得了一定的关注度，实现了从"登天游、坐竹筏"传统旅游观光线路到"品岩茶、赏印象、泡温泉"新兴度假体验的转变。同时积极配合完成省、地、市三级政府各职能部门及旅游同行安排的各类巡视、调研、考察工作的接待几十次，树立了良好的社会形象和品牌影响力。

茶研习社项目运营以来，茶文化综合展示窗口的作用与定位，得到茶业界人士广泛认可，疫情期间，园区+研习社仍实现接待游客比增。同时结合廉政文化建设，建成了全国目前规模最大的茶廉文化教育基地，获得"福建省直机关廉政教育点"等7项称号。印象建州美食综合体项目于2021年5月正式投入运营，逐渐形成武夷山国家级旅游度假区融食、游、玩、乐、购为一体的旅游新地标。

印象大红袍公司还受市委市政府委托，牵头在武夷山奥特莱斯广场打造"景区、园区、社区"三区融合的茶文化新区，总体完成项目前期建设、招商及国内首个以茶文化为主题行进式演出项目《我在万里茶路》，推进项目于2021年12月1日成功对外开放。这是公司在文旅项目管理输出上的又一个亮点。

（五）聚力优管理、强队伍，企业发展运行稳定高效

疫情期间，印象大红袍及时实施企业开源节流举措，对总体预算进行缩减，各部门开展梳理不必要的开支项目，节约成本；在提升人力资源与降低用工成本之间进行高度平衡，加强培训考核，突出骨干培养和人才保留。同时多维开展"微创新"活动，助力企业纾困。通过激发员工的创新意识，发挥他们的个人聪明才智，提出有效的小发明、小创意、新办法及新途径等，再应用到实际工作中去，从而提高工作效率、提升服务质量、提高保障能力、改善节目效果。目前，"微创新"的主要内容有工作流程优化、管理提升、舞美创新、节目提升创新、设施设备创新等，除部门计划工作外的个体性创新，旨在节约成本和提升质量。同时结合企业标准化管理规范，持续围绕"岗位精细化、职责明确化，流程结点化、操作简易化，考核全面化、奖惩绩效化、秩序规范化、督导常态化"的目标建机制、促落实、见成果；促进演出艺术水准和演出管理水平不断提升和创新，有力地推进演出标准化管理，为全面实现企业标准化、精细化管理打下坚实的基础。印象大红袍不断积累的文旅运营经验获得许多同行的认可，疫情期间，仍接待数家已在演项目及数十家演出项目筹建团队前来学习考察。

（六）聚力强文化、担责任，企业社会责任感持续凸显

面对疫情的持续散发状态，印象大红袍在做好疫情防控和确保稳定运营的前提下，以活动为载体广泛开展企业文化活动，持续开展"同一个梦想"主题活动及节日文体活动，组织创作情景剧《百年风雨党旗红》向建党百年献礼，整体提升队伍文化素养及爱国爱党情怀。持续参与央视《中秋节祭茶》地方节目录制、省地市茶文化、民间文化及体育盛会等各类主题展演，第七届福建省艺术节武夷山茶文化主题节目展演，南平周边四省四市民间文化艺术展演，南平市旅发大会开幕式节目及启动仪式活动，南平市纪念朱熹诞辰《祭祀大典》《朱子婚礼展示》活动，历届海峡两岸茶叶博览会开幕式及《经济年会》《大美武夷—茗聚香江》《斗茶赛》等公共文艺展演活动；充分展示印象大红袍风采，展现了企业的艺术魅力及社会奉献精神。

同时，印象大红袍公司还主动承担和参与社会爱心公益活动，持续开展精准扶贫，爱心帮扶贫困学生，以及设立爱心直卖网等一系列公益捐助活动。教师节邀请公司驻地区域教师免费观演，实施医护人员优惠观演措施等；在守护剧场，做好自身疫情防控的前提下，积极倡导公司员工起到维护稳定、带头防控、履职尽责及服务群众的表率作用，自觉督促家属完成疫苗接种，全员参与市民接种疫苗电话核查、催种工作，发动党团员参与防疫志愿工作人数 100 余人次，充分展现了印象团队服务社会的精神风貌及高度的社会责任感、使命感。

三、经验总结

2020 年以来，尽管受疫情影响旅游市场疲软，但印象大红袍股份有限公司始终保持企业良性运营发展，主要在于"四个坚持"：一是坚持自主维护、自主编创、深耕细作，用匠心精神维护印象品牌；二是坚持节目自主编创维护提升，较大程度提升了节目的流畅性、节奏感、舞台视觉；三是坚持管理维护创新，因时制宜、因人制宜、有所创新，有效提升了节目品牌质量；四是坚持应演尽演，提振武夷山旅游市场信心，提振公司员工信心，提振供应商和渠道商的信心，带动演出上下游的产业快速恢复生产经营。印象大红袍作为文旅融合的新型企业在积极纾困的同时，把握市场新契机，拓展企业多元化发展格局，应对新的旅游市场发展环境，拓展文旅项目管理输出，稳步推进"茶汤温泉度假村"以及印象文旅旗下茶博园 4A 级景区升级改造及印象建州项目，树立了良好的社会形象和品牌影响力，为武夷山经济社会发展带来显著和深远的影响。

供稿人：印象大红袍股份有限公司　叶景娟

济南高新区开心麻花剧场应对疫情创新发展案例

济南高新区开心麻花剧场位于山东省济南市高新区旅游路与舜华南路交叉口高新区文化中心内，是山东首家开心麻花签约院线。剧场面积 1700 平方米，内设 600 个观众座席，拥有先进专业的舞台设备，于 2021 年 8 月 12 日正式启幕。计划每年上演百余场精彩演出及艺术活动，除了麻花经典舞台剧、音乐剧，还有脱口秀、音乐会、儿童剧、戏曲等丰富多彩的演出，秉承"欢乐、创意、减压、惠民"的宗旨，丰富泉城夜生活，引领城市时尚欢乐新风尚，成为济南市的文化地标和市民文娱生活的新阵地。

一、基本情况

济南高新区开心麻花剧场在 2021 年开业，开业之初就做好了与疫情打持久战的准备，疫情对各行各业都有影响，尤其是需要观众亲临现场观看和体验的演出行业格外受损。巨大的冲击产生了连带效应，2021~2022 演出季，开心麻花共有 23 场演出取消或限制上座率，多场艺术活动、公益惠民演出计划推迟。特别是在 2022 年 3 月 30 日至 5 月 11 日剧场处于临时闭馆状态，任何线下活动均无法举办，对济南开心麻花带来巨大的经济影响。

在疫情之下，开心麻花山东总部基地公司积极应对，转换思路，在线上内容输出、灵活的表演空间及创新的活动内容等方面进行积极创新，转换用人思路，停工不停产，剧场全体员工仍保持较好的工作状态，剧场内部运行良好，并能做到蓄力发展，疫情过后立刻可以呈现高质量文化产品，成为济南演出市场的一剂强心针。

二、经验做法

（一）应对疫情变化，创新线上形式

作为一家创新型文化企业，开心麻花坚持以市场需求为导向，紧密关注疫情影响

下演出市场的变化，研判市场走向，在疫情期间将文化产品从线下转换到线上。

1. 创新云端直播，扩大剧场影响力

开心麻花原计划于 2021 年 8 月 12 日举办剧场开幕仪式及为期两周的开幕演出季，时间临近一周遇到了疫情管控，线下无法正常举办活动。开心麻花快速转换思路，借助网络直播的方式进行云开幕活动，从联系直播平台到录制线上内容，团队精诚配合，直播在线上多平台累计观看量超 28 万人次，并在抖音、微博等社交平台登上同城热搜，获得本地数十家媒体发稿宣传。线上云开幕获得了比线下开幕活动更多的关注，也锻炼了团队应对突发情况灵活应变的能力。

线上云开幕活动既有有创意的演员短剧表演、炫酷的舞台灯光展示，也有剧场宣传片、团队亮相展示、观众来信选读和启幕的仪式，给线上的观众带来丰富的内容和体验，特别的设计在一定程度上弥补了不能线下参与活动的遗憾。

此后开心麻花承袭成功经验，又多次举办"2021 年度大戏《七平米》线上发布会""济南广播电视台 × 开心麻花战略合作签约仪式暨开心麻花 ×1031 济南交通广播《婚事待发》明星场新闻发布会""2022 年度大戏《我的妈呀》线上发布会"等多场线上的直播活动，针对不同的发布内容制定不同的直播环节。应对疫情对线下活动的影响，开心麻花已有一套成熟的线上活动的工作流程，线上发布会也成为疫情期间创新宣传营销的有力工具。

2. 整合团队优势，内容灵活呈现

线下演出受影响，开心麻花将表演创作的思路转换到线上。利用其现有的演员及编创团队，在抖音、视频号等平台开辟"开心麻花小剧场"板块，传播开心麻花的欢乐精神，将有趣的段子搬上线上，在疫情期间也陪伴了众多封控在家的市民朋友。开心麻花精彩综艺剪辑、剧场礼仪麻式演绎、《乌龙山伯爵》文字版演出、儿童剧团"童言说防疫"等内容获得好评，抖音平台播放量近 300 万，开心麻花的短视频内容还获得"泉城夜宴"短视频大赛优秀奖。线上收获的流量也为后期剧场开放积累关注度，不少观众评论回复"疫情过去，我们相约剧场"。

3. 创新直播带货，获得良好市场反馈

开心麻花也积极拓展不同的营销形式，当下火爆的直播带货平台也成为其新的售票阵地。在充分研究平台特点及剧场产品特性后，制订符合演出产品特点的直播销售方案。销售演出门票兑换卡，观众可在直播销售过程中提前锁定优惠价格，疫情过后正式售票时可直接兑换想看的演出。富有吸引力的产品设计及优惠的定价获得了很好的市场反馈，直播间内主播与观众进行实时互动，可以及时解答观众的各种问题，三场直播销售额超 6 万元。

同时开心麻花设计的门票兑换卡这一产品也在其他平台上架售卖，累计销售额超 30 万元，在疫情期间成为开心麻花有力的收入来源。

（二）调整产品结构，策划多元内容

1. 开发周边文创，丰富产品内容

疫情期间开心麻花也调整产品开发策略，积极开发文创周边产品，以改善销售产品只有演出门票产品单一的问题。针对开心麻花剧场人群特点和需求设计富有创意又实用的文创产品，开业以来开心麻花共开发设计文创产品 20 余款，涵盖纪念票夹、定制徽章、帆布包、定制邮票、创意水杯等丰富品类，获得线上线下观众的好评和欢迎。在没有演出的日子里，这些产品既能作为一部分收入来源，也用这种方式陪伴开心麻花的观众，成为大家争相在线上打卡与分享的创意文化产品。

2. 精准捕捉市场变化，制定灵活的发展策略，出奇制胜

疫情反复导致数百人的演出活动常常会遇到限制上座率、防疫报批不通过的问题。应对这一情况，开心麻花也积极策划更灵活、人数要求更少的小成本演出及活动内容。50 人以下、20 人以下、10 人以下的无剧本喜剧、打工人俱乐部戏剧工作坊、开心麻花剧本杀等产品应运而生。这些创新产品都在保证质量的同时充分减少成本，力求剧场能保证正常的演出及活动安排，同时又不受演出成本限制，不给公司带来太大的运营压力。该类型的产品也获得了良好的市场反馈，每场活动都迅速销售一空，并且每场小成本演出活动都处于盈利状态。

3. 转换用人思路，提高用人效率

开心麻花在疫情期间没有主动减员，并一直保证全员全额发放工资，除封控时段均全员上岗上班，体现企业担当的同时也为员工积极拓展新的工作内容。利用闭馆时间进行全员培训，提高员工专业素养，专业知识不断提高，为后期开放演出做好理论基础和人员基础。转换用人思路，发挥个人特长使用人效率最大化。营销人员转为线上短视频制作及直播间主播，并取得不错的效果。舞台技术人员成为剧场安全宣传员，向内部员工及观众宣传普及用电及消防安全知识。演员及编创团队与外部平台进行合作，为电视台、政府、异业合作品牌编创剧本、拍摄短片。同时强化党建引领，团队中的党员同志还深入疫情防控一线，走进社区成为社区防疫志愿者，实际为当地的防疫贡献一份力量。

（三）开拓多元空间，推动新产品落地

剧场不能进行规律的演出，开心麻花就走出去，寻找其他可以演出的场地。与当地多家商场、书店建立良好的合作关系，把舞台搬进商场等空间。在商场及书店举办"开心麻花有求必应桶巡展活动""《树洞的秘密》圣诞节演出""《婿事待发》明星场演员见面会""开心市集暨无剧本喜剧演出活动""《婿事待发》明星场衍生节目交麻天团剧本杀活动录制""年度大戏《我的妈呀》商场主创见面会"等活动。将开心麻花的欢乐通过更开放的空间进行有效传播，扩大了品牌影响力，同时也收获了众多合作伙伴，为剧场的商业变现打下基础。

（四）蓄势复工演出，停工不停产

在剧场没有演出的时间里，开心麻花也在蓄力发展。年度原创大戏、校园喜剧大赛、演出计划安排、公益惠民展演项目等优秀内容都在持续筹备中，一旦疫情得以控制，就可以立刻上线丰富优质的内容，保证剧场正常开放时段销售周期不断档，演出内容不停摆。同时疫情期间孵化的演出也辐射至全省，疫情平复后剧组进行了全省巡演，为丰富山东演出内容作出卓越贡献。

年初开心麻花就制定了全年的演出排练计划和演出安排、活动方案，在疫情反复阶段也没有打乱整体步调，年度大型项目有条不紊地向前推进，现场演出无法进行，就潜心做创作，反而利用相对整体的时间，开发出高质量的产品。2021年、2022年连续两年制作完成两部年度大戏——《七平米》《我的妈呀》，演出也获得了观众的一致好评。优秀的内容给市场和观众信心，市场的反馈也给内容创作团队信心。

（五）常态化防疫工作不松懈

剧场为应对疫情冲击，时刻做好开门迎客准备。制定防控方案，落实防控措施，严防联控，积极关注政策变化，调整上座率，第一时间申领和推广场所码。剧场常规每日两消，遇演出增加演前演后消毒，增设场所码、核酸检测核验岗位，并通过线上引导、短信提醒等方式做到提前通知，确保到场观众符合当下疫情防控要求。现场通过关注公众号的方式为观众发放免费口罩，既确保了场内防疫安全，也起到了营销推广的作用。在疫情较为严重的时期推广无纸化进场，减少接触，保证安全。

全体员工就疫情防控工作进行统一培训，做到全员一个标准。全体上岗员工积极接种新冠疫苗，按照政府要求进行常态化一周两检工作并严格记录留存。同时在演出团队疫情防控上进行严格把控，挑选低风险地区剧组来济并密切关注演员所在地及济南地区疫情最新发展态势，一旦存在风险立即启动应急预案，作出演出人员调整或演

出取消的决定，第一时间联系观众做好解释工作和退票工作，保证观众的利益不受损失，从而在最大限度上保证演出安全，保护观众健康。

三、工作成效

（一）保证剧场正常运营

开心麻花通过转换运营思路，利用线上资源进行宣传推广、开发灵活的产品和表演场地实现了剧场的良性运转。在当地政府的大力支持和政策扶持下，收获了观众的持续关注，成为济南有特色、有活力的文化场馆。

（二）锻炼团队，升级工作模式

越是困难时期，越需要通过提升员工的技能和服务、不断创新产品和模式、加强员工学习等举措提升企业运行效率，减少内耗。开心麻花剧院运营团队在疫情考验之下积极进行思路转变，也锻炼出一批能吃苦、敢创新、会坚持的优秀员工，剧院的运营模式也通过应对疫情变化得到迭代升级，除了线下剧场内的演出，线上云直播、多空间利用等都将成为剧场未来长期运营的新内容。

（三）输出文化产品，坚定市场信心

疫情期间开心麻花通过多种形式呈现文化内容，蓄力优质内容保障疫情防控常态化下的内容持续输出，都对济南演出市场发展有良好的促进作用，用更多优质演出剧目服务济南市的文化演出市场，给予城市艺术文化滋养，丰富市民的文化生活，激活城市的文化消费。

供稿单位：开心麻花总部基地（山东）文化娱乐有限公司

济南市文化和旅游局

济南开心麻花剧院管理有限公司

在危机中育新机　于变局中开新局

——山东文旅集团纾困经验做法

山东文旅集团有限公司（简称"山东文旅"）成立于 2020 年 8 月，是山东省委省政府主导组建的省属一级大型文化旅游企业，是山东省首批"十强"产业集群（精品旅游）领军企业、中国旅游集团 20 强企业。山东文旅目前拥有二级单位 9 家，拥有权属企业 50 家，经营业态已经实现食、住、行、游、娱、购等领域全布局。拥有青岛凯悦大酒店、济南索菲特大酒店、泉城大酒店及银座佳驿等各类中高端酒店 340 余家。管理运营沂山、天蒙山、新甫山、微山湖、青州古城、聊城古城等优质景区 12 家。拥有《山东商报》、鲁网、速豹新闻网 3 家省级媒体。打造的泰山九女峰乡村度假区项目被山东省委评价为乡村振兴齐鲁样板的"新典型"。文化产业投资与基金管理，电影院线、艺术品与文化资产收益权交易等运营水平与规模位居全国前列。山东省旅游规划设计院是全国首批具有甲级资质的规划设计机构。济南、青岛 2 家高尔夫公司研发运营的"好客山东　云游齐鲁"智慧文旅项目是山东省"十四五"重大基础性工程，承担"山东手造"公用品牌的运营工作。

山东文旅成立伊始，就面临疫情的严峻考验。在实践中，山东文旅统筹抓好疫情防控和经济运行，主动在危机中育新机，于变局中开新局，呈现出存量业务稳中向好、增量业务质效双升的良好势头。2021 年实现报表收入同比增长 37.51%；2022 年上半年，收入同比增长 9.85%。

一、基本情况

疫情导致企业经营压力加大

山东文旅自 2020 年 8 月正式组建以来，面对疫情反弹，旗下的酒店、旅行社、景区、影院等业态也在不断关停重启，企业整体经营压力持续加大。

以酒店业为例，2020 年营收规模较 2019 年减少 5 亿元，降幅达 26%；2021 年营收规模较 2020 年有所回升，但与 2019 年相比仍下降 14%，除去退改赔付、员工工资、场地租金、水电气费等各类运营成本，酒店盈利水平显著下降。2022 年 3 月，受山东新一轮疫情影响，旗下 50 家快捷酒店关停，在营酒店入住率不足 10%，资金压力持续加大。

再以电影院线板块为例，山东文旅在全省管理运营鲁信影城近 50 余家，2021 年票房收入同比下降 21.1%、观影人数减少 29%，2022 年一季度上座率仅为 9.9%，经营压力较大。

二、具体做法

（一）主动拓展新业态新业务

疫情发生以来，游客更加注重出游安全与品质。山东文旅"苦练内功"，各产业认真研判市场变化，分析大众旅游偏好，迅速调整营销策略，提高产品质量和服务品质，积极抢占市场份额。

景区旅游方面，山东文旅管理运营的淄博红叶柿岩、泰安九女峰、新泰新甫山等景区成为省内"山东人游山东"的热门景点目的地，人流量、营业收入位居省内同类景区前列，同时带动周边民宿、农家乐等业态发展。沂山景区充分利用生态环境和缆车空间，开发了山东首家"行进式"空中餐厅，乘着缆车、吃着美食，穿梭在林间云端，为游客提供了别样的游览体验，提升了缆车的乘坐率和客单价。天蒙山景区率先建设房车营地，拉动景区观光车上行乘坐率，商铺出租率提高 30% 以上；创意打造了省内首家大型红色沉浸式剧本杀项目《沂蒙星火　小调情长》，让天蒙红色旅游目的地热度再次提升。旅行社积极拓展外航业务领域，与全日空航空公司、山东联桥国际人才合作有限公司达成三方合作，成功获批赴日包机业务，首批近 200 名留学人员、商务人士、劳务人士乘机成功赴日本，实现收入 73 万元。

乡村旅游板块，泰山九女峰乡村旅游度假区、莱芜雪野乡村度假区等项目聚焦济南省会都市圈休闲度假需求，整合山、水、林、田、村资源环境和集团产业优势，打造集乡村文旅、现代农业、康养度假等功能于一身的一站式全龄化乡村微度假目的地，通过精品民宿、乡村会客厅、无边界共享幼儿园、星空帐篷营地、撒野乐园、青少年自然教育营地等业态提高对游客的吸引力，2022 年上半年实现业务收入 4690 万元，同比增加 3232 万元，增幅 187.04%。

影院板块，通过开展全民营销、争取房租减免、优化管控模式、提升智慧化水平等举措，有效应对疫情冲击。2021 年，全民营销创收 930 多万元，降低成本费用 1231 万元。2022 年 1~2 月，通过淘票票、猫眼平台实现票房销售收入 1252 万元，线上购票率为 83.5%，基本与 2021 年持平。

研学旅游板块，紧扣研学价值目标，不断开拓市场，2021 年中小学生研学、职业农民培训、基层党组织培训、老年游学等各类培训人数突破 10 万人次。

（二）有效加强经营成本管控

山东文旅所属酒店、景区、影院等业态在确保不裁员的前提下，灵活调整员工班次，实行动态人工成本管理，合理安排上岗人员，落实数据日报制度，对到岗人数、到岗人员占比、到岗人均劳效等进行每日调度。经过合理控制，在疫情影响较为严重的状况下，公司整体日到岗人均劳效依然达到标准线，人工成本得到有效控制。酒店板块还对亏损门店实行关停并转，2021 年累计关停、转租、转加盟门店 72 家，同比减亏 4173 万元；实施集中采购，降低采购成本、压减费用，2021 年节约费用 400 万元。针对不同层级的员工开展多种培训，涵盖了品牌建设、市场调研、收益管理、销售、电商、运营等多方面的知识点，帮助员工在疫情期间停工也能通过培训提升技能。比如，山乡集团 2022 年上半年开展线上培训 3 期，围绕加强执行力、提高办公水平、疫情后时代商业经营思维与创新等主题进行集中学习，累计参训人数 5000 人次。公司还通过跟班学习、下沉一线等方式组织员工学习先进理念、创新模式、成功经验，补短板、强弱项、提能力。加强生产自救措施，对有条件的酒店、宾馆等场所采取部分区域营业方式，结合经营情况关停部分电梯、灯光照明等，节约电力资源。同时，加大绿色、高效设备投资力度，充分利用太阳能、空气能等可再生能源，采用智能化手段，加强能源管控力度，提高能源利用率，减少碳排放量，实现绿色低碳转型。疫情以来，国家和各级政府心系文旅行业生存发展，相继推出了一系列惠企纾困措施。山东文旅根据自身情况，综合运用财政奖补、金融支持、项目投资、消费促进、政务服务等措施手段，确保集团营收规模。

山东文旅在做好开源节流的同时，在项目投资方面更加审慎稳健，做好项目风险防控以更好应对疫情冲击。具体来说，在项目投资方面坚持"五个不投"，即非主业的不投、没有当期效益的不投、没有社会效益的不投、核心员工不跟投的不投、没有战略投资者的不投,新上项目在设立之初即为混合所有制企业,有力确保了项目风险管控。

(三)不断强化科技赋能成效

2021年年底,文旅部发布的《"十四五"文化和旅游发展规划》将数字创新、科技创新贯穿文化旅游发展全过程,大力推动5G、大数据、人工智能、物联网等新技术在消费场景的应用。山东文旅成立以来,积极推进平台化、智能化战略,由山东文旅牵头研发的"好客山东 云游齐鲁"智慧文旅平台一期项目2021年4月上线以来,已实现景区门票预订、智慧导览、酒店预订、直播云游等26项功能,为3万余家景区、酒店、商场赋能,累计用户近20万人。承担全省2022年文旅惠民消费券发放工作,截至2022年8月14日已发放5486.1万元,已使用1873.72万元,带动消费9025.35万元。酒店板块,积极拓展新兴营销渠道,2021年新发展会员50.7万名,直销渠道成交额达1.53亿元,同比增长27.5%。全力开展私域流量建设,银座旅行家微信商城成交总额2853万元,同比提升58.5%。利用线上渠道开展2022年"春季盛惠"全员预售营销活动,通过微信、抖音等全渠道进行营销,提前锁定流量,抢占市场,通过21天的全员奋战,实现线上销售额170.82万元,较2021年同期提升74.31%。推出"萌娃套餐"、商务简餐、家庭套餐等多款线上便民外卖,被大众网、济南电视台等多家媒体报道。影院板块通过淘票票、猫眼平台线上购票率为85.4%,同比提高6.1%。天蒙等主要景区通过线上门票及文旅云智能平台实现收入合计967万元。红叶柿岩景区充分利用大数据分析手段指导策划、精准营销,通过对游客年龄结构、客单、复游等数据进行分析,及时掌握旅游消费信息,不断提升对游客的吸引力。乡村旅游通过线上营销,九女峰和农产品业务实现收入427万元。2022年1~7月,山东文旅集团实现数字化营销收入占比为22.21%。

(四)推出"减、免、缓"系列措施

疫情发生以来,山东文旅各产业积极参与到疫情防控工作中,以实际行动履行国企使命。酒店板块主动联系政府部门,提供隔离酒店91家、客房近9000间,投入员工2000多人,全力保障、接待集中隔离及医护人员等。北京泰山饭店历经53天奋战,圆满完成了冬奥保障的住宿接待任务。对中端及大众商旅加盟店多次推出各项"减、免、缓"扶持政策,对相关费用进行减免、返还,2022年3月仅加盟管理费一项就减免近百万元,开展的预交管理费返利等活动得到众多加盟商的高度认可,有效提振了加盟店经营信心,加深了加盟业主对公司的信任,促进企业可持续性发展。景区旅游板块在项目驻地组织开展农夫山货大集、"后备箱工程"等公益活动，助力当地村民增收。乡村旅游板块积极投身乡村振兴战略，打造的泰山九女峰乡村度假区项目成功帮助当地1200名村民实现家门口就业，带动69户村民开办农家乐，户均年收入达10万元。威海乳山市土地整治项目成为威海市整治面积最大、新增耕地最多并在开工当年验收入库的项目。文旅投资板块积极开展文化惠民活动，常态化开展"送戏下乡""送戏进社区"惠民演出，为村民送去高品质精神文化大餐。山东省旅游设计院义务承担新疆喀什旅游扶贫规划工作，编制成果入选国家文旅部优秀规划案例，中央电视台《新闻联播》给予报道。传媒板块充分发挥省级媒体平台作用，通过直播带货，帮助众多滞销农产品找到出路；速豹新闻网《泰山矿泉水5元一瓶》报道获2亿多次点击，有力宣传了山东旅游好形象。

疫情防控期间，山东文旅各产业还精选水果蔬菜、肉类生鲜、本地特产与套餐美食，线上下单当日配送，方便市民疫情期间生活需求，免费向坚守一线抗击疫情的疾控人员、社区工作者赠送了5000余份"爱心便当"。

（五）积极争取银行金融支持帮扶

2022年5月20日，山东文旅集团联合山东省文化和旅游厅、中国农业银行山东省分行在济南签订金融服务文化和旅游发展战略合作协议，就综合授信、资金结算、金融租赁、新型债务融资等方面达成合作意向，仪式当天同时发布了"金穗齐鲁·文旅振兴贷"产品，该产品主要用于文化和旅游产业重点领域项目开发、建设和运营。下一步，政银企三方将在旅游景区提质升级、乡村旅游、数字文化产业等领域开展全方位合作，助力全省文旅产业高质量发展。

此外，山东文旅还积极联合省直有关主管部门，引导银行适当降低文旅企业贷款门槛、降低贷款利率、适当延长还款期限等。积极争取主管部门下拨文旅人才补贴，降低文旅行业优秀人才流失率。建议地方政府进一步提高被征用隔离酒店的补贴标准，并按月及时拨付费用，帮助文旅企业降低经营成本，缓解疫情之下的各类困难。

三、经验及启示

自2020年新冠肺炎疫情暴发以来，山东文旅积极应对，抢抓发展机遇，布局数字化转型、场景业态升级、产品营销创新，加大转型升级力度，在危机中孕育了新机，于变局中开拓了新局。主要经验与启示包括：

一是实施"五大战略",明确发展路径。围绕山东省委省政府赋予的"加快打造具有世界眼光、国际标准、全国一流、山东特色的文旅集团"的发展目标,山东文旅明确了实施"平台化、智能化、精品化、生态化、国际化"五大战略,作为山东文旅高质量发展的路径。平台化方面,打造了文旅智库平台、文旅投资平台、规划平台等平台。智能化方面,承担了山东"十四五"重点项目"好客山东 云游齐鲁"智慧文旅平台的研发运营,已为全省3万余家酒店、景区、商超等企业赋能。精品化方面,坚持高起点策划、高水平规划、国际化视野、差异化发展,打造了泰山九女峰、费县天蒙、山6创意园、红叶柿岩等精品项目。生态化方面,积极践行"绿水青山就是金山银山"理念,坚持把每个项目打造成生态博物馆。国际化方面,坚持世界眼光、国际标准,打造的烟台长岛国际度假岛主要面向日、韩市场,新疆喀什高台民居主要面向丝绸之路经济带。

二是增强服务大局能力,做好"四篇文章"。山东文旅积极履行国企使命,主动融入大局,在服务大局中实现高质量发展,明确了着力做好乡村振兴、黄河战略、海洋强省、山东手造"四篇文章",切实发挥应有作用,更好引领全省文旅产业高质量发展。

三是深化对标提升,推动"三个转变"。实现由块到链的转变,做好全省文旅产业链的链主企业,团结全省文旅企业抱团发展。实现由投资到投智的转变,实现由卖产品到卖服务转变,靠智慧、靠管理实现经济效益,实现了九女峰乡村振兴模式输出,酒店品牌与管理输出,景区运营与管理输出。实现由竞争到协同的转变,树立一个理念:处在充分竞争领域,不做完全竞争企业,打造平台企业,做山东省委宣传部、山东省文化和旅游厅、山东省国资委联系和服务全省文旅企业的桥梁和纽带,做省内文旅企业的引领者、赋能者,做省内省外文旅企业的合作者。

四是勇于改革担当,打造"三力文旅"。打造活力文旅,激发员工的积极性、主动性、创造性。打造磁力文旅,保持对优秀人才的吸引力、凝聚力、向心力,把集团打造成为人才高地。打造魅力文旅,面向年轻客户、高端客户,创新文旅业态,提供一流产品。

供稿人:山东文旅集团 张宁

清明上河园景区应对疫情创新发展案例

一、基本情况

开封清明上河园位于河南省开封市，是依照北宋著名画家张择端的传世之作《清明上河图》为蓝本建造的大型宋代历史文化公园。

景区始终专注于对宋文化不断的传承和创新以及对景区运营管理的精细化提升，至2022年已经运营24年。1998年10月28日，景区一期工程建成对外开放，集中展示了北宋市井民俗文化。2005年，清明上河园二期工程如期建成并开业迎宾，将《清明上河图》向城内和皇家园林延续，充分展示了北宋东京汴梁的繁荣和昌盛。2008年4月景区投资1.35亿元推出的大型水上实景演出《大宋·东京梦华》，不仅进一步深化了宋文化这一主题，而且及时为开封旅游业的发展提出了新的概念、新的理念和新的发展空间，在业界获得了巨大反响，极大地促进了开封文化旅游产业的发展，为河南省文化旅游产业的发展作出了突出的贡献，此举也开创了国内主题公园创编大型实景演出的先河。自2016年开始，在国家倡导景区转型提升的大背景下，景区加快转型升级步伐，大力推进景区的多元化发展。并提出了打造"四个清园"的战略发展目标，即打造"品质清园""文化清园""欢乐清园""梦幻清园"，全面提升景区的核心竞争力。2017年10月，为了进一步丰富景区内容，增加景区夜间的观赏性和体验性，景区大力发展夜间经济，常态化推出"夜游清园"，并投资2000万元打造了大型水上灯光秀《大宋·汴河灯影》，受到了游客的普遍好评。在景区良好发展的同时，先后荣获了中国旅游知名品牌、国家文化产业示范基地、国家5A级旅游景区、中国十大文化旅游景区、河南省省长质量奖、河南研学旅游示范基地、"质量之光"质量标杆企业、中国优秀旅游景区（主题公园类）、119消防奖先进集体等诸多荣誉称号，成为河南省旅游景区的头部企业、开封旅游的名片。

二、景区应对疫情创新发展具体做法

新冠肺炎疫情给旅游业造成了非常严重的影响，旅游行业正在经历一场"再分配"。为适应疫情防控常态化的外部环境，景区不断探索，持续促进产品结构调整和转型升级，延伸景区产业链条，逐步构建了具有"清园"特色的全业态发展体系，成功推动景区实现了"四个转变"：在经营模式上，实现了由传统服务景区向现代化智慧化景区的转变；在收入结构上，实现了由单一门票经济收入向门票、餐饮、住宿、文创商品等多元化经济收入的转变；在主力消费客群上，实现了由以中老年消费客群为主向"80后""90后""00后"年轻主力消费客群为主的转变；在发展方向上，实现了由单一的观光型景区向复合的休闲度假型景区的转变，从而让景区这样一个已经开园24年的"老景区"在疫情的影响下依然不断焕发着蓬勃向上的青春活力。

2021年，尽管受到"7·20"特大暴雨灾害和新冠肺炎疫情反复的接连影响，景区全年接待游客人数296.1万人次，经营总收入3.1亿元，实现净利润9138.6万元，成了在2021年全国范围内为数不多实现盈利的旅游企业，盈利情况在河南省旅游企业内名列前茅。

（一）以"疫情危机"为转机，精心制定系列优惠政策和活动，提振景区快速复苏

根据疫情对旅游业造成的实际影响和市场变化，景区通过精准预判、果断施措，自2020年起率先推出景区年卡预售，将原价120元/人的单次门票调整为100元/人的全年无限次入园的年卡。年卡一经推出，就取得了较好的市场反响，受到了各地游客特别是开封本地游客的追捧，不仅实现了收入的增加，快速启动了本地游市场，也为景区恢复开放营造了较好的宣传氛围。景区持续发力，还陆续推出了终身卡、年卡续费等活动，这些系列有效措施为景区持续奠定了稳定的客源基础，更为景区复苏提振了信心。

（二）以"传统节庆"为品牌，紧抓节庆活动市场，打造营销亮点助推景区复苏

为强力推动景区疫后复苏，景区紧抓节庆活动市场，在清明文化节和菊花文化节两大国家级节会的基础上，勇于探索、不断创新，又成功打造出大宋年·民俗文化节、傀儡文化节、端午文化节、七夕文化节、中秋文化节等一系列知名的节庆品牌，实现了节庆活动的全覆盖，通过节会活动的成功举办带动景区的快速复苏。同时，守正出奇，积极策划与景区文化密切关联的创意性事件营销，制造新闻热点，实现各大核心、主流媒体集中、爆发宣传景区，始终保持景区的热度不减。

景区通过不断对节事活动的创新打造，持续为游客带来不同的超值体验和不断的意外惊喜，让游客开心游园、满意而归。每次节事活动的举办，都会引爆季度客流市场，带动景区游客接待量实现较为显著的复苏。

（三）以"夜间经济"为亮点，将景区打造成为年轻消费群体喜爱的"微度假"旅游目的地，引领景区快速复苏

清明上河园景区不仅是河南首家全年常态化开放夜游的景区，也是在疫情期间首家恢复开放夜游的景区，同时也是第一个恢复实景演出的景区。夜间旅游市场复苏潜力巨大，景区强力打造"夜游清园"品牌，把景区营业时间由原来的 8 小时延长至 15 小时，将现代科技元素融入传统文化景观中，运用灯光色彩的灵活变换以及差异化的表演剧目，营造与白天完全不同的观赏体验，"夜游清园"再现了北宋时期全面取消宵禁制度后夜间经济空前繁荣的盛象，带给了游客强烈的视觉享受，成为游客喜爱的"微度假"旅游目的地。同时，景区大力推进《大宋·东京梦华》实景演出及《大宋·汴河灯影之新汴梁八景》夜间船游项目两大核心夜游产品的提升，强力塑造"东京夜市"品牌，持续活跃夜间消费市场，助推夜间消费实现快速复苏。

通过景区大数据显示，夜间市场的打造对景区的游客年龄结构、入园时间和游园时长方面均产生了明显的变化。在景区游客年龄占比方面：2021 年 35 岁以下的游客占比达到了 58%，较 2018 年增长了 16%，夜游产品的不断优化吸引了越来越多的年轻消费主力军前来体验。在入园时间方面：景区未开放夜游前，下午入园的游客只占 35% 左右，2021 年下午入园的游客迅速提升了 55%~60%。在游玩时长方面：2021 年在景区内游玩 3 小时以上的游客人数占比高达 70%，比开放夜游前增长近 30%，在景区内游玩 6 小时以上的游客游园占比达到了 25%。

（四）以"多元化发展"为引领，推动景区餐饮、住宿、文创产品等多业态融合高速发展，提升景区的抗风险能力

近年来，景区积极应对疫情带来的调整，快速调整自身产业结构，开拓二次消费领域，大力推动景区的多元化发展，最大程度上淡化了景区的门票经济。一方面，不断扩大景区餐饮、住宿规模，引进开封上百种特色小吃打造了东京食坊小吃街、美食城等一系列高品质餐饮场所，打造了满庭芳、官驿宋式美学精品酒店，目前客房数量已达到 100 间，较好满足了游客的体验需求。另一方面，有效将餐饮、住宿、晚会、会议活动等实现"打包"销售，增强景区大型行业会议、宋代婚礼等活动承办能力。

此外，采用时下消费者追捧的"国潮"元素，持续加强自主文创产品的开发和销售，目前已设计开发文创产品达上百种，深受广大游客的喜爱。

通过不断深化景区多元化发展，最大化满足游客对旅游消费的多元化需求，景区的收入结构发生了明显的变化，非门票收入比重逐年增加，大大增强了景区可持续发展能力。2019年，景区餐饮、住宿等业态得到了快速发展，景区整个非门票收入占比达36%，已超过国内优质主题公园20%~25%的界线，接近国际发达主题公园35%~40%的水平。2020年和2021年受疫情影响，景区经营业绩下滑较为严重，但景区恢复经营后非门票收入的恢复速度要远高于门票经济的恢复速度，多元化发展大大增强了景区的抗风险能力。

（五）以"高科技元素"为抓手，不断带动景区旅游产品创新，持续打造景区新的爆款产品

景区的可持续健康发展需要持续的爆款产品来支撑。即使面对疫情的影响，景区依然大力创新，全面借用高科技元素，提升旅游产品的趣味性，展示出景区全新的面貌。一方面，在演艺中融入科技元素，大力推进演艺的创新。对《大宋·东京保卫战》进行全新创编，对演出剧本进行优化使之更加紧凑，对演出主场景西水门进行改造提升，增加威亚特技元素，进一步提升演出剧目的观演效果。利用大型机械装置中华巨马创新推出巡游演艺剧目《神马历险记》，将马棚至傀儡文化广场作为巡游演出线路，并在巡游线路中增加威亚、烟效、灯光等舞美特效，将其打造成为景区演艺新爆点。另一方面，与专业科技公司合作，加快景区新项目的引进步伐，打造景区新的爆款产品。在景区一期锁坛区域，引进落地"360极限飞球"项目，打造5D影院剧场，吸引更多的年轻客群前来体验，使之成为景区新的核心吸引力产品，同时有力带动周边片区产品业态的协同发展。并对景区原商户经营项目鬼谷漂流进行全面改造提升并自营，运用高科技VR技术增强漂流的体验感，带给游客全新的沉浸式体验。在园区三期项目中增加黑暗骑乘等VR、AR高科技设备增加园区高科技属性，增加游客体验性。高科技旅游产品的打造，高效冲击了游客感官，进一步增强了游客的深度体验感。

三、景区下一步发展规划

接下来，景区将继续紧紧围绕文旅融合高质量发展这条主线，不断探究以文化创意和特色旅游相契合的产业融合模式，持续推进景区的转型提升，为提高国家文化软实力、建设社会主义文化强国作出积极贡献。

一是加快景区三期工程的开发建设。目前景区已经完成了一期市井民俗和二期皇家园林的建成开放，景区三期工程分为南北两个区，总投资计划15亿元左右。北区项目已于2020年2月底正式开工，预计2022年建成对外开放。项目内包含VR骑乘体验馆、大型室外综合演艺剧场、多功能游乐区以及2400多个地下停车位，用高科技的手法表现传统文化同时打破北方景区的季节性制约，从而进一步丰富景区的内容。南区项目计划打造350到400间精品民宿客房。通过三期项目打造，也逐步实现景区"全年龄段、全时段、全季、全产业链"的发展理念。

二是实施公司"走出去"的发展战略。目前景区已全面具备对外输出的各种条件，2020年公司成立清园文旅研究院，进一步增强对外输出能力，这将为景区实现可持续发展开辟新的领域和新的模式。

供稿人：开封清明上河园股份有限公司　吴孟宇

春暖花开　我们再登山

——河南永安国际旅行社有限责任公司疫情防控之下的坚守与突围

一、基本情况

河南永安国际旅行社有限责任公司（以下简称"永安国旅"）创立于2016年，总部位于河南省郑州市，在河南省18个省辖市拥有100余家分子公司和营业网点，公司总部员工为60余人。2016~2019年期间，在河南省旅行社行业企业中，永安国旅在河南省省内周边团队游领域中，年均发送旅游团队人数都保持在100余万人次，连续多年蝉联省内第一，被评为河南省本地知名旅游企业。

2018年，永安国旅当选河南省旅游业商会副会长单位；2019年，当选河南省旅游业商会旅行商专委会会长单位；2019年，永安国旅当选郑州市旅游协会副会长单位、研学分会会长单位。一直以来，永安国旅一班人忠实履行职责，敢于建言献策，为行业企业在发展过程中面临的困难和问题终日奔波，积极引导旅游企业在创新发展中破除瓶颈制约，串珠成线，多点成面，赢得了行业的赞誉。

2020年前后，为积极应对新冠肺炎疫情，落实党中央统筹疫情防控和经济社会发展的目标，永安国旅先后陆续成立了河南彩橙信息科技有限公司、河南永安科技有限公司、郑州漫旅企业营销策划有限公司、河南新活力文化传播有限公司、河南小脚丫研学旅行服务有限公司等多家文旅融合性企业。业务经营主要有：传统省内游、旅游抖音团购、景区抖音运营、景区宣传策划、景区票务代理、景区运营管理等板块。

二、主要做法

2020年年初，新冠肺炎疫情暴发，永安国旅及其员工忠实践行上级党组织的要求，积极发扬共产党员的表率作用，贯彻落实党中央"六稳""六保"的精神，始终坚持疫情防控和经济社会发展目标，努力适应新时代、新形势发展的需要。2020年疫情防控常态化下复工复产以来，永安国旅立足自身、审时度势，先后成立和收购了河南永安科技有限公司、郑州漫旅企业营销策划有限公司等，开拓创新、摸索前进，以期实现以国内大循环为主体、国内国际双循环相互促进的新发展格局。

（一）构建平台、社群营销

2020年新冠肺炎疫情暴发以来，旅游行业一度陷入了迷茫无助态势，经过认真细致地反思考量和调查研究，结合企业自身近年来的成功经验和资源布局优势，永安国旅全体员工踌躇满志，决定稳中求进、逆流而上。以稳为主，不裁员不降薪。为解决企业生存发展的现实需要，公司结合新时代、新要求、新使命，迅速转型创新业务发展的需要，以河南彩橙信息科技有限公司为注册主体，以新征途旅行为基础，又陆续成立商都优选、彩橙生活两个本地生活电商平台，以满足本地市民、游客吃喝玩乐的实际需要，采用B2B（电子商务中企业对企业的交易方式）、B2C（电子商务中企业对消费者的交易方式）的构建模式，以"互联网思维＋社群营销"，严选本地优质产品资源，以社群营销为销售主体，强化对上游产品资源的整合力度，严格把控下游销售渠道的弹性铺设，为商家和市民、游客建立起一条方便、实惠、快捷的桥梁，三个平台主要以销售全省知名旅游景区和游乐园票务为主，并覆盖餐饮美食、生活服务、休闲娱乐等20多个行业。

（二）开拓创新、精准引流

2021年，在新冠肺炎疫情防控常态化的形势下，传统旅游业的脆弱生命力和不可抗拒风险能力进一步凸显，而"抖音""快手"等平台成为新兴起的网络热门营销主流阵地，永安国旅结合多年积累的行业经验，以省内的景区资源优势为基础，整合旗下多家企业资源，成立了永安传媒营销宣传矩阵，业务范围涵盖MCN（多频道网络）抖音网红、小红书、大众点评、广告拍摄、百家等新媒体广告制作、宣传等。在全体同仁的共同努力下，永安国旅先后聚合了河南省18个省辖市头部网红博主（粉丝量在20万~200万），结合旅游景区和游乐园的品牌特色，深入细致地对旅行攻略、颜值、探店、生活市民和游客关注的细节元素进行多元化品牌深度曝光，快速实现旅游景区视频曝光、话题传递，短时间内实现网络热度聚焦转化，为旅游景区引流。

（三）紧跟潮流、创意直播

2022年，全民抖音时代的到来为旅游业的发展带来了新的机遇。永安国旅投资60余万元，成立了旅游景区抖音运营事业部，专注服务于旅游景区，主要开展旅游景区抖音账号运营和抖音旅游达人宣传营销，并推出了KOC（关键意见消费者）抖音团购达人。KOC抖音团购达人通过去旅游景区踩线并拍摄视频后，通过个人抖音账号发布，并上架景区门票产品进行团购分销，每售卖出去一份均可获得一定的佣金，非常类似于传统旅行社的门店分销模式；永安国旅在第一时间加入团购达人供应商的队伍里，并加快完善各个旅游景区产品的整合及产品政策的落地实施，并且在河南省18个省辖市设立分站，把行业旅行社门店和旅游从业人员转变成为抖音团购达人进行线上业务，并组织和对其进行相关的教学培训和孵化；从单个旅游景区的营销推广到县域、市域旅游景区的抖音营销推广，并推出了"本地人游本地"的宣传口号，仅用15天的时间就把郑州市登封市的摘星楼旅游景区和大熊山仙人谷两个景区分别推到抖音景点排行榜：摘星楼热销榜第一名、种草榜第一名、打卡榜第一名，总销售：23894套、GMV（商品交易总额）1895235.3元的成绩，大熊山仙人谷景区热销榜第二名，种草榜第三名。

+ 代运营案例

● 大熊山仙人谷风景区

活动时间： 2022年4月16日—5月3日

抖音景点排行榜： 热销榜第二名
种草榜第三名

总销售： 9274套

GMV： 547166元

核销率： 80%

如果五一没有受疫情影响的情况下
基本数据能突破2万套

图片数据更新于2022年5月11日

（四）夯实实业、深度开发

疫情防控常态化的形势下，涉旅企业生存普遍比较困难，永安国旅针对自身对旅游景区建设和发展的熟悉程度和对旅游市场精准认知，大刀阔斧地引进多名行业精英，组建了20余人的专业化旅游景区运营管理团队，开展入股经营、营销托管等合作模式，以期有效改变传统旅游景区的经营模式，从而实现旅游经济最大价值化，互惠互利、风险共担、合作共赢。2021年，永安国旅投入资金和人力，一体化托管了河南省平顶山市画眉谷4A级旅游景区的营销体系。并且结合各旅游景区实际运营状况，取长补短，在景区二次游玩项目上投资合作，不仅能增加旅游景区产品核心竞争力和游客体验度，还能减少旅游景区的运营风险，最终实现共赢的目的。例如，2020年，在郑州市二七区樱桃沟4A级旅游景区投资彩虹滑道、玻璃水滑年；在山东省潍坊动物园投资观光小火车、七彩滑道、水滑等项目。

（五）无私奉献、忠诚担当

2021年7月，河南多地遭遇极端强降雨，郑州遭遇特大暴雨和洪涝灾害，在这紧急时刻，永安国旅一班人围绕社会民生的需要，多方筹措物资和运输车辆，分批次送达郑州渠南路快速通道工程等多处施工现场的农民工兄弟手中。同时，号召省内相关旅游景区，积极捐款捐物，承担社会责任。

三、取得的成效

两年多来，在整个涉旅行业举步维艰的现实情况下，永安国旅秉承"不裁员、不降薪"市场法则和企业准则，为公司的生存和员工的生活奔波忙碌、谋求发展、转型升级，围绕河南省委文旅文创融合战略深耕行业发展，也为旅行社企业的创新转型作出了示范作用。

（一）永安国旅创立的商都优选、彩橙生活、新征途旅行三个本地生活电商平台，截至目前，有效会员50余万人，线下分销达人1万余人。在疫情防控期间推出蔬菜礼包、水果礼包以及熟食外卖快递类生活服务类产品，仅蔬菜礼包一天最高销量达到4000多箱，不但解决了部分市民的生活必需品需求，服务于广大社区民众，还解决了公司现有员工的就业和薪资问题。目前商都优选、彩橙生活、新征途旅行已经成为河南本土本地生活服务类行业的领军品牌之一。

（二）永安国旅通过成立永安传媒平台矩阵，在帮助郑州市登封市摘星楼景区获得成功后，随后又陆续推出登封市大熊山仙人谷、南阳五朵山、洛阳龙潭大峡谷、重度沟、黛眉山、天河大峡谷等旅游景区，不但开发了新业务，还给旅游景区带来大量的客流和营收，实现了合作双赢。在整体旅游团队萎缩导游无团可带的情况下，永安国旅又结合抖音官方推了一个导游直播计划，组织了一批对网络直播感兴趣的导游进行直播培训，把导游培养成各个景区景点的直播宣传达人，不仅使其增加了一技之长，还能增加一些收入。

（三）围绕实业是兴业之本，人才是兴业的核心。新冠肺炎疫情暴发以来，永安国旅深刻认识到实业对企业长久发展的重要意义，以保证每年招聘20余人的数量确保企业发展的人才需要。每年都安排一定数量的资金投入，不断夯实实业产业的积累，深耕河南市场，持续研发创新产品，积极拓展多渠道建设，不断解决旅游景区和商家的富余库存，提高了行业的经济收入和循环，并积极推动了旅游企业的稳定发展。

（四）河南多地发生洪灾期间，永安国旅身先士卒，第一时间加入防汛救灾的行列，郑州市旅游协会研学分会会员单位洛阳栾川老君山景区、竹海野生动物园、重渡沟景区、鸡冠洞景区、龙潭大峡谷景区、三门峡翡翠丽池温泉等涉旅企业积极响应，先后向郑州市慈善总会、新乡市公安局、新乡市牧野区牧野镇人民政府等捐赠矿泉水12000余件、方便桶面7000余箱、面包1000余箱、皮划艇40余艘、现金20余万元，总计价值百余万元。忠实地履行了旅游企业崇高的使命感和强烈的社会责任感，诠释了"不忘初心、牢记使命"的忠诚和担当。

供稿单位：河南永安国际旅行社有限公司

增强"五种能力"抓好"五个融合"

——栾川县老君山景区勇立潮头实现逆势增长

近年来，面对疫情、汛情、经济下行等多重严峻复杂的旅游市场形势，河南省洛阳市栾川县老君山景区勇当旅游市场"弄潮儿"，通过增强"五种能力"抓好"五个融合"，蹚出一条新形势下旅游产业高质量发展的新路子，主营业收入连续实现逆势增长，跻身全国一流景区。

一、基本情况

老君山景区位于八百里伏牛山主峰，海拔2217米，森林覆盖率98%以上，空气中负氧离子含量每立方厘米3.6万多个，动植物资源丰富，气候多样，被誉为"华夏绿色心脏，世界地质奇观"。老君山因道家鼻祖李耳归隐而得名，明万历年间被封为"天下名山"，历史上与武当山并称"南北二顶"。得天独厚的自然景观，源远流长的历史文化，为老君山景区发展奠定了坚实的基础。

2020年年初，新冠肺炎疫情突如其来，老君山景区坚持防疫、发展两手抓两促进，在全国旅游行业全面下滑的形势下，景区厚积薄发，实现逆势增长，入园游客及主营收入连续保持高位增长，创造良好的经济效益和社会效益。2020年旅游综合收入2.969亿元，同比增长64.28%；接待游客人数151.2万人次，同比增长76%。2021年，旅游综合收入3.69亿余元，同比增长24.4%，接待游客人数179.2万人次，同比增长18.5%，呈现出"稳增长"的良好发展态势。老君山景区正在由基础完善阶段向全面发展阶段稳步提升，走上高质量发展之路。

二、主要做法

（一）增强市场驾驭能力，抓好疫情防控与安全生产有机融合

一是科学应对疫情。2020年年初，面对突如其来的新冠肺炎疫情，景区管理层认真研判市场形势，提出"防疫情、保稳定、练内功、谋发展"的发展思路，制订防控方案，落实防控措施，严防联控，最大限度降低疫情带来的损失，在旅游市场开放之前，已经为复工开园做好充分准备。二是抓好全员培训。景区通过线上线下等形式对全体职工进行培训，先后进行抖音、快手应用、普通话、旅游礼仪、老君山基本知识等网课培训，个人成绩纳入全年考核。三是整合优质资源。本着"抱团取暖，共渡难关，互惠互利，互助发展"的原则，整合一大批优质广告资源，以"峰林仙境　十里画屏"为主题，通过央视、卫视、广播、高铁、地铁、电影院线、社区等媒介全面推广，实现品牌的持续深化。

（二）增强市场带动能力，抓好旅游内涵与旅游体验有机融合

一是规划先行，创新理念。2008年，由上海同济大学规划设计院编制完成的《河南老君山旅游建设专项规划》通过河南省人民政府批准，确定"山水旅游为主，挖掘历史传承，高起点规划，远景化发展"的创新理念，并完成规划的制度保障体系。二是加大投入，完善设施。近年来，老君山景区每年以1亿多元的投入，累计投入近20亿元，完成100余项旅游基础设施建设项目，形成"一轴两翼七大服务区"的发展布局。2018年实施重点项目50余个，投入1.3亿余元；2019年实施重点项目70余个，投入1.5亿余元。2020年，公司利用疫情期间旅游空档期，实施地质博物馆、金顶二期、峰林索道全线改造、智慧旅游、寨沟大门、栈道道路扩宽、水电系统扩改等基础设施重点建设项目，投入达到1.8亿余元。三是心系游客，丰富体验。景区立足游客需求，不断丰富旅游内涵，开发运营了追梦谷丛林水滑、惊心网红桥、森林穿越、金顶高空玻璃桥、飞拉达攀岩、静修灵道院、寨沟道家养生宴、豫西民居等热门项目，丰富旅游内涵，增加游客的体验感、沉浸感，抓住游客的消费心理，成为疫情之后老君山景区新的经济增长点。

（三）增强市场营销能力，抓好传统营销与网络营销有机融合

面对严峻复杂的旅游形势，景区以品牌为引领，以市场为支撑，推动实体营销与网络营销同时发力，实现老君山旅游的稳步发展。一是传统营销推陈出新。持续开展

老君山仙山花海节、观海避暑节、高山花海节、农民丰收节、山水汉服节、1元午餐、免门票促消费等传统营销活动，年度营销活动达到120多个。特别是"一元午餐"，连续举办6年，2021年六登央视，增强市场热度。二是网络营销引爆流量。致力打造网红打卡景区，组织踩线团队30余个，策划邀约抖音网红达人30余人次，其中百万以上粉丝抖音大咖20余人，引发上亿粉丝关注。老君山官方抖音直播号每天直播，全年直播达到300天以上，老君山雪景直播高峰5万余人同时在线，闭园期间进行抖音门票预售，两次销售共计600余万元。老君山风景名胜区官方号粉丝量从2021年年初44万增加至91万，定位老君山的抖音阅读量从2021年年初28.5亿增长至62亿。新媒体营销成功助推老君山旅游实现一年四季无淡季。三是品牌营销迈向全国。本着省内市场稳定增长，省外市场快速崛起的思路，省内市场进一步巩固，周边七省团队稳定增量，新开发远程市场固定发团，增势明显。以"峰林仙境·十里画屏"为主题，通过电视、广播、高铁、地铁等媒介全方位推送老君山旅游品牌形象广告，广告受众呈几何式递增。

（四）增强市场创新能力，抓好风口产业与完善链条有机融合

一是强化智慧植入。景区累计投入1亿余元，完成智慧景区建设，集成安全、交通、气象、票务、客流、餐宿等智慧化服务功能，智慧化管理系统在实现"预约、错峰、限流"管理方面发挥出重要作用。立足智慧景区优势，以老君山为龙头，构建县域旅游协作机制，搭建老君山旅游信息共享平台，实现资源共享。二是强化文化植入。景区充分发挥自然文化资源优势，先后与清华、同济、郑大、洛阳师院、洛阳理工等高校合作共建"教学实践基地"，学用结合，研创融合，实现多元文化的融入。投资近5亿元，完成党史文化长廊、金顶二期、东大门等重点项目建设，实现红色文化、地质文化、道家文化、关隘文化的融合；完成寨沟餐饮街、民俗宾馆、度假宾馆等建设，实现餐饮文化、民俗文化、度假文化等融入；完成娱乐项目6个，开发6大类100余个旅游产品，实现娱乐旅游文化深度发展；通过高山度假、文创摄影、森林康养、科考探险等项目创建，实现大众文化、康养文化、摄影文化等融入，不断丰富景区文化内涵，为景区创新型发展增添强劲活力。三是强化业态植入。积极抢抓风口产业，大力发展新业态项目，2022年五一期间，总投资3000余万元的沉浸式新业态体验项目"天宫剧场"《知道·老君山》实现试运营，成为文旅消费新热点。在高山度假、森林康养、地质科考、民俗文化等项目建设方面，全面融入多元发展元素，实现景区特色化、多元化、产业化发展。

（五）增强自我修复能力，抓好制度建设与练好内功有机融合

一是强化党建引领。老君山景区在全县率先成立景区党支部，为景区的绿色发展增配红色"涡轮"，先后投资660万元建设提升党建文化阵地，涌现出先进人物16名、优秀党员3名、孝心子女4名、文明标兵3名、优秀青年6名，党组织的战斗堡垒作用和党员的先锋模范为景区高质量发展奠定坚实的组织保障，形成"党员示范带动、企业诚信经营、游客从中受益"的良好产业发展格局。二是强化管理创新。景区积极引入现代企业管理理念，大力推行标准化管理，完成老君山标准化体系建设。在此基础上，念好"高层决策、区域管理、业务细化、责任到人"的16字诀，将景区划分为6大区域，制定企业标准59个，强化领导主体责任，细化个体责任落实，实现旅游管理的全流程、全覆盖。三是强化内部管理。逐步建立起一套行之有效的企业管理模式，晨会制度、巡查制度、带班制度、值班制度、会商制度、一岗双责、投诉处理、商户管理等制度有效实施，形成独具特色的制度体系和管理体制，为老君山旅游发展提供有力的制度保障。

三、经验启示

（一）云端发力，快速占领市场，实现出奇制胜

2019年年底，一条老君山雪景的抖音短视频吸引了超千万网友的关注。视频中老君山雪后初晴，山顶白雪皑皑、银装素裹，山间云雾缭绕、如梦似幻，仿佛一不小心步入了仙境，获得了无数网友的热评，不少刷到视频的网友表示想要亲临老君山，点赞量更是达到88.8万。也正是这条抖音视频在广大网友心中种下"草籽"，成为老君山景区以燎原之势发展的重要契机。近年来洛阳文旅产业不断向高质量发展迈进，牡丹文化节、快手网红大会等一系列活动，让各地游客、网红对洛阳、栾川的关注度不断攀升。慕名而来的游客、摄影师、旅游博主、网红大V都期待一睹老君山的"盛世美颜"，他们各展其能，把老君山变成了一个超强超大的流量平台。借此机会，老君山将传统营销和互联网营销相互结合，热门事件、经典营销案例层出不穷，连续多次霸屏央视、抖音，全网浏览量突破几十亿，并在广泛宣传、流量热搜的助推下，打破"夏季旺冬季淡"的局限，实现夏季避暑、冬季赏雪，引来大批游客不分季节争相打卡。

（二）"线上＋线下"共同发力，是将老君山打造成"爆款"打卡地的不二法门

老君山坚持事件营销和品牌活动，在2022年五一假期，中天门服务区设置了三大会场，举办仙山花海节活动、四大美人拈花、《栾鸟传说》演绎，为广大游客呈现了盛世花事、道教文化，吸引了游客频频互动。众所周知，五一期间，人流密集是景区安全的巨大挑战，为了实现有效分流，老君山通过举办活动，不仅将部分游客吸引至中转区，缓解了索道缆车路线、徒步上山的服务压力，而且在景区管理、游客分流方面发挥了重要作用，也满足了广大游客精神文化层面的消费需求，获得了广大游客的一致点赞。除此之外，观海避暑节、复工热干面、老君山请你喝秋天的第一杯奶茶等品牌活动和事件营销不断。持续多年的"一元午餐"活动经央视连续报道，再次引发全国舆论关注，游客好评如潮，已成为老君山旅游惠民的典型例证。

（三）"周到服务，人流有序"成为景区长远发展的制胜法宝

景区始终坚持"游客第一"的服务理论，认真做好旅游环境、疫情防控、游客出行等与游客密切相关的服务工作，不断提升旅游形象和服务质量，对景区实现长远和可持续发展具有重要意义。在五一出游高峰期间，栾川县及时预警分流也及时提醒游客错峰出游，并组织人员到洛栾高速栾川站下站口将游客向各乡镇乡村旅游点分流，同时还组织各景区工作人员到老君山门口，将未能预约到老君山门票的游客向其他景区分流；同时发布倡议书号召栾川当地居民尽量不外出、不去景区，将道路、餐厅、住宿留给外地游客，及时帮助遇到困难的游客。全县实时统计酒店、宾馆、民宿的剩余床位，利用微信工作群建立快速反应机制，确保能快速准确地为游客提供住宿信息。正是因为全县上下一盘棋，及时公布信息，加上老君山景区充足的准备工作，确保游客在旅游高峰期能够获得愉快的旅游体验。

供稿人：张　磊　杨　文

不等不靠勇创新　多元跨界谋发展

——广东省拱北口岸中国旅行社有限公司
同心战"役""六稳六保"工作案例

一、基本情况

广东省拱北口岸中国旅行社有限公司（简称：口岸中旅）是珠海历史最悠久、最具实力的品牌旅行社，曾连续十多年荣获"全国百强旅行社""中国旅行社业优秀企业"等荣誉称号，员工人数 500 余人。

2020 年伊始，突如其来的新冠肺炎疫情给人们的生活带来了前所未有的影响，旅游行业首当其冲。面对变局，公司经营班子转变经营发展思路，根据疫情影响下的旅游行业形势，做好公司人员的部署规划，国内旅游业务人员继续深耕国内旅游、国际旅游人员全部跨界发展，积极响应中央"扎实做好'六稳六保'工作"的号召，立足国内旅游主业的同时，积极探索新业态。

二、具体做法

（一）创新"旅游 +X"、多元发展

1. 旅游 + 线上商城

2020 年年初，公司以企划部员工为基础迅速成立商城项目组，耗时仅仅 7 天，"海贝严选"商城火速上线。与此同时，公司全体员工积极转发朋友圈、开展社区团购，在各客户及亲友群向广大游客和市民销售各地名优特产。

自上线以来，商城订单总数已达 4 万余单，业务扩大到了企业工会、助农产品、特产销售、社区"菜篮子"团购等。

2022 年 7 月，公司"海贝严选"入选珠海市"菜篮子"产品配送平台。8 月，公司代理的五常大米（全国总代理）被选为援澳核酸医护人员 653 人的慰问品，代理至 2022 年 9 月共销售了 32000 斤。批量采购的炎陵黄桃已完成销售 10000 斤。

2. 旅游＋新媒体

2020 年 4 月，公司组建以导游部高级导游、金牌导游为主要力量的口岸中旅直播间，公司经营班子也化身"嘉宾主播"为公司旅游产品和商城产品带货。

截至 2022 年 9 月，公司与多家企业签订了产品直播合作协议，口岸中旅直播间已成功在小红书、抖音、快手、哔哩哔哩、腾讯微博等平台开展直播 300 余场，直播内容涵盖公益服务、爱心助农、旅游观光等，观看人数达 35 万人次。

3. 旅游＋地产置业

2020 年 6 月，公司将出国中心变身为置业投资事业部，专注房产代理销售。公司与华发地产、时代中国等十多家大型房产开发商建立了紧密合作关系，并推出了自有线上置业系统，内含新房、二手房销售、租房和在线委托等功能。

截至 2022 年 9 月，总成交楼房 105 套，楼盘成交总价约达到 2.29 亿元，取得了良好的业绩。

4. 旅游＋餐饮

2020 年 7 月，口岸中旅入境中心化身餐饮管理事业部。目前，经营的宜优餐厅为公司及周边企业员工供应餐食，还为多个核酸检测点工作人员提供送餐服务。近期，餐饮管理事业部承接了高科园区食堂运营项目，为该园区 400 余名员工提供工作餐。

除此之外，公司的香华门店通过引入广东省文化和旅游厅"粤书吧"品牌，在门店日常旅游咨询业务之余，还可向顾客提供咖啡、茶饮、轻食服务，承办各类沙龙聚会、DIY 研学课堂、社区活动等。

5. 旅游＋商业运营

2020 年 8 月，口岸中旅公商务部门转型开发商业运营管理事业项目，全力打造"夜经济"产业，成功运营管理了"相思树下"夜经济购物街、华发商都外广场文旅市集等商业项目。同时，通过引进"马迭尔""钟薛高"网红雪糕品牌，将网红雪糕车带到了中国航展现场及珠海市内各大商圈。

6. 旅游＋教育服务

公司以研学旅行中心部门 20 余年研学实践活动执行经验为基础，创新开展了多项中小学生研学实践活动，承接了多个基（营）地／景区的研学运营业务，还协助了多个基（营）地／景区设计研学课程：

（1）特色研学活动方面：开展了韶关"磨心励志"中考誓师百天研学课程、新华书店"店长的一天""一本书的旅程"劳动教育研学课程、信宜山区"同吃同住同劳动"沉浸式研学等；

（2）基（营）地方面：运营了湖南宁远国防教育基地、中旅海泉湾研学营地、沉香小镇研学基地、一号文教产业基地、珠海航展馆研学基地等，以上基（营）地在运营期间，总共接待了初、高中国防教育团队、小学徒步拉练夜行军团队等超 4 万人次；

（3）研学课程方面：帮助珠海市智胜昊客健康产业科技有限公司、李氏百草凉茶有限公司、强源体育用品有限公司、珠海华发体育运营管理有限公司等多个单位设计研学课程，并协助完成研学导师的培训工作。

另外，公司国际机票部门跨界教育托管项目，开创"思麦教育"托管服务，托管门店 2022 年春季招生情况较 2021 年秋季上升 74%，招生情况达到预期。

7. 旅游＋户外露营

露营项目是目前一大风口市场，2022 年公司布局了森林、滨海、岛屿等不同场景的露营地，由出国中心组建户外活动中心项目组，已实现露营地的区域规划、情景布置、装备搭建、现场运营、策划营销全过程专业自主运营。并结合各场地的特点及优势定位打造为精致团建拓展、聚会派对、主题活动场地及旅行同行的共享"露营＋"平台，一跃成为珠海露营项目的主力军。将以露营地运营为起点，逐步介入景点运营。

（二）关爱员工，勤练内功

1. 开展适岗培训，组织竞赛活动

2020 年 2 月，公司利用线上办公系统进行了总共 20 期 80 课时合计超过 2000 分钟的线上全员培训；公司还组织了 70 名业务骨干参加了研学旅行指导师的学习及资格考试。同时，公司积极开展技能竞赛活动，举办了 PPT 技能竞赛、海贝商城销售大赛、官网游记征文比赛活动等。

2. 开创"共享员工"模式，实现三方互利共赢

疫情期间，公司开创"共享员工"模式，与政府部门合作"人力资源输送"项目，输送了 350 人次在政府部门临时就业。

3. 制定帮扶方案，与困难员工共渡难关

在困难员工帮扶方面，公司针对夫妻双方均从事旅行社行业的员工及因重大疾病、小孩上学、生活贫困、房车还贷压力大等有困难的员工，公司经营班子积极想方设法给予帮扶，制定了《疫情期间旅行社双职工及困难员工帮扶方案》，尽力帮助此类员工渡过难关。

（三）同心战疫，众志成城

2022年1月，珠海出现本土疫情，公司组织和发动公司员工和家属1373人次参与社区核酸检测点志愿者服务；组织1549人次参与非转绿人员电话排查工作；组织优秀导游员共180人次前往珠海市部分隔离酒店担任引导员和跟车员；使用255辆次车辆，专车护送解除隔离的群众从隔离场地到珠海各社区的"回家过年"任务。

2022年3月，珠海暴发新一轮本土疫情，旅游业务再次暂停，公司每天安排100名志愿者员工全面负责珠海市疫情防控流调排查工作；7月疫情出现反复，公司组织和发动公司员工和家属546人次参与社区核酸检测点志愿者服务；组织455人次参与电话排查工作；组织45人次参与隔离酒店工作，安排专人负责香洲区非星级酒店及公寓、商务楼宇的现场疫情排查和统计数据工作，截至7月31日共安排人数4694人次。

（四）不忘初心，坚定信心

在疫情防控常态化趋势下，公司通过开发周边旅行产品、承接党建工会活动、举办体育休闲活动、承办珠海市首届网红直播带货大赛、组织珠海市导游大赛等方式，继续深耕国内旅游业，完善旅游上下游产业链布局。

战"疫"期间，公司没有裁掉一名员工，真正做到了队伍不散、人心不乱、信心不倒，凭借团队的凝聚力和向心力，发挥了珠海市龙头旅行社的行业带动作用，宣传了行业正能量，树立了行业良好形象。

作为新中国的第一批旅游企业，回首67年征程，口岸中旅始终以众志成城、奋力拼搏的精神状态迎接种种挑战，在危机中育新机，于变局中开新局，历经风雨却行稳致远，口岸中旅将继续为打造"百年老店"而努力奋斗！

供稿人：吕　营

广州市文化金融服务中心助力文化和旅游企业
恢复发展案例

一、基本情况

广州市文化金融服务中心（以下简称"中心"）作为广州唯一一家综合性文化金融服务机构，在推进文化金融融合发展、支持文旅产业高质量发展、提高上市公司资本运作水平等方面被赋予了更多的使命与责任。2017年起，中心先后被列入《广州市推进文化金融融合发展的实施意见》《广州市关于加快文化产业创新发展的实施意见》等文件的文化产业重点实施项目及市文化产业重点投融资平台，是广州市政府宣传文化部门提供文化金融服务的重要抓手。疫情发生以来，为帮助文旅企业渡过难关，中心迅速采取应对方案，一方面持续推进对文旅企业的帮扶措施，另一方面积极探索抗疫助企的新方式。

近日，中国人民银行、文化和旅游部联合印发《关于金融支持文化和旅游行业恢复发展的通知》，通知对文化和旅游行业恢复发展打下了一剂金融的强心针。相关通知内容从加大金融支持力度、差异化金融服务、完善信贷供给体系、拓宽融资渠道、降低融资成本、改善从业环境六大方面，用各类金融政策、金融工具、金融机构、金融服务等来加快促进文化和旅游行业的恢复发展。在相关的决策部署下，中心积极发挥地方文化金融服务平台及文化产业重点投融资平台作用，多措并举加大支持文化和旅游企业恢复发展，做文化和旅游企业恢复发展的金融后盾。具体情况如下：

二、具体做法

（一）引导金融机构发挥能动性，加大助企纾困力度

在广州市委宣传部、广州市文化广电旅游局及广州市地方金融监督管理局的支持

和指导下，中心联合国开行广东分行、进出口银行广东分行、工行广东分行、广州农商银行、广州银行等 14 家市文化特色银行，积极组织开展多次金融支持文旅行业恢复发展交流研讨会，并将相关情况及时与人行广州分行营业管理部进行沟通交流，引导金融机构加大对文化和旅游行业的金融支持力度。2020 年新冠肺炎疫情暴发以来，中心协调以上文化特色银行为企业提供信贷支持，贷款余额 200 亿元，涵盖旅行社、景区、动漫、游戏、短视频、园区等领域，有力帮助了中小文旅企业解决融资难问题。

（二）创新建设特色支行，改善金融服务环境

在文化金融专营机构、特色金融产品建设上，中心联合工商银行、广东华兴银行、广州银行等建设了广州首批文化和旅游特色支行。其中与广东华兴银行合作成立了全国首家"影视特色支行"，在服务影视行业上，双方结合电影票房的行业特点，合作推出了全国首款电影票房应收账款保理产品——"兴影贷"。中心接下来还将与邮储银行、广州农商银行、广州银行等共同合作，建设首个"旅游特色支行""动漫特色支行""游戏特色支行"等，着力打造服务于各细分行业的金融专营机构，深耕细分产业，创新行业信贷产品，开发包括文化服务应收账款保理、景区收益权、旅行社供应链金融等多个融资产品，改善本地发展较突出的文化和旅游细分行业的金融服务环境。

（三）摸查企业金融需求，纾困基金解燃眉之急

中心已搭建起文化金融综合服务平台，建立起广州市文化和旅游企业库、广州市文化和旅游企业投融资需求库，现已有 4023 家企业入库，涵盖了动漫、游戏、文化装备制造、演艺经纪、旅行社、旅游景区、酒店等多个行业。中心长期开展相关行业的金融需求摸查调研，主动对各区域内的各细分行业的受疫情影响情况进行分析，对可能出现的暂遇困难区域及行业提供及时的纾困金融服务，并将企业最新的投融资数据即时共享给合作的金融机构，保障金融需求实时对接。

2020 年新冠肺炎疫情期间，中心发布了《服务文化和旅游企业共渡难关十大举措》，并在全国率先设立规模 2 亿元的"市文化和旅游产业纾困基金"，为广州市文旅企业提供投融资服务，支持受疫情影响的文化和旅游企业正常运营，实现纾难解困。

2021 年在荔湾区文化广电旅游体育局的支持与指导下，中心联合数家市文化特色银行发起 2 亿元荔湾区文化和旅游企业纾困基金，并设立融资首贷中心、融资续贷中心，第一时间设立了广州市文化和旅游企业首贷中心和续贷中心，从全生命周期上解决文旅企业的融资需求。同时，中心与邮储银行荔湾支行、中国银行荔湾支行、广州农商银行荔湾支行、农业银行流花支行等金融机构联合推出了"文旅复工贷"等融资产品，帮助企业融资纾困。

同年又相继成立了"黄埔区文化和旅游产业纾困基金"，首期授信规模为人民币 2 亿元，全力支持黄埔区文化旅游企业尽快恢复经营，并减免企业申报债权融资的基础服务费用，帮助企业减轻负担，共克时艰。

以上三大纾困基金总发起规模达 6 亿元，在各金融机构的支持下，累计发放 8.34 亿元，已帮助数百家文旅企业恢复发展。

（四）提供免费信用评估，增长企业贷款空间

为更好地协助金融机构评估文旅企业，中心通过与市文化特色金融机构联合设立的"广文"文化和旅游企业信用评价体系，对部分入库企业进行信用评估，对提交了相关财务数据、发展规划的企业进行分级分类辅导，加强与银行的对接，引导有发展潜力及因疫情影响导致短暂流动性问题的文旅企业，通过变更还款安排及付息周期、延长还款期限、无还本续贷、信贷重组等方式，加大信贷投入，提高贷款额度。中心为广州市 497 家企业免费提供"广文"文化企业信用评价服务，共计免除费用 300 余万元。

（五）线上线下灵活联动，促成 300 亿元意向金额

中心作为专业的文化金融综合服务平台，拥有 400 家金融机构资源、60 多位专家学者、4000 多家文旅企业资源。疫情期间，中心迅速调整业务模式，充分利用资源优势积极搭建对接平台，线上线下结合。线上提供实时化、动态化体验，依托网络平台开展线上路演和对接会，线下持续跟进文化产业各类路演项目和申报项目，为疫情防控常态化打下坚实的基础。

为充分发挥专家智库智囊团的作用，疫情出现后，中心快速反应积极组织专家开展线上线下研讨会，开展文旅企业纾困模式、疫情下文旅产业发展态势、转型的探讨，了解经济形势发展等内容，为中心下一步服务好文化和旅游企业提供思路。

在文化和旅游企业与金融机构对接方面，中心在越秀、海珠、天河、花都等区举办了近 200 场文化金融路演活动，建立起每月四场的常态化路演、走访机制，累计举办了 75 场线上文化旅游金融路演和项目对接活动、86 场线下投融资辅导活动及 43 场走访企业活动，包括举办景区专场投融资对接活动、夜游经济专场投融资对接活动、影视专场投融资对接活动、民宿专场投融资对接活动、动漫专场投融资对接活动等，累计邀请 500 余家金融机构参加，累计辅导培育 843 家企业，共达成意向融资额、意向合作额 300 亿元。

（六）探索文化金融开创模式，实现跨界合作再度进阶

2021年12月，中心发布"广州文化金融双百计划"（以下简称"双百计划"），积极探索实践文化金融开创模式。"双百计划"是广州市文化金融服务中心跨界跨领域探索实践的文化金融开创模式。"双百计划"设立创投基金和整合并购基金，在未来三年内，投资100个文旅企业，扶持100个IP项目。

"双百计划"推进半年多以来，已有数个具有标志性、前瞻性、传承性的文化项目落地，其中包括粤语相声泰斗名家黄俊英艺术馆项目、百年老字号影院"金声电影院"复建项目及与荷兰美朗公司合作的开创夜间文旅科技声光电项目等。

黄俊英艺术展览馆（广州）有限责任公司：金融帮扶助力演出恢复黄俊英是粤语相声的代表人物，在广府文化圈极具影响力。2020年10月24日，黄俊英艺术展览馆正式落户广州荔湾。2022年3月，黄俊英艺术展览馆入选"广州文化金融双百计划"，得到广州市文化金融服务中心的全方位支持。广州市文化金融服务中心在资源扶持、政策对接、宣传推广、资金支持等方面给予了巨大助力，减轻了企业的运营压力，同时进一步增加了企业和粤语相声的品牌知名度。此外，像黄俊英艺术展览馆这种轻资产型的文化企业，因缺少可供抵押的资产，在融资方面一直存在困难。双百计划基金的投入大大缓解了黄俊英艺术展览馆在演出的宣传、策划等的资金投入，并结合中心平台内的资源，以金融扶持为后盾，助力粤语相声开展研学、展馆、演绎、文创产品、旅游线路开发等多领域的跨界探索。

广州市开创文化科技有限公司："双百计划"促进文旅复苏。2022年2月，"广州文化金融双百计划"首个投资文旅企业正式落地——双百计划基金与荷兰美朗创新科技有限公司和香港文化旅游产业投资公司共同投资成立了广州市开创文化科技有限公司。公司专注于夜间文化旅游项目的策划与设计，以广州为基地，融合文化、艺术和光电科技，创作有故事的夜游项目，打造沉浸式光影艺术展览，点亮广州"夜经济"名片。开创文化科技公司从发展初期就进入了广州市文化和旅游企业库及投融资企业库，在发展的各个阶段都接受了广州市文化金融服务中心的辅导与培育。中心从资金、资源上，双管齐下，给予企业开拓市场所需要的底气。结合广州多个国家级夜间文化和旅游消费集聚区的落地，夜间文旅的机遇越来越多。有了资金的保障，开创文化科技公司将和更多的文旅项目与景点一起，共同打造夜经济。

三、经验启示

作为专业的文化金融综合服务平台，广州市文化金融服务中心一直致力于促进文化＋金融、旅游＋金融融合发展，结合 2020 年以来的助企纾困实践，中心得到如下经验启示：一是要深入市场了解企业需求，以需精准助企，因企施策，为企业走出困境、恢复发展出招、解惑、指路；二是积极筹办银企对接活动，发挥中心金融资源优势，为企业提供展示、合作、提升平台；三是要以企业需求为导向加强服务，创新服务，直达企业发展堵点，切实助力企业恢复发展。

供稿人：广州市文化金融服务中心　陈泽文　黄似金　吴伟丽

坚定必胜信心战疫情　保持昂扬斗志谋发展

——梅州客天下景区、酒店应对疫情创新发展案例

一、基本情况

客天下景区是国家 4A 级旅游景区、省级旅游度假区，位于素有"世界客都"美誉的广东省梅州市，是融旅游资源和度假酒店为一体的自然人文类景区，主要发展客家文化、旅游休闲、婚庆文化、健康养生、教育培训、农电商六大支柱产业。

项目总规划约 2000 公顷，于 2006 年 3 月 29 日动工，在一片废弃的采石场、红砖厂上，通过精心的生态修复、城市修补，以"还原客家文化、体验客家民俗生活"为开发思路，以"一天客家人，一生客家情"为经营策略，传承客家文化，打造客都名片。目前已建成开放传承客家建筑艺术精华的客家小镇、天然大氧吧圣人谷、十里爱缘海、欧式浪漫国际婚庆殿堂、儿童主题乐园创艺园欢乐小镇五大景区。

自 2020 年年初新冠肺炎疫情暴发以来，梅州客天下景区、客天下国际大酒店一直在困境中艰难求生，景区游客量骤降，春节、五一劳动节、国庆节等黄金周及重大活动节点营收惨淡，旅行社团队出游因疫情影响接连取消，2020~2022 年累计近 150 场大型会议、宴席取消或缩小规模，包括全国非遗会议、田家炳医院会议、海尔公司会议、修正药业会议等，2022 年上半年经历了开业以来亏损极为严重的时期，但客天下景区一直积极谋自救、奋力求发展，敢于创新思维、创新模式、创新方法，通过适应市场需求变化、开源节流、丰富景区业态、线上直播带货、深化培训产业、强化客情维护等举措，积极主动寻找破解困局的新出路、新办法。

二、创新举措

（一）练内功，稳底气

1. 疫情防控不放松，共筑安全舒心环境

2020 年以来，客天下景区、酒店积极组织全员学习疫情防控知识及各项要求，制定合理、合法的应急预案机制，完善疫情防控工作细节，在景区、酒店各出入口设置体温筛查消毒门、防控提示牌及 1 米间隔线等，并派专人查验游客健康码及行程卡，切实保障游客旅游安全。

常态化疫情防控下，景区员工既要保证服务质量，又要确保防疫防控工作到位，在心理压力和客观压力的双重施压下工作难度明显增加，景区、酒店及时安排相关管理人员加强员工心理问题的干预和帮助，了解员工的身体和心理状况并提供力所能及的帮助，使员工对疫情防控常态化接待工作的变化有更充分的心理准备，并提高员工处理应急突发事件的能力，促进旅游服务质量提升。

2. 景区停摆我不停，学习培训样样行

常态化疫情防控管理也给景区、酒店员工提供了自省内修的时机，客天下景区以此为契机开展了一系列多形式的学习培训活动。一是在省酒店行业协会的助力下，免费获得"先之教育"平台"先行者"公益助学计划的在线培训机会，共有 32 门课程，涵盖行业视角、管理提升、经营发展、业务精进等方面，帮助管理者正确把握时势方向，帮助员工夯实基本功，提升服务，提升品质，为企业复工、行业复苏做好坚实准备。二是借适岗培训、企业新型学徒制申报的机会，加强部分岗位的专业技能培训，如导游讲解、前台接待、餐饮服务、电工、电子商务、客家点心制作等。三是通过客天下旅游产业园获得的全国职业技能等级认定资质，鼓励员工报名参加农电商以产业园名义举办的电工、农业经理人、企业人力资源管理师、物业管理员、前厅服务员、茶艺师、电子商务师、中央空调系统操作员 8 个职业的培训及考核，并获得证书，提高个人含金量。四是启动内部服务品质提升活动、举办员工技能服务大赛，加强员工岗位培训，提升员工对客形象，提升员工素质。

3. 员工一专多能，团队战力升级

新冠肺炎疫情对客天下景区、酒店造成了前所未有的打击，整体营收出现断崖式下滑，现金流面临巨大的压力，人员变动尤为显著，疫情以来客天下景区、酒店虽未主动优化裁员，但基层员工流失严重，从 2020 年年初职工的 490 人减少至 380 人，为抵御人才进一步大规模流失的风险，客天下景区突破固有思维，打破专业界限，统筹人员调配，发挥员工的一专多能优势并发放相应提成及补贴，提升员工能力的同时，也为景区、酒店及员工个人创收。

鼓励员工学习景区导游讲解、驾驶观光车、顶岗酒店门童、餐厅咨客，特别是艺术团演员，发挥形象、气质及面客大胆的特质揽客，提升业绩。充分发挥艺术团演艺人员的力量，利用本职岗位技能，减轻企业负担，同时增加员工收入，对外承接商业演出、开业典礼、周年庆典等演出活动。2020~2022 年，累计承接商业演出、开业典礼、周年庆典等演出活动近 30 场，如平远县举办的 2021 年元旦群众文艺晚会、电视台举办的庆祝五一国际劳动节暨迎接中国共产党成立 100 周年文艺演出等，创收 50 多万元。

（二）研市场，谋创新

1. 瞄准周边市场，促进就近消费

疫情以来，游客更加倾向选择熟悉度高、自然风光好、公共卫生有保障的旅游目的地，加之国家防控政策的颁布，跨境、跨省、跨市游均受到一定程度的影响，客天下景区、酒店积极调整营销策略，抓本地周边市场。一是通过本地线上全渠道铺设，与美团网、小城乐淘、联联周边游、千千惠、梅州生活精选合作推出团购套餐、抢购营销等宣传促销活动。二是借地缘优势，进一步挖掘客天下业主市场，通过分析业主对餐饮的需求，推出了业主外卖、业主家宴、业主幸福早餐、业主深夜食堂等产品。

2. 加强客情维护，提高市场占有率

加大业务拜访，加强客情维护转化业绩。客天下秉持"一跟到底"全程服务的态度得到了客户的一致认可，从千企万份、千家万户的"散射"策略，到兼顾重点开拓战略客户，2021 年累计拜访客户约 500 家，签约 300 家。全年共承接会务 180 场，会务收入 416 万元，同比增加 216 万元，实现收入翻一番；其中单邮电学院、圣戈班、万宝集团等几个核心客户，就为公司创造超过 250 万元的订单。产品内容从单纯的会务、住房、餐饮延伸至活动策划、节日礼包、馈赠礼品等，实现订单效益更大化。

3. 玩转线上营销平台，实现精准营销

疫情以来，客天下景区一直致力于创新营销模式，积极整合自有营销服务资源，紧紧把握疫情防控常态化新趋势，瞄准短视频新媒体传播，打造抖音、微信视频号等短视频平台矩阵，推出客天下景区、酒店自运营微信小程序"客嘉惠"，并持续深化与梅州当地探店达人、网红的交流合作及加大景区员工直播带货力度，进一步推动网络宣传平台立体式互动，实现线上内容输出与线下市场推广双融合，取得了显著成效。

员工走播、直播带货为客天下景区 2022 年年初新推出的营销形式，在加大景区、酒店产品营销力度的同时，通过走播进一步将景区景点介绍给广大观看直播的朋友，吸引更多的游客在疫情平稳时期前来景区游玩。走播直播面向景区全体员工，鼓励对新媒体有天赋或有兴趣的员工报名参加景区直播团队，通过考核即可成为客天下直播团队的一员，同时出台《关于抖音直播带货的激励方案》，给予直播人员一定的岗位补贴及带货提佣，在为景区创收的同时，也让员工提升技能和为自己创收。经统计，从 2021 年 7 月以来，累计进行走播、直播近百场，带动景区产品销售近 200 万元。

4. 深化培训产业，打造新亮点

运用客天下区域性品牌优势，对外输出运营和管理模式，实现轻资产运作。2021年承接了农业经理人培训项目、广东省农业农村厅扬帆计划——梅州实用人才培养计划项目、丰顺好日子"粤菜工程"研学基地申报项目等，累计创收 127 万元。

（三）抓时机、尽快干

1. 引进新项目，丰富景区业态

没有一个冬天不可逾越，没有一个春天不会到来。为抢抓"疫过天晴"景区全面开放的时间和先机，客天下景区、酒店相关负责人对新项目进行积极谋划，共同分析了疫情防控常态化下景区发展前景，明晰景区应放眼长远、正视困难并抢抓时机，在疫情中夹缝发展。自疫情以来，通过合作分成的模式招商引资，引进了萌宠乐园、客天下灯光秀、恐龙王国、彩虹滑道、爱菲尔温泉成品泳池、帐篷营地、博朋克灯光秀等旅游项目及休闲娱乐设施，既减轻企业投资成本，又进一步丰富景区业态，增加景区吸引力。

2. 委派文旅地产特工，助力营销又拓新客

支援集团地产成立销售特工队。2022 年第一、二季度，受全国各地疫情反复影响，文旅行业又现停摆状态，客天下景区在与集团地产公司联动后，决定成立景区地产销售特工队，委派 7 位销售精英支援地产销售，协助地产进行酒店客户洗客行动，在不到一个月的时间里，完成了 7 套洋房和商铺的销售，累计销售金额近 500 万元。同时，借助地产客户的拜访和销售，又拓展到更多的企业主、高管等人脉，签订了酒店合作协议。

3. 不等、不靠、不要，发挥员工主观能动性

启动景区全员大营销政策，拟定全员返佣政策，充分调动员工积极性，让员工与企业共渡难关。结合营销节点，推出情人节套餐、端午粽子礼盒、中秋月饼礼盒、圣诞套餐、年货礼盒、年夜饭等产品，同时常年推广客天下外卖、客天下伴手礼、客天下商务礼盒，刺激员工挖掘周边资源，既为公司创收，又可提升员工的收入。两年来，全员大营销累计完成销售业绩超 800 万元。

三、经验启示

综上，客天下景区、酒店通过适应市场需求变化、开源节流、丰富景区业态、线上直播带货、深化培训产业、强化客情维护等举措，对疫情下景区保稳定及未来景区恢复和创新发展均有一定的积极作用。疫情防控形势下挑战与机遇并存，本着不能"松懈"、更不能"躺平"的原则，客天下景区、酒店沉着应对，积极自救，内省自修，及时探索和调整营销模式，激发客户需求，时刻谨记疫情终将过去，坚持走高质量发展的正道，才能迎接旅游行业亮丽的明天。

供稿单位：梅州市客天下景区

疫情防控常态化下熹乐谷文旅的探索与实践

一、基本情况

熹乐谷温泉度假区，是广东熹乐谷文旅产业投资有限公司在清远市倾力打造的集山顶度假酒店、亲子温泉酒店、凤凰温泉、熹乐谷水世界、自然探索研学基地、熹乐谷星球无动力乐园、慕野清风山谷营地、民俗文化村、婚庆及会议、文化演艺十大业态于一身的温泉度假综合体。项目占据广清交通黄金位置，距离广州 CBD 仅 80 公里，距离东莞仅 115 公里，距离深圳前海 170 公里，客户群体辐射广州、深圳、东莞、佛山等珠三角城市，今后接待的客户将面向全省乃至全国。

2020 年年初，新冠肺炎疫情肆虐，文旅行业备受冲击。自 2020 年 1 月 27 日起，熹乐谷文旅业态项目"凤凰温泉公园""什么！？艺术空间""影剧院""KTV"等暂停营业，2020 年 3 月 1 日前，均未实现正常复工，给熹乐谷文旅的正常经营带来巨大的影响。

在疫情之下，熹乐谷文旅迅速洞察市场以及消费者变化，抓住"微度假""周边游""亲子游"的行业新风口，不断探索，实施五大创新举措，化危为机，成为疫情下文旅企业逆风飞扬的标杆之一。

二、具体做法

（一）品牌驱动，迅速抢占消费者心智

疫情发生以来，随着行业转型升级和竞争加剧，文旅行业面临"断炊"之痛，部分小规模文旅企业直接面临倒闭、关停。而在另一个层面，文旅市场将"细分赛道"，专业化、精细化、精准化分工更为明显。众多大型文旅企业纷纷转型突围，加大营销投入，借旅游消费增量市场快速生长。

在营销模式日趋同质化的情况下，如何通过差异化内容打造品牌形象，迅速抢占消费者心智，保证景区能够在战"疫"胜利结束时提前抢占市场？熹乐谷交出属于自己的一份答卷。

在这个信息爆炸与碎片化的时代，在客户心中留下名字，毫无疑问是文旅破局同质化竞争的关键点。在广东350多家同类温泉产品的竞争中，熹乐谷抢先树立品牌意识，依托自身千年历史的"氡"温泉旅游资源，聚焦温泉业态，通过凤凰温泉夜间灯光改造等一系列措施，进一步抢占客户心智，让"泡温泉去熹乐谷"的标语在客户心中留下浓墨重彩的烙印。当品牌打入消费者心智，品牌自带极大的私域流量，驱动消费者主动拜访熹乐谷官微或网络订房平台，与品牌产生联系，直接在网络预订，形成一个完美的营销闭环。

（二）创新业态，推动文旅消费迭代升级

面对疫情的反复和常态化，游客不再执着于空间距离上的"远方"，而是选择在城市及周边发现新潮玩法，进行深度体验。"周边游、微度假、亲子游"成为市民游客出行的一站式目的地。熹乐谷抓住文旅消费市场的全新风口，进行文旅产品的快速迭代与创新。2020年8月，以森林探险为主题，创新打造熹乐谷水世界，有水上亲子游乐体验、大型欢跃水寨、悬崖星空无边泳池等多个游乐项目，其中，悬崖星空无边泳池，已经成为珠三角知名的网红打卡目的地；同年12月，熹乐谷面向家庭型全龄客群，打造集科技展示、交互体验、无动力玩乐设施、科普教育于一身的全年龄段大型主题乐园——熹乐谷星球无动力乐园，一跃成为广东文旅消费体验新地标；2021年12月，熹乐谷亲子温泉酒店开业，遵循IP、亲子玩乐和互动空间、儿童居住空间三大维度，在山谷中构建一座滋养亲子关系的能量场，成为广东地区亲子酒店市场的新标杆；2022年4月，熹乐谷以"露营"为主题，全新打造了慕野清风山谷营地。针对游客的消费需求，强调自由原生、亲近自然的同时，又很大限度接近精致的城市生活方式。山谷里，提供配套完善的高端野奢、精致露营体验，推崇在地、自然还原食物本味，以特调酒水饮品，传递天地自然的宴饮仪式感，甄选国内外当季新鲜食材烹烤，打造融为一体的就餐新体验，让慕野清风山谷营地基于山谷，不止山谷。同年7月，熹乐谷推出实体沉浸式剧本游戏——星际旅行剧本游，通过还原和模拟真实的宇宙场景，以理论结合剧情体验的形式带领孩童体验沉浸式的自然知识科普与学习。同月，熹乐谷推出全新业态——趣野卡丁车，项目配备专业赛车设备——BERG户外脚踏卡丁车，简单操控极易上手，配以灵活多变的赛道，充分激发孩童的灵敏性与身体协调性，打造

独一无二的竞技体验。

此外，熹乐谷持续举办"山谷里的生活"系列文化活动，在2021年七八月份，策划了山谷"夏"游记暑期系列活动，邀请花样游泳世界冠军陈晓君，手把手教萌娃和爸妈水中起泳；亚洲历史上第一个世少赛百米冠军莫有雪，面对面带萌娃欢乐起跑；知名书画家陈文为到访熹乐谷的游客提供美学启蒙体验；在2021年年末，开展2022熹乐谷音乐节，与马帮乐队、与非门乐队一起，以旋律迎接新一年的征程；在2022年春节期间，推出新春系列活动，包括烟花晚会、舞龙舞狮闹新春、篝火音乐节、非遗展览等，点燃新春派对浪潮！

在多业态景区和特色高端亲子活动的加持下，熹乐谷已成为珠三角亲子游热门出游目的地。在未来，熹乐谷将围绕客户需求，为游客构建更多独具文化底蕴的一站式"微度假"休闲生活体验。

（三）设计赋能，"Z世代"群体（网络世代）倾向为"颜值即正义"埋单

疫情防控常态化下，文旅消费主流群体迎来新的变化，"Z世代"成为当前文旅市场下最具消费潜力的主力群体。诞生于移动互联网迅猛发展的时期，"Z世代"拥有不同于"80后""90后"的显著的消费特点。一方面，"Z世代"物质生活富足，家庭环境优越，对新生事物极具好奇心，这种特殊的背景造就了"Z世代"崇尚个性、追求新鲜和流行的事物、关注自我且喜爱高"颜值"，愿意为"颜值即正义"的产品支付极高溢价。2021年12月，熹乐谷亲子温泉酒店开业，遵循"不网红不设计"的理念，将年轻一代的审美趋势植入产品中。开业短短数月间，不仅引爆了景区内的流量密码，更成为珠三角亲子酒店市场的审美风向标。同时，熹乐谷亲子温泉酒店遵循"不创新不设计"的理念，提前预判并满足亲子家庭内心中连自己都未意识到的需求，为客户创造远超期待的山谷里的生活新体验。熹乐谷全新升级改造的"什么！？艺术空间"，场景设计围绕多主题、多风格、多元素、多重惊喜打造，结合流行趋势，不断进行迭代更新，以接轨国际审美的艺术陈设空间，为客户提供超高颜值体验，成为引领市场的度假区潮玩新标杆。另一方面，"Z世代"多为独生子，偏好社交性，偏好"以圈会友"，注重体验且个性鲜明，对于能够满足社交需求的产品和服务有更高的满意度和复购频率。2020年8月开业的熹乐谷水世界，设计师在20米高的山顶上悬挑20米创新设计建造亚洲首个梵高主题悬崖星空无边泳池，吸引无数年轻人在此打卡拍照，并在社交媒体上进行分享传播，成为山谷内兼具潮流和时尚的网红打卡新地标。同时，依托悬崖星空无边泳池这一流量入口，熹乐谷水世界在产品尺度、游玩难度的选择，以及颜色、配饰的设计上，都充分考虑了亲子家庭的喜好，为亲子家庭提供更加优质且丰富的游玩体验，成为可复购的旅游目的地，产品生命力显著增强。

（四）文旅深度融合，呈现"山谷里的生活"

文化是旅游产品的内涵，只有把文化深度融入旅游度假产品里面，旅游产品才能焕发崭新的生命力与竞争力，疫情之下，消费重构，行业变革，文旅目的地所承载的人、礼俗、文化、产业、风景地貌与民俗活动，与消费者的生活及情感链接变得愈发紧密。

熹乐谷围绕"安静、自在、年轻、艺术"四个维度，构建"山谷里的生活"，为游客提供充足的精神滋养。熹乐谷从2020年开始发力将文化内容植入到旅游产品中，站在文旅融合的风口上，不断探索山谷的生活理念，推出各种文化节庆活动及旅游相关的文娱活动，过往举行的"新年音乐会""新春烟火晚会""五一丽江小倩音乐节""中秋赏诗品月夜""熹乐谷萌宝运动会"等深得游客赞赏。这些俨然已成为熹乐谷重要话题和节日，也是山谷里艺术生活的一个专属IP。未来会更加注重艺术与空间、运营的结合，以更丰盛的文化艺术软产品给游客。通过这些活动的凝聚力，在山谷中，自然环境、人文艺术与游客紧密结合在一起。

为了更好地让游客们了解山谷里的人文气息，推出了属于山谷自己的杂志《Shelri-gu》，把我们对建筑空间的打造、对生活的理解、对艺术精神的塑造，把都市人在山谷里生活的体验、关于生活的理想和探索，在山、谷、林、泉的自然真境，借文化艺术展、文化活动举办呈现给游客们，更好地体验安静、自在、年轻、艺术。如今游客在熹乐谷度假，不仅是休闲度假空间，更是精神上、心灵上的栖息。

（五）"线上种草、线下推广"，打造整合营销闭环

疫情防控常态化下，熹乐谷客户消费群体发生很大变化，35岁以下的消费群体占比约60%，在节假日里，通过网络渠道订房高达70%，平日网络订房量约45%。同时，随着"周边游""微度假"的兴起，广佛、深莞等地的游客的出行意愿大幅增长。熹乐谷通过对资源、市场及消费者的分析，通过"线上种草、线下推广"的整合营销模式，将鲁山品牌扩张传播与进一步升级。

整合营销模式是统筹"线上种草、线下推广"，它以广佛、深莞旅游市场为核心，迅速扩大在广东旅游行业市场中的占有率。线上种草是通过抖音、小红书、微信朋友圈、微视频等内容流量平台带动熹乐谷的热度，以网红探店、种草内容、视频为主的"内容＋流量"媒体合作，以及官微自产内容，进行传播与互动及产品特色的深度传播，实现"种草＋交易"的一站式服务。线下推广是通过电影院、电台、分众梯媒、地铁及户外广告等传统媒体的渠道，结合消费客群的交通出行、办公场所、娱乐场地等多维度跨空间的传播方式，精准投放，在目标人群中扩大熹乐谷品牌的影响，加深受众客体的情感认知，建立品牌心智定位，在客户心中种下一颗"钉子"。

熹乐谷通过以上的"整合营销"，更好地体现出信息的横向传播，用"沟通"来取代"促销"，使产品反映消费者的需求。同时，今后熹乐谷会更加注重不同的传播形式及渠道优势的整合，降本增效，使熹乐谷的品牌形象与信息以最直接有效的方式传达给消费者，并不断强化产品服务质量，增加客户满意度，形成口碑，提升复购率和转介率。

三、经验启示

在新冠肺炎疫情防控常态化的形势下，文旅行业长期向好发展的趋势依旧不可逆转，同时，新冠肺炎疫情也将加速文旅企业的优胜劣汰，促成文旅产品的创新与升级。因此，文旅企业唯有促进旅游企业摒弃粗放式的经营模式，将产品及服务的重点逐步从价格战、门票经济转移到多业态景区产品的开发上，逐步丰富景区文化体验，顺应市场的变化，做好产品内容的迭代、推陈出新，打造属于自身的独特内容及差异化的文化内涵。针对全新消费客群，进行市场细分、精准营销，才能在市场竞争中立于不败之地。

同时，在疫情影响下，近郊微度假、周边游、亲子游逐步成市场主流，其主力消费者集中于新世代人群，这类人群对高品质酒店与景区产品有了更丰富的需求，希望酒店提供不一样的产品和服务。因此，特色文化活动体验、沉浸式文旅社交聚集地以及业态的创新升级与改造，逐步成为文旅消费新风口。

2021年熹乐谷酒店度假区业绩超过2亿元，同比增长超过30%。成为疫情下逆风飞扬的标杆，得到了客户的认可，市场的尊重。业绩的取得是熹乐谷通过品牌驱动、业态创新、设计赋能、文旅融合、整合营销等多个举措摸索市场、把握市场先机、为用户创造价值而获得的市场回馈。疫情之下，熹乐谷文旅洞察市场和消费者需求的变化，不断推出创新产品和转换营销手段，熹乐谷文旅的成功得以化危为机，取得了逆势增长。未来，不管时代和环境如何变化，最终还是要回归到客户本身，以客户为中心，为客户创造价值，是最夯实的企业经营制胜之道。

供稿单位：熹乐谷温泉度假区

怡境文旅应对疫情创新发展案例

一、基本情况

广州怡境文旅有限公司成立于 2015 年，凭借全链条能力进行文旅资源整合和模式创新，致力于为中国人打造城市周边一小时车程，以 IP 内容为引领的刚需、高频、复游型生活方式休闲度假旅游目的地。七年来，怡境文旅持续探索和创新文旅发展新模式，总结形成了一套独具自身特色的"新文旅"模式，目前正在大湾区、长三角、京津冀、成渝等区域布局各类文旅大项目。

疫情发生以来，受出行限制影响，文旅行业严重承压。疫情初期，怡境文旅旗下所有文旅项目开发建设、运营难以开展，民宿、营地等住宿业态入住率大幅下降，其他餐饮、文创等产品销售收入也大大降低，企业遭受了一定的经济损失。

近两年，该公司积极探索破局和自救模式，通过转变应对观念、主动适应市场需求变化、创新模式和产品、开源节流、充分合理利用国家扶持等举措，走出了一条文旅融合创新发展的新路子。

二、具体做法

疫情初期，怡境文旅业务受到一定程度影响，但始终坚持长期主义发展观念。以长远观当下，危、机往往并存，疫情造成的生存困境既是对企业实力的考验，也必然潜藏着机遇。怡境文旅快速调整团队心态，以积极进取态度应对危机，主动寻求市场突破口，通过灵活转型、积极拓展、精细运营、利用国家政策扶持等举措，帮助企业摆脱困境。

（一）调整业务拓展方向

作为一家创新型文旅企业，怡境文旅坚持以市场需求为导向，紧密关注文旅市场的变化，研判市场走向，抓住文旅市场变革转型机遇，对公司业务拓展方向作了积极有效的调整。

疫情限制了跨国、跨省旅游，使得城市周边游、乡村旅游等短途、以自然为向往的体验式休闲度假游兴起，并演变成为一股势不可当的风潮。怡境文旅捕捉了这一市场需求转变趋势，迅速调整企业拓展方向，减少对远途目的地市场的扩张，将市场聚焦于大城市周边1~2小时车程的区域范围内，全力开拓符合都市人群出行需求的项目。

疫情以来，怡境文旅围绕粤港澳大湾区、长三角地区等大都市生活圈，深度拓展了广州花都宝桑园、广州花都马岭喜花里活力休闲港、广州花都梯面镇、昆山陆家未来智慧田园、佛山顺德龙江时光小镇等城市周边游项目，部分已经落地运营的项目，获得了政府、同行和消费者的良好口碑。其中，花都宝桑园获得国家3A级旅游景区、2022年度广东省十佳科普教育基地、湾区自驾游最受欢迎景区、广州周边最受欢迎的动植物园区等荣誉称号；马岭喜花里活力休闲港成为广州市周边网红打卡地，夜经济蓬勃发展，好评如潮。

（二）优化运营模式

1. 改单一运营为综合运营

疫情下游客数量锐减，依赖门票进账的景区收益大大降低，在没有其他营收方式支撑的情况下，生存境况糟糕。

以广州花都宝桑园为例。宝桑园是广东省农业科学院蚕业与农产品加工研究所下的农业科研园区，原以蚕桑研学游为主要业务，营收多依赖于门票收入，运营和营收模式传统单一。在疫情的冲击下，宝桑园运营举步维艰。2020年怡境文旅对其进行全面提升改造。2021年1月开始，全新宝桑园投入运营，改传统单一运营为综合运营，让宝桑园重新成为大湾区游客的出游打卡点。

（1）融合多业态，观光游变体验游

丰富的业态是延长游客在景区内逗留时间、吸引游客消费的基础。宝桑园原有研学配套基础设施老旧，怡境文旅对其进行美化提升之后，划分出餐吧、住宿、娱乐、展馆、会议室、营地等场域，植入"食住行游娱购学养闲"等业态。餐饮方面，结合宝桑园的桑蚕特色，创新研发桑叶豆腐、桑叶面、桑叶火锅、桑葚蓝莓果汁等特色美食，获得消费者一致好评；住宿方面，打造民宿、营地等住宿业态，满足消费者不同层次的需求；产品方面，策划桑果露营节、音乐节、夏日嬉水节，美术展览等活动吸引游客。丰富的业态产品，让原本的单日观光游变深度体验过夜游，为游客创造良好的出游体验。

（2）推出优惠套票，增加门票附加值

为避免单一售卖门票打消游客的进园意愿，怡境文旅优化门票售卖方式，以分享游玩美图到朋友圈可获得礼品、多形式套票等方式，增加门票的附加值。2021年宝桑园举办"首届金秋桑果露营节"，即推出包括门票、桑果采摘体验、爆米花内容的桑果套票，以及各种桑果套票+X产品（包括餐饮、住宿、帐篷、下午茶等），让消费者的钱花得物超所值。

经过一年多的综合运营，宝桑园从传统研学园区转变成为一个融科研、生态、人文、艺术、旅游、休闲、娱乐、学研为一体的复合型生态公园。营收结构破除单一门票收入结构，转变为融门票、餐饮、住宿、文创、娱乐等为一体的综合营收结构模式，游客类型也倾向多元化。营收方面，宝桑园2022年上半年与2021年上半年相比，同比增长近200%，超出预期。

2. 精细化运营，降低成本提高效率

受疫情影响，文旅行业淡旺季规律被打破，市场"阴晴突变"，为保持日常运营中的盈亏平衡，怡境文旅制定了积极的精细化运营策略，以项目盈亏平衡点为开源节流的基准，灵活使用降低成本和扩大收益的盈亏平衡方式。

（1）灵活用工，合理降低人工成本

结合项目实际运营情况，动态调整各岗位人员结构，在有市场突破的板块多安排人员，其他板块减少人员，使用人效率最大化。在合理降低人工成本支出的情况下，疫情期间，该公司保证了企业无裁员、降薪等情况发生。

（2）平衡淡旺季，激活团体客群

精准捕捉市场新变化，有针对性地制定灵活的扩大收益策略。在传统的节假日旺季，提前策划相应主题活动和产品，迎合市民出行需求，而在非节日、非周末时间调整目标客群。疫情期间，学生研学需求被抑制，宝桑园另辟蹊径，积极开拓激活团建、企业培训、老年团等可在工作日出行的目标客群，通过门票、产品降价，多种形式的通票、组合优惠票等方式，激活其出行欲望，增加淡季收入的同时，弥补研学团客减少造成的损失。

（3）打造最佳客流体验，提高客单价

疫情期间，在整体客流量下滑的情况下，以最佳体验客流量为目标，为游客创造最佳出行体验，怡境文旅通过提供丰富、多元的产品和精细服务拉长游客逗留时间，从而提高客单价，增加项目的整体营收。

以广州花都宝桑园 2022 年清明节和劳动节期间游客接待量和整体收入为例。清明节期间宝桑园游客接待量达到了园区的接待峰值，然而由于彼时景区二销产品不够丰富，人均消费客单价不高，以致整体营收额并未达到理想目标。为此，怡境文旅及时调整五一运营策略，以最佳体验客流量为运营目标，整体丰富了园区的产品内容，提升了服务质量。具体措施有：增加景区二销产品，如丰富餐饮品类；增加璞小院、露营帐篷、天幕等生活方式类体验型产品，满足游客希望亲近自然又渴望私密社交的需求；增加文创产品等。同时，全面提升景区服务水平，推出璞管家精细化服务，让游客的消费价值感提升，宾至如归。

在这一系列精细策划运营下，劳动节期间宝桑园的游客消费增加，人均客单价较清明节期间实现了翻倍提升。劳动节期间，宝桑园控制最佳游客接待量在一万人左右，数量仅是清明节的 50% 左右，但其整体营收仍比清明节要高。

（三）细分客群，创新研发新产品

疫情期间，怡境文旅将客群进行细分，充分进行市场调研，洞察市场需求，根据不同客群的需求研发针对性、创新性产品，满足不同层次消费者在疫情下的需求。

亲子家庭：疫情下亲子家庭有非常大的出行需求，渴望在自然环境中进行亲子互动。对此，怡境文旅结合宝桑园的自然生态环境和蚕桑文化特色，升级了蚕茧 DIY、植物拓印、蚕宝宝观察喂养、蚕桑蛋白科学小实验、缫丝、亲子涂鸦等蚕桑文化体验性产品，还增加了滑滑梯乐园、泡泡池、皮划艇等亲子游乐产品，让父母与孩子在共同参与过程中拉近亲密关系。

都市青年：都市年轻客群有爱新潮、追求个性的需求，疫情期间不能远游的情况下，催生了在自然环境中进行亲密社交的需求。对此，怡境文旅创新推出音乐节、汉服节、露营节、桑果节等娱乐化、社交型产品。同时，还提供生日会、求婚活动的策划执行等。

企业家群体：疫情下，经济发展放缓，诸多企业家面临挑战企业发展战略、精细管理企业的挑战，企望通过向外寻求帮助和学习化解当前的困境。2021 年以来，怡境文旅灵活调动专业领域的专家、导师资源，策划推出璞智·企业家成长营，现已完成 4 期学员培训，为设计、文旅领域的企业家创造了一个可同频共振、学习共创、互帮互助的交流学习平台。

高端净值人群：疫情的困扰让人们对生活进行深入思考，对高端净值人群对理想生活的畅想，怡境文旅特别策划小众私密社交生活玩法产品——璞托邦·理想生活实验剧场，融合传统文化、当代艺术，提供高品质文化、社交体验。

（四）开拓引流渠道

疫情期间，线下客流严重收缩。为吸引客流、增加游客黏性，怡境文旅快速建立游客私域社群，及时推送项目最新活动信息、产品优惠和各种福利，将线上游客导流到线下。

同时，积极与旅行社、OTA 平台，以及同类文旅企业合作，互相导流。2022 年暑假，针对青少年暑期研学需求，与融创文旅联合推出"滑雪桑作少年营"，与迁途学联合推出"自然艺术家营""蚕桑产业财商营"两大 PBL（问题式学习）主题营。此外，怡境文旅还与正佳集团合作，推出文旅产品和项目的"一卡通"会员卡，打通城乡文旅引流渠道，将城市文旅产品消费客群引至乡村旅游，互惠互利，共同纾困。

（五）多方融资，缓解资金压力

1. 充分运用国家纾困政策

疫情发生以来，国家和各级政府心系文旅行业生存发展，相继推出了一系列惠企纾困措施，怡境文旅根据自身情况，综合运用财政奖补、金融支持、项目投资、消费促进、政务服务等措施手段，减少企业成本支出的同时，通过银行等渠道融资纾困，充分保证现金流，维持了企业的正常运营管理。

2. 生态圈融资

怡境文旅积极搭建文旅生态圈，吸引社会投资者加入生态圈中，投资项目，共创价值。坐落于广州花都马铃喜花里活力休闲港的 LAN 民宿、云岭观湖艺术酒店两家设计师民宿，即是数十位设计、建材、家装等行业的企业家以怡境文旅以生态圈共创模式投资建设而成，即将投入运营。

3. 员工众筹

对于工作之外想谋求副业发展、增长自身技能的员工，怡境文旅鼓励员工以共创形式，投资项目和业态。在广州花都马岭喜花里活力休闲港，有高品质和牛火锅品牌璞创喜食等即是旗下多名员工共创而成。

三、经验启示

综上，怡境文旅通过转变观念、聚焦市场、创新产品、精细运营、综合利用国家纾困措施，让企业成功破局突围，同时为疫情下的市民创造了一个个满足出行需求的休闲度假旅游目的地。经过近三年的疫情破局实践，怡境文旅有如下思考：一是任何危机都蕴藏着机遇，信心永远是最稳的压舱石。危机之下，企业要坚定信心，及时转变观念，积极应对，化危为机。二是企业要以长期主义视角制定战略，主动积极开拓企业第二曲线，为应对随时可能到来的危机的做好准备。三是练好内功，越是困难时期，越需要通过提升员工的技能和服务，通过不断创新产品和模式，转变落后发展状态，减少内耗，提升企业运行效率。

供稿单位：广州怡境文旅有限公司

为可能，尽所能
多措并举谋生路，打响危机下的突围战

—— 白鹿原影视城景区纾困自救案例

对于文旅行业来讲，走走停停的疫情带来的是致命的打击，跨省游的熔断机制无疑让旅游行业再遇冰点。作为陕西旅游集团下属子公司白鹿原影视城景区，在疫情之下，拒绝坐以待毙，开展了一场持续性的纾困自救行动，打响疫情反击战，盘活企业经营活力的同时，也让旅游行业看到白鹿原影视城多措并举抗击疫情的信心和决心！

一、项目基本情况

白鹿原影视城位于西安城东南40公里，由陕西旅游集团投资，以著名作家陈忠实先生的茅盾文学奖获奖作品《白鹿原》和同名电影为依托，打造的陕西首座文化旅游综合园区，总占地面积1050亩，2016年7月建成并对外开放，是国家4A级旅游景区、陕西省文明旅游示范单位、陕西省重点文化产业项目、陕西省首批研学教育基地。

景区通过展示关中建筑、历史、饮食、影视、科技等文化元素，形成影视拍摄区白鹿村、关中美食区滋水县城、水景栈道、最美老长安、数字科技、欢乐世界、王府酒店、研学拓展八大主题区域，是一座融影视拍摄、精彩演艺、文化创意、科技体验、美食民俗、休闲游乐为一体的综合性影视主题乐园。

二、疫情发生前后企业情况

1. 接待人数：2019年累计接待游客人数255.02万人次；2020年累计接待游客人数

118.33 万人次，较 2019 年同期减少 53.60%；2021 年累计接待游客人数 106.96 万人次，较 2019 年同期减少 58.06%，较 2020 年同期减少 9.61%；2022 年截至 6 月累计接待游客人数 43.69 万人次。

2. 综合收入：2019 年综合收入 10502.09 万元；2020 年综合收入 5196.29 万元，较 2019 年同期减少 50.52%；2021 年综合收入 6538.31 万元，较 2019 年同期减少 37.74%，较 2020 年同期增少 25.83%（景区多个新项目落地）；2022 年截至 6 月综合收入 2801.95 万元。（备注：受疫情影响，2020 年闭园 40 天，2021 年闭园 92 天，2022 年闭园 38 天。）

3.2022 年上半年经营情况：2022 年上半年，实现经营总收入 2801.95 万元，同比 2021 年减少 1847.97 万元，下降 39.74%；同比 2020 年增加 1202.93 万元，上升 75.23%；同比 2019 年减少 3432.13 万元，下降 55.05%。

4. 企业亏损情况（含折旧）：2020 年折旧和财务费用累计亏损 15796.2 万元，2021 年折旧和财务费用累计亏损 20519.08 万元，2022 年折旧和财务费用累计亏损 10108.75 万元。

三、企业纾困自救措施

（一）以游客需求为起点，打造产品供应链

1. 盯紧市场需求，打造"露营＋"产品链。受疫情影响，中远程出游市场大幅收缩，但以露营方式为主的"轻旅游"等度假方式受到越来越多人的青睐，"露营热"已经成为户外经济新的消费"风口"和旅游经济增长点，"微度假"成为旅游新风尚，户外露营成为新的休闲出行方式。对此，白鹿原影视城结合省、市文旅部门倡导的近郊游、市郊游、微度假等理念，倾心打造"陕旅白鹿原影视城 Lummo 营地""隐心拾光"户外营地，结合"五一微度假，趣游白鹿原"旅游文化节主题活动，围绕露营度假、科技体验、影视演艺、游娱互动等打造不同内容的产品，满足不同群体的旅游体验和消费需求。

2. 布局产品业态，引领消费新需求。景区积极创新产品，促进业态升级和结构优化，相继打造越野摩托、卡丁车、网红打卡地天空之镜等项目，深受年轻群体喜爱。在陕旅集团数字化战略转型驱动下，助力科技赋能，先后推出《长安·翱翔》《穿越大峡谷》《声音博物馆》等科技类体验项目，五一假期以全国首创无轨、无人驾驶飞船黑

暗乘骑项目《公元一万年》开业及陕旅集团"密城"系列的首发《密城·白鹿原》项目为契机，进行资源整合，以"数字科技，遇见未来"为主题举办网红科技文旅季暨户外帐篷露营季活动，带给游客更深度的体验感、沉浸感，通过打造创新场景带来新的消费体验，成为休闲度假的新潮流。

（二）以新媒体为推手，全民营销促消费

1. 数字潮流新趋势，布局景区产品矩阵。以产品、内容、2+N 的模式强化数字化营销，在数字化发展的驱动下，整合景区产品，以各类演出、科技体验项目、关中美食等项目为单位，成立产品新媒体账号，单产品垂直长效宣传，打造产品垂类矩阵账号，多元化、全面宣传景区产品，精准引流。

2. 直播带货新玩法，重构文化旅游体验。目前，线上营销成为电商的主流模式，五一节前，景区与蓝田县电商办合作，举办第四届全国双品网购节西安分会场暨"美域蓝田·数商兴农"电商达人直播大赛总决赛，千万级顶流网红聚焦白鹿原影视城直播间，重量级嘉宾"冰蛋"和"三根葱"助阵，数万人在线观看，100 万 + 点赞，开展年货节、陕旅嗨购等直播活动 29 场，吸引 40 万 + 观众在线观看，以直播的方式带货，覆盖更多元的消费品类，带货收入 130 余万元。满足文旅多元融合的新消费需求，促进文旅市场消费增长。

3. 全员营销新模式，宣传销售一体化。全面利用短视频的宣传能力，制定全员营销奖励政策，激发全员营销热潮，围绕产品业态生产营销内容，在景区形成"人人都是宣传员，人人都是销售员"良好的营销氛围，推广景区的同时实现销售的转化。五一期间白鹿原影视城全员共发布短视频 809 条，曝光量达 46 万 +，点赞量达 2 万 +，抖音销售额 20 万元，形成有效宣传转化。开展全民抖音挑战赛，在景区设置多处打卡场景，通过赠票的方式让游客拍摄打卡视频，在提升景区口碑的同时，拉动二销转化。

（三）以惠民政策为引流，整合产品提经营

1. 整合数字化产品，实现科技惠民。为积极响应陕西省文化和旅游厅"百城百区"惠民政策，深化"陕西人游陕西"活动、文旅惠民行动，景区整合全沉浸梦幻山谷光影秀《夜谭·白鹿原》、黑暗乘骑《公元一万年》、360 极限飞球《长安·翱翔》等六大科技体验项目，联合陕西省文化和旅游厅举办白鹿原影视城网红科技文旅季活动，通过陕西省惠民平台推出 9.8 元、19.8 元、29.8 元的文旅惠民套票，让游客在体验全新项目的同时享受优惠福利，景区享受陕西省文化和旅游厅给予政策扶持补贴近 100 万元。

2. 线上线下齐发力，落实惠民福利。积极响应文旅惠民政策，线上＋线下全渠道铺设，美团、携程等 OTA 平台全面上线景区惠民产品。同时积极践行国企担当，传递社会正能量，景区面向全国军人、医务工作者等群体实行免费游园政策，致敬奋斗在抗疫一线的平凡而伟大的人们。在《魔法公主》3.0 版首演之际，赠送 5 万张演出票，免费发放给各企事业、学校、机构、旅行社、酒店等进行宣传引流，聚集市场人气，实现客流增长，有效带动消费。

3. 整合宣传资源，借力打力树立风向标杆。与央视新闻、朝闻天下等央媒和有影响力、传播力的主流媒体通力合作，形成传播矩阵，借力省、市、县、集团公司的宣传资源，在新华社、央广网等微信公众号、微博平台持续发布出游推荐，形成传播联动及扩张，强化品牌互动与体验，扩大品牌影响力，景区线上宣传曝光量达 1.5 亿＋，成为陕西微度假和近郊游旅游的新地标。以"小活动、大宣传"为原则，依托景区独特的资源和文化 IP，上半年策划开展了"白鹿祈福迎新春，就地过年一样暖""光影璀璨　悦动之夜"2022 白鹿原影视城夏日极光电音狂欢节等 23 项民俗文化活动。3 月 25 日 0 粉丝启动抖音"游逛白鹿原"营销账号，上半年累计直播 178 场，观看量 90 万＋。开发新媒体平台抖音本地生活板块，抖音达人线下探店 375 人，发布视频 4855 条，播放量达 4905.1 万＋；荣登抖音"西安市景点热销榜"第一名，"西安市景点种草榜"第二名；获景区品牌短视频影响力 100 强榜单第 17 名。

（四）以助企纾困为推手，打好自救组合拳

1. 紧抓政策申报，寻求多方助力。2021~2022 年，陕西省政府、陕西省发改委等相关部室相继出台了《关于印发进一步加大对中小企业纾困帮扶力度若干措施的通知》《关于印发陕西省贯彻落实促进服务员领域困难行业恢复发展的若干政策实施方案》等文件，对企业作出了退税减税、降费让利、财政补贴等多方面的助企纾困政策。

景区紧紧依靠政策扶持，成立政策及资金申请专项工作小组，由执行董事、总经理等领导班子成员分别带队，对接省市委宣传部门、发改委、文旅部门、科技部门、税务部门及地方政府，积极联系，主动作为，围绕企业退税、文旅补助、项目申报等，敏锐捕捉市场动态，积极把握政策，从国家到地方申报各类纾困补助及政策性退税等共计 2000 余万元，陆续在 2022 年年底到位，解决企业燃眉之急。

2. 成立百人营销团队，百人百团创新局。疫情发生以来，通过旅行社带团引流的模式在旅游市场收效甚微。白鹿原影视城成立营销工作委员会，正式启动营销四轮驱动计划，一是成立百人营销团队，直接对接 A 端客户。成立 40 天，创收 46.9 万元。二是开展"聚峰行动"。与 80 家夏令营机构，45 家陕西省旅行社会员单位、10 家周边游分会员单位、导游协会 500 余人以及陕旅集团兄弟单位开展全面深入合作。三是深入客源地营销。全力开拓客源市场，打通客源地与西安地接市场上下游通道，将白鹿原影视城景区纳入传统旅游线路，突破渠道瓶颈，提升团队客流。四是开展"大干一百天 冲刺三千万 白鹿原影视城百日行动"，公司党总支书记、执行董事为组长，总经理为副组长，全面落实降本增效，寻找高质量发展突破口；见缝插针，抢抓下半年经营窗口期，在内循环背景下找到盈利突破口，研究市场，创造需求。

3. 紧密结合文旅政策，促进市场回暖复苏。紧跟省市文旅市场回暖复苏政策，积极配合"三秦四季"宣传营销计划，结合"端午""中国旅游日"等节庆假日开展文旅消费宣传促销活动，与周边游渠道商合作推出"采摘季"（樱桃、大杏、葡萄等）"白鹿原影视城首届文旅惠民季"等更多优质的、吸引力强的夏季暑期旅游产品和优惠措施，深挖"陕西人游陕西"潜力，不断激发省内消费热情。

4. 持续健全抗风险应急机制和安全卫生管理机制。旅游业抗风险能力较弱，健全其抗风险应急机制十分重要。在疫情防控常态化的大背景下，白鹿原影视城持续改进安全卫生管理机制，实现场所消毒、控制人流、测量体温、安全卫生风险预报等工作标准化、规范化、常态化，为消费者提供安心的环境。

（五）以开源节流为主线，降本增效见实效

按照"应省尽省"的原则严格控制成本费用支出。加强审批管理，压缩一般性费用和非生产性支出，加大"两金"压降力度工作进行研究及部署，加强项目投资和资金管理，原计划 2022 年开工、竣工项目，根据实际情况调整建设周期和工作节奏，加强对大型在建工程现金流的管理。

2022 年上半年《陕旅原舍·白鹿原》、缆车索道项目、200 亩土地招拍挂等提升改造项目 18 项暂缓建设，减少资金投入约 19750 万元。从演出、运营、宣传等方面压减支出，在保证演出和服务质量的前提下，通过缩减和合并演员人数、鼓励全员营销降低宣传成本，降低维修费用，精减临时用工等方式节约开支 1000 余万元。

（六）以市场为导向，因地制宜搞开发

1. 坚持特色项目建设。一是围绕"影视科技"，相继推出了全国首个梦幻山谷光影秀《夜谭白鹿原》、黑暗乘骑《公元一万年》、尖叫影院《穿越大峡谷》、360 极限飞球《长安·翱翔》、全沉浸实景剧本杀《密城·白鹿原》等影视科技体验项目，做到业态新、品质高、参与强、体验好。二是优化商业合作模式业态转型，由单方面投资转为合作形式，围绕"民俗文化"，携手西安战士战旗杂技团，推出经典国粹——大型极限艺术舞台剧《战秀》、天空之境等优质项目，通过合作共建、经营分成模式，促进景区营收，进一步压缩新项目引进中前期投资过大的问题。三是通过场景布置、影视剧还原等方式提升白鹿村、滋水县城等地关中民俗氛围，进一步优化游园体验。

2. 坚持文创产品提升。文创产品是品牌的载体，白鹿原影视城除了打造"白鹿原"和"影视"这两个 IP 外，还结合蓝田当地的文化特色，引入"蓝田玉""蓝田人""蓝田云阁书院"等 IP 并制作设计文创产品，把白鹿原的文创当成蓝田县的一张名片去做，力求通过白鹿原文创将蓝田文化发扬推广。

3. 坚持科技化转型。通过科技赋能，不断加快数字化转型的发展步伐。一是推出"云游白鹿原"，利用 AR、VR、AI（人工智能）等交互技术，实现游客线上云游景区，打造沉浸式观看体验激发游客赴现场游玩从而达到线上线下引流目的。二是打造智慧旅游产品和服务，包含预约登记入园、导游导览、线上商城、智慧信息、智慧景区、无人商店、无人售卖车、自助小黄车等，以无接触服务为特征，也包括景区的扫码入园等智能服务，将生产过程、销售过程、售后过程等进行全程数字化等。三是打造"领导驾驶舱"，利用大数据分析经营管理数据和游客数据，将数据作为服务资产和决策参考，结合制定相关产品、服务开发和经营指导等。

（七）以人才为根本，优化建硬队伍

1. 做好干部调配服务保障工作。加大公司各部室用人需求统计，严把选用关口，精准选用干部，及时为各部室调配补充干部力量。同时做好在职干部职工简历统计存档，加强内部人才库的动态管理，充分发挥干部的各自特长，做到精准选人用人。

2. 坚持凡进必考的用人原则。白鹿原影视城采取外引内提的人员选用办法，通过线上专业人才招聘，结合内部选聘的方式，完善改进人才引入机制，同时结合入职培训、上岗考核、转正考察等提高人员与岗位匹配度，进一步落实了人员和岗位的合理化设置。2020 年至今，白鹿原影视城面向社会公开招聘 4 次，筛选简历 400 余份，累计引入专业社会人才 17 人，在疫情导致的资金压力之下做到"少招人""招能人"。同时注重培养人才"一专多能""一岗多能"的工作能力，提升人才队伍综合素质。在公司增加换装馆、《长安·翱翔》、《穿越大峡谷》等新项目的前提下，在岗员工人数从371 人逐步缩减至目前的 268 人。

"没有过不去的冬天，没有来不了的春天。"被疫情压抑的旅游消费终将迎来复苏反弹。当然，机会总是留给有准备的人，只有不断优化产品练好内功，才能在旅游复苏之时首先起飞。丘吉尔说过,不要浪费一场好危机,也许这个危机是中小企业脱颖而出、跑赢市场和同行的一个转机。疫情终将会过去,抓住机遇,主动自救,相信明天会更好!

供稿单位:陕西白鹿原旅游文化发展有限公司

华清宫景区常态化疫情防控条件下
高质量发展的主要做法

近年来，陕西华清宫景区立足文化优势和旅游品牌，积极探索文化与旅游融合路径，对传统景区升级改造，丰富游客体验，在旅游文化产业化发展、项目开发、品牌建设、质量管理、市场营销、演艺服务、酒店运营、管理输出等方面，形成了独具特色的华清旅游发展模式，在行业内获得了较好的口碑效应，也赢得了旅游市场的高度认可。

面对新冠肺炎疫情，对华清宫来说不仅是经营发展的困境和挑战，更是主动加快转型升级步伐的一次天然的契机。危机之下，华清宫党委书记、董事长姚新垣提出的"长板做长"战略及"百团大战"营销计划是稳住当下、着眼长远的重中之重。在跨省游熔断及省内游受限的情况下，华清宫经营受到巨大挑战，全园凝心聚力，共克时艰，面对市场变化和游客对旅游产品多元化的体验和消费需求，迅速转化思维，创新营销模式，线上线下多措并举，主动出击，深度开拓本地旅游市场，开展全方位精准营销，推动本地旅游市场复苏，助力陕西文旅产业开创新格局。

一、基本情况

陕西华清宫文化旅游有限公司隶属于陕西省国资委下辖八大重点国企之一的陕西旅游集团有限公司，公司目前运营的五大业务板块分别是华清宫景区、华清演艺、华清御汤、华清文创和华清管理，基本形成了"华清旅游"的品牌格局。打破了华清宫由传统型景区仅依靠门票经营的瓶颈，跳脱地理束缚，突破资源局限，形成了文旅产业的集团化发展模式。经营收入板块涵盖景区、演艺、酒店、文创、管理输出五大内容。

2019 年，华清宫全年接待游客人数 579 万人次，经营收入突破 7.6 亿元，利润总额 1.36 亿元，创历史新高，为国家和临潼区政府上缴各类税费达到 10042 万元。在疫情防控的高压下，公司克服重重困难，反复研判，出台系列疫情防控应急措施，2020 年 4 月 26 日，《长恨歌》成为全国旅游演艺首开项目，并在国庆首开三场，这是《长恨歌》公演 15 年以来的大胆尝试，2021 年度演出季共 251 场，暑期更是常态化演出三场，国庆节期间首开四场演出，2022 年 4 月 29 日《长恨歌》首演，五一期间就开启双场模式，这是《长恨歌》高质量发展下的市场反应，对全国旅游演艺起到了引领示范作用。

二、具体做法

（一）强化疫情防控，保障复工复产

自疫情发生以来，华清宫景区提高政治站位，充分认识疫情防控形势的严峻性和复杂性，积极响应各级政府和防疫部门的相关精神，成立疫情防控工作领导小组办公室，主要领导干部靠前指挥，健全景区防控体系，确保措施落实到位。2020 年，华清宫景区疫情防控工作入选国家文旅部《企业抗疫案例》，得到文化和旅游部官方大力宣传。一是及时与区疫情防控指挥部、区疾控中心联络对接，严格按照疫情防控要求执行入园人员防疫检查工作。二是组织全园 1000 多名员工每周进行 2 次核酸检测，积极组织职工完成三次新冠疫苗接种工作，接种率达到 93% 以上。三是做好各类防疫物资的采购、入库、保管及发放工作。四是根据疫情防控要求，随时调整对客区域的消毒清洁范围和频次，做好景区全面消杀，不留卫生死角，建立消杀工作记录台账。

（二）创新营销模式，开展"百团大战"营销计划

华清宫公司作为陕西旅游集团的龙头企业，在疫情影响下，跨省出行短期内无法快速恢复，对于 90% 客源依赖省外输入的优质传统景区，华清宫积极应对，不断寻找新机会，开拓新渠道，深入挖掘本地旅游市场，寻找潜在客源，实施"百团大战"营销计划，组织管理人员和员工，编成多个小分队，主动多方出击，上下勠力同心，走进陕西省内多个大型企事业单位及外资企业，进行业务推介和合作洽谈，重点推销门票＋演出套票产品，达成合作意向 50 余家，通过灵活的销售模式，多措并举，在逆境中，练好"内功"，当下"发功"，实现线上线下齐发力，有效创收，市场开拓成效显著。

（三）发挥企业产品优势，实施"长板做长"战略

在当下疫情中，景区门票收入下滑，更体现出非门票收入对企业的强力支撑，华清宫党委书记、董事长姚新垣提出：应对危机"长板做长"是关键。华清宫认真总结疫情两年半以来的经营成果，集中优势平台与资源，继续做强演艺板块、酒店板块、管理输出服务板块业务，发挥长板优势，构建华清旅游多元产业支撑模式的抗风险能力。一是运营的旅游演艺项目《长恨歌》和《12·12》西安事变实景影话剧，尤其是《长恨歌》，在疫情发生后仍表现出顽强的生命力，并且打破了景区游客白天多晚上少的常态，成为景区吸引游客、增加收入的主要途径，2020~2021年，《长恨歌》演出累计接待人数99.9万人次，收入突破2亿元，列全国旅游演艺票房首位，实现了逆风翻盘。二是华清御汤酒店自开业以来，坚持打造和提供高品质服务，在业界赢得了很好的口碑，同时也对陕西省和周边省份游客形成了很强的吸引力，尤其是在疫情影响下，销售业绩依然坚挺，体现了秉承高质量发展理念所带来的优势和成果。三是华清管理的强势发展，坚持"东进西扩南出北连"的规模扩张战略，为未来平稳扩张做好优质项目储备。

（四）致力于建设"旅游＋体验＋科技"的唐文化旅游标志性景区

党的十九届五中全会提出关于"实施文化产业数字化战略"的部署，文化和旅游部也在总结近年来数字文化产业发展工作基础上，结合产业发展新形势新趋势，研究制定了《文化和旅游部关于推动数字文化产业高质量发展的意见》。面对新使命，华清宫坚持以习近平新时代中国特色社会主义思想为指导，扎实开展华情旅游"十四五"规划编制，坚持规划引领，明确发展定位、奋斗目标。重点提升整体服务质量，立足打造科技型企业、数字化景区转型，致力于建设"旅游＋体验＋科技"的唐文化旅游标志性景区，加快景区、演艺、酒店、文创、管理全产业链发展的步伐。

（五）调整战略重点，实现营销破局

华清宫整合各版块产品资源，针对自驾、亲子、研学、度假等客群，推出20余款组合产品。深耕"1568"散客渠道，发展酒店客户70家，会员241名，线下流量门店12家，渠道销售额1419.23万元，同比2019年增长44.06%。延续陕西省内游客特惠政策，省内游客占比从2019年的1%提高到12.5%。拓展研学及专题党史学习产品，组织研学及党建活动客源36864人。稳定团队渠道，制定门票、演出票价格政策，新增团队50家客户、散客分销商2家。扩充线上自营平台产品，新增15款单品、产品组合，分阶段实施店铺促销活动，同时强化OTA平台分销合作，电商渠道累计实现收入5097

万元。区域旅游"共生"目的地营销思维，利用华清宫旅行社资质优势，推出东线一日游及"华清池＋兵马俑"套票产品，推进票务合作，通过西安东线双5A景区的强强联合，发挥区域旅游合作的聚集放大优势，实现营销破局。

（六）强塑品牌形象，提高市场引力

华清宫组织行业推介会，邀请国内150家旅行社、高端定制、会奖服务、研学旅游等行业客户进行现场宣介、体验。策划实施"上巳桃花节"、庆祝建党100周年"致敬100星耀之路 陕西西安站红色主题活动"、"红色遗址地标打卡"和"历史答题摘星"创新科技互动活动、"铭记党恩 砥砺前行"红色旅游活动以及各类节庆活动。通过"文旅＋商圈""节目演艺＋现场互动＋旅游产品售卖""线下活动＋线上推广""长恨歌IP＋大雁塔IP"的形式，联合网红大人流综合体西安曲江大悦城共同举办的"悦圆中秋·华彩霓裳 中秋国庆唐风主题展"，19天线下100万人流量，线上452.66万＋曝光量，助推文旅跨界营销。与集团、哔哩哔哩共同拍摄《华清花月夜》宣传视频、"华彩霓裳"大悦城活动宣传视频，将华清宫文化国潮化，形成爆点传播，点击量达到2250万。完成小红书底部50名KOC宣传内容发布，游客通过小红书获知产品信息数据从20%上升至60%。线上线下持续开展教师节免费入园、宅家过七夕送福利、绿巨人复兴号开通福利、跟着冰蛋云游华清宫等互动活动，加强线上粉丝黏性。强化线上平台推广，官方自媒体内容生产1134条，阅读传播1151万。

（七）创新华清御汤酒店经营，发挥产业优势

华清御汤酒店主打定制化、精品化、尊荣化客房产品品牌，出台10条精准营销举措，完善10项惊喜服务，优化入住、退房、进入景区等环节智能体验。重点塑造唐汤产品品牌，丰富唐汤SPA、唐宫妆造、节气活动、香道、手工体验等温泉二销产品，引入网红产品及服务元素，激发客群再推广。强化线上销售，通过小红书商户账号、抖音直播、酒店官方微信、携程等平台进行攻略软文推广、直播销售，并开展二十余项促销推广活动，提高线上客户转化率。与《SPA CHINA》《望》《外滩画报》等知名杂志合作投放御汤酒店广告信息。同时积极开展本地高端商业体异业合作推广活动。启动"唐汤"项目策划，着力将"唐汤"打造成为继《长恨歌》后又一国家级文化产品和品牌，塑造华清旅游品牌在温泉行业内的标杆地位，加快观光型景区向休闲度假型景区转型。在酒旅市场长期疲软的背景下，西安华清御汤酒店迎难逆行，借助得天独厚的温泉资源和高品质服务，不断提升客户黏性，保障经营持续稳定。华清御汤酒店荣获西安市市级消费示范单位、陕西第七届旅游商品大赛铜奖，被美团评选为"西安必住酒店""最佳度假酒店奖""西安度假必住酒店"，被飞猪旅行评选为"奢华优选酒店"，被西安老字号协会评为"陕菜品牌示范店"。2021年累计收入3620万元。

（八）加快管理输出，延伸产业链条

在高质量发展的推动下，华清品牌不断发展壮大，以"华清旅游"为母品牌，华清宫、华清演艺、华清御汤、华清文创、华清管理为子品牌的"一母五子"品牌构架基础上，华清宫通过标准输出，现已发展壮大为一个全产业链文旅综合机构，参与了省内外优质资源的深度开发和运营管理合作，先后为贵州荔波大小七孔、南京汤山阳山碑材、南京牛首山、徐州锦鲤园、陕西华山、陕西仲山、河北山海关、甘肃鸣沙山月牙泉等多个景区提供景区管理咨询服务，在陕西韩城文史公园、河北易水湖景区、绍兴柯岩演艺、平凉崆峒山等地实现景区托管运营和演艺托管运营，不断用对华清旅游品牌的创新，助力开创中国文旅产业新格局。同时，公司党委书记、董事长姚新垣受中央文干院、中国传媒大学、2021丝路文旅（TCI）指数报告发布暨2021中国（陕西）景区增量效益开发者大会、西安红色旅游高质量发展论坛、集团舞台总监培训邀请，进行专题授课、演讲，分享华清智慧，提高华清旅游品牌在业内的知名度，拓展华清管理在国内的发展空间。

（九）完善基础建设，加速数字转型

华清宫成立景区信息化专职运营管理部门：数字信息中心。以建设"5A+新文旅数字化引擎"为目标，坚持"以大数据为支撑""以旅游管理为核心""以旅游服务为特色""以互动体验为创新"的建设思路，从数据服务、景区管理、游客服务、智慧营销四个维度建设数智华清宫。数字化技术赐予了景区新发展，应用智能终端，在景区游前、游中、游后各环节中，游客能够获取导游导览的实时信息；利用物联网技术，景区基础设施设备将连接起来，综管平台将具有精准定位、实时视频监控的能力；利用大数据技术，分析平台将对游客信息进行精准分析，将游客画像建模、并进行精准营销。

（十）提高行业竞争力，斩获多项荣誉

华清宫被评为2021年陕西省版权示范单位。华清宫荣获"全国爱国拥军模范单位"称号，是陕西省唯一一家获得该称号的旅游企业。2021年华清宫获评"第一批国家级文明旅游示范单位"。公司荣获"中国（行业）领军企业"称号，公司党委书记、董事长姚新垣被授予"中国（行业）领军人物"。华清宫荣获"2021年度全国版权示范单位"荣誉称号。2020年，《长恨歌》姚新垣团队荣获首届西安市"市长特别奖"。2021

年，陕西华清宫文化旅游有限公司"古今结合的文化创新和商业探索——《长恨歌》文化品牌的建立与发展"案例荣获 2021 "拉姆·查兰管理实践奖"——此奖项由《哈佛商业评论》中文版主办，代表着中国管理实践的至高荣誉。

三、企业未来发展与思考

目前，华清宫正处在转型突破发展过程中，结合市场特色化、定制化产品消费需求与全产业链服务体验需求，进行"旅游＋"融合提升，深入挖掘华清宫宫苑文化、道苑文化、梨园文化、温泉文化等文化区旅游资源，打造文化旅游精品。

同时，加强全业态商业规划、招商运营能力及人才队伍、业态库建设，提高对外管理输出、委托经营、承包经营能力，结合目前景区特色文化及产业优势，建立一套独具特色且具有复制可行性的运营模式，为未来的管理模式输出、运营模式复制奠定基础。

常态化疫情防控条件下，危机与机遇并存，华清宫将开拓营销思路，克难攻坚，砥砺前行，深度整合现有资源，以业务优化抢占商机，以深耕专业谋求发展，广开渠道，在逆境中，练好"内功"，当下"发功"，实现华清旅游文化产业升级，推动本地旅游市场复苏，助力陕西文旅产业开创新格局，为文旅行业发展作出更大的贡献。

供稿人：陕西华清宫文化旅游有限公司　党委书记、董事长　姚新垣

面对疫情冲击，温宿优途文化旅游
发展有限公司探索转型破局

新冠肺炎疫情发生以来，旅游业受到严重影响，出境游、跨省游及"机票＋酒店"等业务熔断，酒店和景区经营下滑，旅行社经营面临停滞甚至倒闭。如何在困境中寻求转型突围？疫情的影响给文旅行业带来较大考验，同时也倒逼行业增强韧劲。2020年疫情发生之初，新疆维吾尔自治区的温宿优途文化旅游发展有限公司已开始在危局中探索转型升级，在逆境中寻求自救，主要通过政府政策扶持、减少固定资产投资，转变企业发展思路，多渠道破解难题，不断探索创新业务，来促进企业内部提振信心、激发动能，实现疫情期间企业有效运转，收益稳步增加。

一、基本情况

温宿优途文化旅游发展有限公司成立于2019年7月，位于新疆维吾尔自治区阿克苏地区温宿县幸福路老阿温大道，前身是浙江省援疆工作前方指挥部于2018年引进的一家旅游公司，2019年在文旅融合大背景下，转变为文化旅游发展有限公司，注册资本4000万元，目前企业员工15人，主营业务为旅行社服务网点旅游招徕、旅游开发项目策划咨询、组织文化艺术交流活动等。

2020年受新冠肺炎疫情影响，公司文化旅游业务严重缩水，在国内外的正常出行秩序恢复尚无定期的情况下，公司负责人紧密关注疫情防控常态化下文旅市场的变化特点，以市场需求为导向，认真研判市场走向。经多方考虑及探索，公司主要从三方面研究自救良方。一是转方向，促发展。公司负责人当机立断，将主营业务从旅游服务转变细化成车辆租赁、二手车寄售、自驾团队、汽车金融等一条龙服务以及食堂承包等其他相关业务，充分用好用活背靠援疆省市的资源优势，凝神聚力解难题、挖潜力，努力提升服务质量，坚持服务第一，营利第二的营销策略，推行服务管理"首问负责制"等制度，赢得了大部分客源市场，实现企业自我纾困解难，持续推进业务范围向纵深发展，长效保持企业经济运行。二是夯基础，提信心。在公司发展举步维艰时刻，公司管理层尽全力保证企业的正常运转，做到不裁员，并利用疫情期间的空白期，通过外派学习、实战演练、交流互通等措施，多措并举鼓励员工开拓视野、了解市场，提升员工整体素质，鼓励员工争做学习型、知识型、技术型、能力型、担当型、实干型"六型"员工，为疫情防控常态化和经济复苏随时做好准备。在疫情突发隔离管控期间，也丝毫不放松，停工不停功，鼓励员工通过远程办公、线上学习等方式提升自我，认真学习车辆业务跑办、自驾线路优化、客户关系维护等业务知识，以期提高客户满意度，为客户提供"更加优质、更加高效、更加便捷"的服务。三是以党建促业务。公司注重加强党组织建设，2019年成立联合党支部，公司法人、管理人员积极主动向党组织靠拢，新冠肺炎疫情期间，发展党员2名，递交入党申请书5名，现有党员5名，党员充分发挥先锋模范作用，坚持"少谈条件、多作贡献"，密切政企合作，重拾发展信心。

二、工作成效

公司开发建设情况：经过3年发展，目前公司在阿克苏市、拜城县、乌什县共设立3个分店。疫情期间，公司严格落实疫情防控各项措施，定时组织员工开展核酸检测、环境监测、环境消杀等常态化工作。同时，用好政府助企纾困政策，着眼培育公司新动能，及时开展市场调研，针对不同客户群体、年龄阶段等因素，重新梳理产品构成、客户群体、运营模式和风控机制，扩大企业经营范围，推出更贴近消费者，更精准化的产品。公司通过一系列举措实现多产业有效融合，进一步提升竞争力、创新力和抗风险能力，更加适应多元化、个性化的消费市场需求，在高质量发展路径上寻求突破，找准方向做足准备再踏上新征程。

上年度经营情况：2021年度实现公司盈利500余万元。

本年度经营情况：2022年上半年盈利突破400万元，盘活固定资产1300万元。公司效益相比处于疫情期间的2020年、2021年，甚至没有疫情发生前的2019年都有较大增幅。

三、主要做法

新冠肺炎疫情期间，尽管政策扶持、行业支持等给公司送来"暖风"，但公司面临的经营困难也是当前一个时期的客观事实，如何利用好这段"闭关"时期，在疫情结束后打好一场翻身仗，成为公司当前的重要课题。温宿优途文化旅游发展有限公司针对企业特性，坚持小步慢跑多活动，积极主动应对疫情对公司造成的影响。

（一）练好内功，优化产品，提高核心竞争力

一是防疫力度毫不减弱。疫情当前，积极配合社区做好防疫工作，进公司提醒客户扫码、量体温、询问旅居史，做好信息登记。同时做好环境消杀，专人负责分片区包干，坚持按照防疫要求每天按时开展消杀工作。二是开展"线上＋线下"相结合的经营模式，充分运用抖音、快手等短视频平台，借助微信、微博的巨大流量，在充分理解产品的基础上以富有感染力的语言向网友推介，赢得网友共鸣，积累人气和热度，不断宣传推介企业产品，提升企业知名度。三是下功夫熟悉各项业务办理流程，树立顾客至上的服务理念。遇到顾客不知道怎么买车险，发生交通事故怎么理赔，想要自驾游无从下手等问题，员工均能运用专业知识，耐心做好服务接待，帮助顾客解决困难。四是利用旅游淡季，对公司软硬件进行升级改造，加强内部流程制度的梳理和优化，组织强化员工培训，进一步提升业务能力，更好地服务顾客。

（二）政企合作，搭建平台，寻找突破口

一是主动应对疫情对服务业的冲击，率先与温宿县委组织部、宣传部、共青团温宿县委员会等单位建立合作关系，承办文化润疆、旅游兴疆专题干部人才培训等学习交流、宣传推介活动。2022 年 5 月以来，公司共承接 8 批次 600 余人，实现创收 800 余万元。二是积极参加旅行社、景区推广活动，承办各级各类文化旅游节庆活动。6 月 27 日，新疆维吾尔自治区旅游发展大会在伊犁哈萨克自治州伊宁市召开，吹响了新疆旅游业大发展的集结号，公司以自治区旅发大会为契机，抓住机遇，结合温宿县旅游资源优势，多方联动招揽游客，提供优质服务，让来到温宿的每位游客都能感受到阿克苏的魅力和活力。2022 年 7 月，温宿县实现接待国内游客人数 90.76 万人次，同比增长 85.95%，实现旅游收入 5.16 亿元，同比增长 111.43%。公司牢牢抓住新疆旅游旺季，通过开发暑期夏令营目的地，营业额突破 700 万元。三是与浙江杭州西湖国旅等旅行社签订长期战略合作协议，通过双方密切合作，不断升级业务模式，持续扩展企业产品营销方式。四是加强政策学习，注重对政策的收集整理，真正做到吃透政策、把握政策、用活政策，从政策上受益。公司享受了暂退旅游服务质量保证金比例调整到100%。掌握税费、社保、金融、房租、水电气网成本、政府采购等多方面助企纾困政策，结合实际积极申请企业奖补、费用减免等，与当地政府主管部门及业主沟通，实现降低疫情期间所产生的房租等固定费用。

（三）融入资本，创新求变，增强软实力

一是制定实施自我纾困帮扶"1+N"政策措施，从缩小资金投入、灵活多动运营、持续增强软实力和抗风险能力，提升业务增长点等方面入手。二是改变工资发放形式。因回款受限，产品积压，公司面临前所未有的资金压力。为此，公司全体员工不得不节衣缩食渡过难关，执行管理层暂时不发工资，一线职工发一半工资，未能上岗职工只发基本工资的阶段性举措，等疫情结束，公司经营步入正轨再足数补发拖欠工资，经营"自救"全面展开，防疫力度并未减弱。三是启动"全员营销"活动。新冠肺炎疫情期间，鼓励员工宣传和销售企业产品，实现全员参与营销工作，不仅缓解了企业资金压力，同时帮助员工增加收入，提高团队凝聚力，振奋士气。四是持续将精力和资源向经济增长点聚焦，不惧跨界经营，将公司业务重点放在租车、团队自驾、二手车买卖、汽车金融等方面，跳出传统经营模式，勇于创新，以开放的思想维度，实现企业盈利。五是聚焦市场化、法治化，全面提高工作效能，着力提升工作软实力。一件事一件事地办，加强对当前市场环境的动态收集和深度研判，灵活机动，以最小的代价，换取最大的胜利。

四、经验启示

普遍看来，看不见的病毒比看得见的炸弹更让人不安，这是一场没有硝烟的战争，对手视不可见，虽说市场复苏才是王道，疫情形势下，企业首先要确保生存下来。要生存下来，首要的是现金流，要挑战极限式地降低公司运营成本。此外，要学会做"瘦身计划"并调整公司经营战略，学会做"加减乘除"，大家都希望能尽早雨过天晴，但坚信经过疫情的洗礼，游客出行愿望的增强，旅游必将迎来井喷式增长，公司只要千方百计咬紧牙关挺过艰难时刻，必将厚积薄发迎接疫情防控常态化的到来。

新冠肺炎疫情下，企业不能保持躺平的心态，要有正视疫情的心理，不能有沉沦疫情的颓废，要有战胜疫情的斗志。谁能在当下疫情的狂风巨浪中去搏击，谁将来才

能勇立潮头战胜巨浪。文旅企业要涅槃重生，必须要把握市场规律，稳住企业，锻炼人才，找准转型突围方向，加强核心技术和优势资源开发，提升市场竞争力。对于难以承受疫情危机的企业而言，壮士断腕不失为一种应对策略，部分意在扩张文旅版图的企业，可适时选择优质资源进行收并购，合理补充文旅资源。疫情就像一面镜子，照出了温宿优途文化旅游发展有限公司的定力，像优途一样，在疫情期间突出重围逆势上扬的企业并不少，一批通过统筹推进防疫与发展，在同行业中率先复苏、率先扩大市场份额，为企业发展赢得先机。文旅行业经历过此次新冠肺炎疫情的考验，可谓是"苦其心志，劳其筋骨，饿其体肤，空乏其身，行拂乱其所为"，在国家、自治区采取的各项短期与长期并重的切实可行的帮扶措施下，新疆旅游业将以更加成熟稳健的姿态迎接更加美好的未来。

五、下一步计划

借助自治区旅发大会营造的良好态势，结合疫情精准防控的大环境，下一步温宿优途文化旅游发展有限公司将持续做好以下几方面工作。一是调整产品结构、营销策略，创新线上业务，针对高端客户群打造"沉浸式"旅行体验，将大团游调整为精品小团或定制团，策划推出自驾游、研学游、康养游及康养旅居等产品。二是在疫情防控常态化下，游客更加注重出游安全与品质，公司将继续"苦练内功"，提高产品质量和服务品质，保障游客出游安全，提升游客满意度。三是依托专业团队，积极参与环塔拉力赛等大型节庆赛事活动，利用资源优势，广泛开展文化、体育、经济交流交往合作，积极申请各类奖励扶持政策。四是满足游客消费需求，以房车自驾为载体，开发房车露营等特色旅游产品，将独具特色的房车营地与露营相结合，引导游客进行深度游、探险游、体验游。五是借助抖音、电商等平台，更持久、多维度宣传阿克苏、推介阿克苏，彰显丝绸之路世界文化遗产地、新疆天山世界自然遗产地的品牌效应，展示独具特色的丝路文化和民俗风情，持续叫响"丝路古龟兹　神奇阿克苏"文旅品牌。

供稿人：温宿县文化体育广播电视和旅游局　熊　婷

疫情形势下，院东头镇旅游青年们的逆袭之路

一、基本情况

如果说 2020 年的新冠肺炎疫情暴发，让旅游行业按下了"暂停键"，那么在"外防输入、内防反弹"方针指导下的抗疫之路则让整个旅游行业陷入了低潮，传统的旅游行业的生存能力受到了前所未有的挑战，随着疫情防控常态化，旅游业如何"重启"，把这场漫长的"寒冬"变成"逆袭"的好机会，实现弯道超速，需要文旅行业从业者和行业部门抱团取暖、开拓创新、携手共进。作为山东省旅游强县的沂水县，围绕塑造"山东好客·沂水情长"旅游形象品牌，一场旅游青年群体的逆袭之路正在精彩上演……

院东头镇位于沂蒙山腹地，是沂水县一个典型的旅游乡镇、首批全国乡村旅游重点镇，凭借北方罕见的喀斯特地质条件、良好的生态环境以及源远流长的历史人文，年游客接待人数达到 300 多万人次。在疫情的冲击下，小镇内的旅游青年们不等不靠，用青春的能动力和创造力激荡起行业逆袭的澎湃春潮，上演了一场青春孕育无限希望，青年创造美好明天的青春奋斗大戏。

二、具体做法

（一）四门洞刘雪：敢想敢干，行走的亲子课堂

院东头镇四门洞村的洞贤居民宿主人刘雪，是一名"90 后"姑娘，2019 年，她被四门洞村繁茂的绿植、身心舒畅的环境以及热情的村民所吸引，决定扎根于此，用心做好自己的民宿品牌，以便吸引游客来到这里缓解城市的快节奏压力。

突如其来的新冠肺炎疫情打乱了她的节奏，让这位"初生牛犊"的年轻旅游人陷入困境，连续两年的民宿有效营业时间均缩短了一半，房屋租赁、员工工资、民宿日

常维护保养等一年80多万元的费用成了压在她心口的大石头。值此之时，院东头镇党委政府主动担当作为，认真落实《山东省促进服务业领域困难行业恢复发展的实施方案》要求，以创建省级旅游民宿集聚区为抓手，成立了民宿联盟，及时出台政策，为旅游行业纾困解难。其中为了加快民宿手续办理，降低企业办证成本，镇上成立了"帮扶办"手续办理小组，协助民宿经营单位将清办理步骤及档案材料，有的放矢，加快办理步伐。四门洞洞贤居成为全县第一家办理完成民宿的消防和特种行业手续的单位，同时该做法也成了典型做法得到了省文旅厅的认可与推广。

在拓展市场营销空间方面，在镇民宿联盟的组织下，刘雪参加了各类的旅游民宿学习活动。随后她开始转变经营思路。除了加盟民宿品牌"花筑"，全面提升民宿服务，为她带来第一波品牌客流外，她将目光转移到乡村亲子研学课堂，让民宿不仅"住"起来，还要"玩"起来。一块占地1亩的小菜畦成为亲子研学的大舞台。每到时令季节，游客一方面可以领着小孩到菜畦里参加犁地、播种、覆膜等农事生产，超市里常见的花生、韭菜、茄子、地瓜都可以从这里看到它们的生长过程；另一方面大人可以和孩子一起自己动手摘取新鲜的蔬菜，然后加工成饺子或其他菜肴，体验一把"谁知盘中餐，粒粒皆辛苦"，让亲子研学参与感满满。一年之中，仅亲子研学体验游就占据了全年收入的45%。

在封控的时候，刘雪将民宿搬到线上，拍段子、拍视频、开直播，留住老客户，吸引新客户，锁定大家的眼球，等解封后就带着游客"疯起来"，打响了"刘姑娘的家"民宿品牌。如今随着五一假期政策慢慢放开，周六周天的客流也缓缓地上升，慢慢地一点点地都在变好，办法总比困难多，"90后"年轻人不仅能玩，在面对困难时也体现了一定的担当。

（二）八亩地张杰：心怀梦想，拥抱线上新平台

2013年，和大多数男孩子一样的张杰怀着一个从军梦，到临沂军分区参加了预备役，年轻的男孩在外拼搏，家中的父母在家里除了务农，还开始慢慢发展起来农家乐。

2014年由于母亲身体原因，为了减轻家中的负担，好强的张杰果断放弃从军梦，毅然选择了回到家中照顾母亲，曾经跟在父母后面的小尾巴成长为参天大树，在家照顾父母的时候，见证了桃棵子村乡村旅游的发展，1996年出生的张杰萌生了创业的念头，通过参加村里、镇里组织的外出学习活动，一棵再发展的萌芽破土。2020年春节新冠肺炎疫情暴发，原定正月初二开业的农家乐受到极大的冲击，春节前提前准备的价值六七万元的食材全部无法使用，周围都是劝他放弃经营，外出包地种姜的声音，

但是拥有从军经验的他没有轻易妥协，于危机中寻找商机，于商机中寻找新机。

借助镇上民宿联盟组织的"两微一抖"新媒体培训班，因疫情而拥有大量自由时间的张杰，利用微信朋友圈、抖音 App，结合之前外出学习得到的经验，踏出了一条乡村旅游产业＋电商发展的新路子，打破以往单一经营模式，创立八亩地专业合作社，经营范围从农家乐延伸到家庭农场，依托线上预订，让远在北京、上海、重庆等全国各地的老乡们吃上老家的土鸡蛋、笨公鸡，进一步树立了口碑，拓展了客户群体。2022 年年初，他自主拍摄了一部《沂蒙老家的味道》微电影，让远在异乡的游子产生共鸣，仅一个春节前一个月，线上销售的炒鸡就有 600 多单，销售额达到 20 余万元。

比起赚钱，他相信还有更有意义的事，就是努力回报乡亲，带领大家共同致富。作为新时代的青年，除了做好自己的产业，积极推荐桃棵子村红色印记、红色故事，让游客除了品尝乡村美食，还能更深入地了解浓浓的沂蒙红嫂情。

（三）红云岗宋健：以红带绿，转型网红打卡地

沂蒙红嫂祖秀莲是现代京剧《红云岗》的原型，结合故事背景，院东头镇建成了红云岗山居宾馆，它的经营人是一名"90 后"退役军人，宋家汀村支部书记宋健。初到红云岗，宋健就被桃棵子村的自然风景和人文历史所吸引，党群同心、军民情深、水乳交融、生死与共的沂蒙精神让满腔热血的宋健一头扎进了桃棵子村，一待就是三年，但是疫情也持续了三年，订单一夜清零，沉重的成本压力，让前进的路上一片迷茫，但宋健始终坚持相信胜利就在前方。2022 年以来，院东头镇以桃棵子村为核心，全面实施红绿融合旅游精品线路提升工程，打造了一条桃棵子红色旅游精品线路。

在全镇浓厚的红色旅游氛围感召下，宋健为了寻找新的出发点，尝试多种运营方式：沂蒙小勇士拓展、研学会议承接、公司团建等，在反复的实践过程中，借助 2022 年 1 月院东头的首次民宿联盟会议上的启发和桃棵子的第一场初雪的契机，团队发现了户外露营的新热点。红云岗山居由于地势较高，坐西向东，白天可以看日出，夜晚四周空旷，可以仰望星空；同时借助宾馆优势，也为营地提供配套餐饮以及帐篷客人洗刷服务，不会让游客因为在户外而感到不便。于是 2022 年 4 月，建设了柿子树轻奢露营地，弥补了疫情当下近郊游的短板，受到了各个网红达人的广泛关注，吸引了各个年龄段的人前来打卡参观。清明和五一假期期间，营地的预订率达到了 100%。

帐篷营地的成功是因为践行了绿水青山就是金山银山的理念，兵支书宋健始终以

传承和发扬沂蒙精神为己任，面对困难迎难而上，在危机中寻得商机，逐渐让桃棵子村绽放新的光芒，让参观学习红色精神的人遍布各个年龄段。

（四）蒙山龙雾刘霞：以茶之名，成为当代新红嫂

坐落于沂蒙山区腹地——沂水县院东头镇驻地的蒙山龙雾茶博园，秉承创新、务实、发展的沂蒙文化精髓，现已成为以茶叶加工为核心，以茶文化旅游和茶餐饮服务为两翼，以茶文化研究、茶叶科技、标准种植、电子商务、会议培训、文化民宿、茶制品制作等产业为补充的综合性、融合型、多元化茶企。过去这里就是一片南茶北引的老茶树园子，没有什么特殊之处，茶农们唯一的收入就是采完茶叶找收购点出售，但是一位创业女青年凭着自己的想法改变了这一传统。

刘霞是一位"80后"，敏锐地感受到单纯的茶叶种植无法带动当地茶农真正的致富创收，于是凭借强烈的事业心和敢闯敢干的作风，围绕茶业振兴这一主题，心系茶农、以人为本，积极探索茶产业新旧动能转换重大工程，带领500多位新时代沂蒙女性，为推动企业一二三产融合创新发展、振兴山茶产业作出了突出贡献，成为新时代的沂蒙红嫂。

一个"茶"字见证了她的创新、创业与发展。为拉长茶产业链条，先从茶园做文章，在留虎峪、田家峪等村建设了休闲采摘园，引导游客到茶园和农家，体验茶农生活、游览茶园风光，让广大茶农尝到了甜头。充分利用"半野生性"资源打造鲁茶第一品牌，茶园基地地处沂蒙山区腹地，北纬36°左右，是绝顶的优质宜茶区，历经南茶北引六十年风雨坚强生存下来的茶树，具有"半野生性"，她充分认识到山茶资源的独特价值，坚持"匠心制作"和"人无我有、人有我优、人优我特"的品牌建设标准，实施资源保护和品牌建设；成立绿茶研究所和茶文化学会，与高校开展"产学研"合作，共同研发茶园管理技术和炒制工艺，立志打造百年品牌。在此基础上，开发了制茶、陶艺、茶糕点和茶餐饮制作体验；开设了临沂市首家茶文化大讲堂，并带头开讲；同时推动一二三产业融合发展，将茶园建成旅游景区、将产品开发成旅游产品、将茶文化打造成旅游品牌，实现茶旅文化、品牌、产品一体化的高度融合，形成了"文化"兴茶的融合发展模式，为游客提供茶业"新六产"展览和旅游购物服务，成为沂蒙山区乡村振兴的新亮点。受到游客和旅游界人士的普遍赞美，游客遍及全国20多个省市，不少国外游客也纷纷慕名前来，年接待游客人数12万人次，带动了茶产业发展和茶农增收，已成为展现乡村魅力的一张亮丽的名片和实施乡村振兴战略的样板工程。

三、经验启示

习近平总书记强调，人才振兴是乡村振兴的基础，要创新乡村人才工作体制机制，充分激发乡村现有人才活力，把更多城市人才引向乡村创新创业。（引自人民网，2022-07-29）院东头镇始终秉持吸引城市外来有志青年人才和培养本地农村干事创业青年的人才振兴理念，发展乡村旅游助力乡村振兴。从一村一幅山水画，一户一处田园景的民宿"点上发力"到旅游＋电商，红色旅游精品线路的"线上突破"，再到一二三产业融合发展，打造全域旅游生态的"面上开花"，处处都有院东头镇旅游青年建功立业的身影。疫情虽如巨浪，但这些青年们却像逆流而上的鱼群，投身创新创业一线，施展才华和抱负，走出一条独具特色的旅游创业道路。

供稿单位：沂水县院东头镇人民政府